CARRERAS:
Negocios

CARRERAS:
Negocios

Richard A. Curry   University of Nevada, Reno

Jorge Nelson Rojas   University of Nevada, Reno

Emma Sepúlveda Nolan   University of California, Davis

Gerald Petersen   University of Nevada, Reno

ADVISORY COMMITTEES
Pedagogical Advisers
Rodolfo Cortina   University of Wisconsin, Milwaukee
Donna Gustafson   San Jose State University
Micaela Misiego   Rutgers University, New Brunswick
Yolanda R. Solé   University of Texas, Austin
Professional Advisers
J. Jerry Jeremy   District Director, U.S. Department of Commerce,
   International Trade Administration, Reno, Nevada
Robert C. Weems, Jr.   Former Dean, College of Business Administration,
   Reno, Nevada

HOUGHTON MIFFLIN COMPANY Boston
Dallas   Geneva, Illinois   Hopewell, New Jersey   Palo Alto

Acknowledgements

The authors and publisher would like to thank the many native speakers, business executives and personnel in international trade who contributed much useful information or materials that have been employed in *Carreras: Negocios.* They would also like to express their sincere appreciation to the advisory committees, to the many students who commented upon the manuscript as it was being developed, and to the professionals who acted as consultants during the developmental stage of the program: David Langum, former dean, School of Law, Old College, Reno, Nevada; Rick Lund, real estate broker associate, Sparks, Nevada; Dan McCormick, attorney, Office of the Public Defender, Reno, Nevada; Osamah H. Saudi, president, Export Management Consultants, Sparks, Nevada; Maury Troutner, loan officer, First Interstate Bank, Sparks, Nevada. For text credits, special thanks go to *South,* England; *Proceso,* Mexico; and *Visión,* Mexico.

CARRERAS SERIES COMPONENTS

Carreras: Medicina, Student Text and Instructor's Edition
Carreras: Leyes, Student Text and Instructor's Edition
Carreras: Negocios, Student Text and Instructor's Edition
Carreras: Casos en la comunidad, Student Text and Instructor's Edition
Gramática para la comunicación, Student Text

Note: This book is written to provide accurate and authoritative information concerning the covered topics. It is not meant to take the place of professional advice.

Nota: Los contenidos de este libro presentan información correcta y autorizada sobre los temas tratados. Esta información no debiera ser tomada como consejo profesional.

Printed in the U.S.A.

Student's Edition ISBN 0-395-35513-3

Instructor's Edition ISBN 0-395-36410-8

Library of Congress Catalog Card Number 84-82532

ABCDEFGHIJ-D-8987654

Índice

Introduction to the Student

Carreras: Negocios is a Spanish text written primarily for intermediate students who desire to review and expand their communication skills with a professional purpose in mind. This text is part of a five-volume series and is complemented by *Gramática para la comunicación*, the grammar component of the series. The thematic contents of this book are directly aimed at providing an active vocabulary in situations related to business issues. The interactions taking place in these chapters provide abundant opportunities to practice a social/professional lexicon.

Carreras: Negocios has been developed primarily with a classroom setting in mind. The vast selection of vocabulary acquisition exercises and activities calls for interaction between the instructor and the students as well as pairs or groups of students. Individuals in a professional setting who wish to acquire specialized language training will also find this text useful. An appendix at the end of the book provides exposure to the real written language in business fields through exercises on realia, that is, real forms and documents used in business-related fields. Spanish-English and English-Spanish end vocabularies contain the most frequently used terms in the business professions as well as all the lexical items found within the corpus of the text. The English-Spanish vocabulary also presents some dialectical or regional variations of Spanish.

The aim of this book is to provide graded material that will develop and reinforce in the student a firm basis of understanding, speaking, reading, and writing skills. This basic command of the language will enable him or her to satisfy most communication needs in the business professions within the Hispanic community.

CAPÍTULO 1

Transacciones bancarias

Cuentas corrientes

Vocabulario esencial

la boleta de depósito   *deposit slip*
Las boletas de depósito están sobre esa mesa.

la caja automática   *automatic teller*
¿Tiene este banco servicio de cajas automáticas?

el (la) cliente   *client*
Dicen que el cliente siempre tiene razón.

cobrar   *to collect (money)*
Debo ir al banco para cobrar un cheque de 2.000 pesos.

la cuenta conjunta   *joint account*
Mi esposa y yo tenemos una cuenta conjunta.

la cuenta corriente   *checking account*
Quiero abrir una cuenta corriente.

en efectivo   *cash (money)*
Voy a depositar 200 dólares en efectivo.

el estado de la cuenta   *bank account statement*
Cada mes recibirá usted el estado de su cuenta.

la firma   *signature*
Coloque usted su firma aquí.

girar (un cheque)   *to write (a check)*
Puede usted girar un cheque a nombre de nuestra compañía.

llenar (un formulario)   *to fill out (a form)*
Llene, por favor, este formulario.

el saldo   *balance*
El saldo de mi cuenta está al mínimo; sólo tengo diez dólares.

el servicio gratuito   *free service*
Tenemos también un servicio gratuito de cheques.

el talonario de cheques   *checkbook*
Usted recibirá su talonario de cheques dentro de una semana.

la tarjeta (personalizada)   *(personalized) card*
Para usar las cajas automáticas, necesita usted una tarjeta personalizada.

Diálogo 1: Cuentas corrientes

Sr. Prado:	Buenos días, señorita. Me gustaría abrir una cuenta corriente.
Empleada:	Muy bien. ¿Prefiere una cuenta individual o conjunta?
Sr. Prado:	Quiero abrir una cuenta conjunta con mi esposa.
Empleada:	Bien. Haga el favor de llenar estos formularios. (Haciendo una marca en el formulario.) Deje este espacio en blanco para la firma de su esposa.

5

¿De cuántas maneras
puede ayudar un banco
a mejorar la calidad de
vida de una familia?

Sr. Prado:	(Mientras llena los formularios.) Hay que pagar por el servicio mensualmente, ¿verdad?
Empleada:	Tenemos varios planes. El banco puede cobrarle una cantidad fija cada mes o puede cobrarle por cada cheque que usted gire. Además hay servicio gratuito si usted mantiene en su cuenta un saldo mínimo de 1.000 dólares.
Sr. Prado:	Prefiero pagar una cantidad fija. (Termina de llenar los papeles.)
Empleada:	Perfecto. Ahora puede usted escoger el diseño que prefiera en sus cheques.
Sr. Prado:	El más económico. Lo que más me interesa es un modo eficaz de llevar la cuenta de mis gastos.
Empleada:	Bien. ¿Cuánto depositará hoy?
Sr. Prado:	Voy a depositar estos dos cheques y 150 dólares en efectivo.
Empleada:	(Después de anotar los depósitos.) Aquí tiene un talonario de cheques provisionales y algunas boletas de depósito. Cada mes recibirá el estado de su cuenta. ¿Tiene alguna pregunta?
Sr. Prado:	Sí, entiendo que hay máquinas para hacer giros o depósitos a cualquier hora.

25 *Empleada:*   Para usar las cajas automáticas necesita llenar estos impresos. En unos días le enviaremos una tarjeta personalizada con instrucciones para usar este servicio.

🈁🈁🈁

CHECKING ACCOUNTS

Mr. Prado: Good morning, Miss. I would like to open a checking account.

Employee: All right. Do you prefer an individual account or a joint account?

Mr. Prado: I want to open a joint account with my wife.

Employee: All right. Please fill out these forms. (Making a mark on the form.) Leave this space

5   blank for your wife's signature.

Mr. Prado: (While he fills out the forms.) You have to pay for the service monthly, don't you?

Employee: We have several plans. The bank can charge you a fixed amount every month or it can charge for every check you write. In addition, there is free service if you maintain a minimum balance of 1,000 dollars in your account.

10 *Mr. Prado:*   I prefer to pay a fixed amount. (He finishes filling out the papers.)

Employee: Fine. Now you may choose the design you prefer on your checks.

Mr. Prado: The most economical one. What I am most interested in is an efficient manner of keeping track of my expenses.

Employee: All right. How much will you deposit today?

15 *Mr. Prado:*   I am going to deposit these two checks and 150 dollars in cash.

Employee: (After writing down the deposits.) Here is your temporary checkbook and some deposit slips. Each month you will receive a statement of your account. Do you have any questions?

Mr. Prado: Yes, I understand that there are machines for making withdrawals and deposits at

20   any time.

Employee: In order to use the automatic teller you need to fill out these forms. In a few days we will send you a personalized card with instructions for using this service.

Preguntas

1.   ¿Qué tipo de cuenta corriente prefiere el cliente?
2.   ¿Con quién mantendrá la cuenta?
3.   ¿Qué tipo de planes ofrece el banco a sus clientes?
4.   ¿Qué plan prefiere el señor Prado?
5.   ¿Cuánto depositará inicialmente?
6.   ¿Qué necesitará el cliente para usar las cajas automáticas?

Depósitos a plazo fijo

Vocabulario esencial

el apellido de soltera   *maiden name*
¿Cuál es el apellido de soltera de su madre?

el (la) beneficiario(a) *beneficiary*
Quiero que mis hijos sean los beneficiarios de esta cuenta.

el certificado de depósito a plazo fijo *fixed term deposit certificate*
Prefiero un certificado de depósito a un plazo de seis meses.

la cuenta de ahorros *savings account*
Tengo mi cuenta corriente y mi cuenta de ahorros en este banco.

el impreso *form*
Llene estos impresos, por favor.

el interés *interest*
Pagamos el ocho por ciento de interés.

la libreta de ahorros *savings account passbook*
No sé cuál es el número de mi libreta de ahorros.

el plazo (mínimo) *(minimum) time period, (minimum) term*
El plazo mínimo de estos depósitos es de seis meses.

el porcentaje *percentage*
El porcentaje de interés no es muy alto.

el retiro *withdrawal*
Usted puede hacer depósitos y retiros por correo.

Diálogo 2: Depósitos a plazo fijo

Sra. Moreno:	Buenas tardes. Necesito información sobre los diferentes tipos de cuentas de ahorros que ofrecen ustedes.
Empleado:	¿Desea usted abrir una cuenta regular o invertir su dinero en un certificado de depósito a plazo fijo?
5 *Sra. Moreno:*	Me interesa el certificado de depósito. ¿Cuánto tiempo necesito tener el dinero depositado y qué porcentaje de interés pagan esas cuentas?
Empleado:	El plazo mínimo es de seis meses con un interés del ocho por ciento anual. El plazo máximo es de dieciocho meses y paga un doce por ciento. Por supuesto, hay otros plazos intermedios.
10 *Sra. Moreno:*	Me interesa el certificado de dieciocho meses. ¿Hay un depósito mínimo?
Empleado:	Sí, 2.000 dólares. Debe mantener esa cantidad como saldo mínimo también.
Sra. Moreno:	Bien. Quiero que ésta sea una cuenta conjunta con mi hijita de seis años.
15	
Empleado:	Si usted quiere que su hija firme los documentos, no hay inconveniente. En caso contrario, usted puede abrir una cuenta a su nombre y poner a su hija como beneficiaria.
Sra. Moreno:	Pues prefiero eso, que mi hija sea la beneficiaria. Voy a llenar los papeles ahora mismo y hacer mi primer depósito.
20	
Empleado:	Muy bien. (Le entrega dos impresos y una tarjeta para que firme.) Déme el apellido de soltera de su madre y el nombre completo de su hija. (La señora termina de hacer el depósito y recibe la libreta de

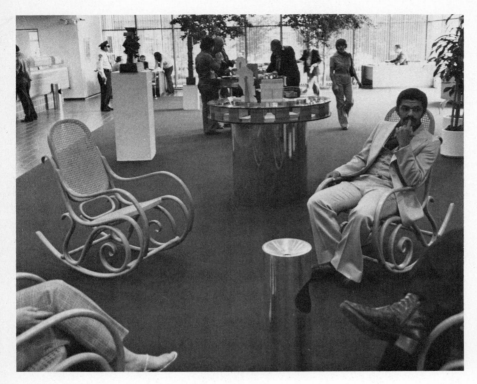

La misión principal de un banco es comprar y vender dinero. ¿Cómo atrae un banco a sus clientes?

25   ahorro con algunos sobres y hojas de depósito y retiro para hacer transacciones por correo.)

❀ ❀ ❀

FIXED TERM DEPOSITS

	Mrs. Moreno:	Good afternoon. I need some information about the different types of savings accounts that you offer.
	Employee:	Do you wish to open a regular account or to invest your money in a fixed term deposit certificate?
5	*Mrs. Moreno:*	I am interested in the deposit certificate. How long do I have to have the money deposited and what percent interest do those accounts pay?
	Employee:	The minimum period is six months with eight percent annual interest. The maximum time period is eighteen months and it pays twelve percent interest. Of course, there are other intermediate periods.
10	*Mrs. Moreno:*	I am interested in the eighteen month certificate. Is there a minimum deposit?
	Employee:	Yes, 2,000 dollars. You must maintain that amount as a minimum balance also.
	Mrs. Moreno:	All right. I want this to be a joint account with my little six-year-old daughter.
	Employee:	If you want your daughter to sign the documents, that will be fine. Otherwise, you can open an account in your name and put your daughter as the beneficiary.
15	*Mrs. Moreno:*	I prefer that, let my daughter be the beneficiary. I am going to fill out the papers right now and make my first deposit.

Employee:	Very well. (He hands her two forms and a card for her to sign.) Give me your mother's maiden name and the complete name of your daughter. (The woman finishes making the deposit and receives the savings passbook with some envelopes and deposit and withdrawal slips for making transactions by mail.)

20

Preguntas

1. ¿Qué información necesita la señora Moreno?
2. ¿Cuál es el plazo mínimo para los depósitos a plazo fijo? ¿Y el interés?
3. ¿Cuál es el depósito mínimo para los certificados de dieciocho meses?
4. ¿Qué información le pide el empleado sobre la familia?
5. ¿Qué recibe la cliente además de la libreta de ahorros?

Narración: Transacciones bancarias

El señor Fernando Prado va al Banco Internacional porque necesita abrir una cuenta corriente. La recepcionista lo envía a la sección de Cuentas Corrientes, donde lo atiende una empleada. El señor Prado no quiere una cuenta individual, sino una conjunta, a nombre también de su esposa. La empleada le pasa unos formularios para

5 llenar, en donde más tarde deberá también firmar su esposa.

El cliente entiende que hay que pagar mensualmente por los servicios. La empleada le explica que existen varios planes. El servicio es gratuito si mantiene en la cuenta un saldo que no baje de 1.000 dólares. Si ese plan no le conviene, puede escoger entre un pago fijo cada mes o un pago variable, basado en el número de

10 cheques que gire. Le explica detalladamente los diferentes cargos y el señor Prado se decide por el del pago fijo.

La empleada le pasa al nuevo cliente un portafolio con los diferentes diseños que puede colocar en sus cheques. El señor Prado escoge uno de los más económicos, pues lo que desea es simplemente un modo eficaz de llevar la cuenta de sus gastos.

15 La empleada le pregunta con cuánto dinero va a abrir la cuenta y el señor Prado le pide que deposite dos cheques y 150 dólares en dinero efectivo. Endosa los cheques y se los pasa a la empleada, quien llena el formulario de depósito correspondiente. La empleada le pasa un talonario con unos pocos cheques provisionales que puede usar hasta que le lleguen los que él escogió. Le explica al cliente que cada

20 mes recibirá el estado de su cuenta por correo. Antes de terminar la transacción, le pregunta al cliente si necesita más información.

El señor Prado sabe que existen máquinas automáticas para hacer giros o depósitos a cualquier hora del día durante todos los días del año y querría saber cómo podría él tener acceso a ese servicio. La empleada le pide que llene otros formularios y le

25 explica que dentro de unos días recibirá por correo una tarjeta personalizada con las instrucciones necesarias para usar este servicio computarizado.

El señor Prado le agradece a la empleada su atención y se despide.

❀❀❀

La señora Adriana Romero entra en una Asociación de Ahorro y Préstamos, pues quiere invertir allí un dinero que ha acumulado. Le pide al empleado que la atiende
30   que le explique los diferentes tipos de cuentas que ella puede abrir.

El empleado quiere saber si se trata de una cuenta regular o de un certificado de depósito a plazo fijo. La cliente desea una cuenta a plazo. El empleado pasa entonces a explicarle que el interés depende del tiempo en que se deje el dinero en depósito. Por ejemplo, el plazo mínimo es de seis meses a un interés anual del ocho por ciento
35   y el plazo máximo es de dieciocho meses, a un interés anual del doce por ciento. Existen, por supuesto, plazos intermedios.

La señora Moreno quiere obtener el interés máximo y pregunta cuál es el depósito mínimo para abrir la cuenta a un plazo de dieciocho meses. El empleado le responde que necesita 2.000 dólares para abrir esa cuenta. Puede hacer dos giros cada seis
40   meses, siempre que el saldo mínimo no baje de esa cantidad.

La señora Moreno quiere saber si esa cuenta puede ser conjunta, a nombre también de su hijita de seis años. El empleado le dice que no hay inconveniente si ella quiere que su hija firme los documentos; de otro modo, debe abrir una cuenta a su nombre, de la cual su hija será la beneficiaria.
45   La señora Moreno decide abrir una cuenta con su hija como beneficiaria. El empleado le pide que llene dos impresos y una tarjeta; le pide también el apellido de soltera de su madre y el nombre completo de su hija. Concluido el depósito, le entrega a la señora Moreno la libreta de ahorros y algunos sobres y boletas de depósito y retiro para que haga transacciones por correo, si así lo desea.

Preguntas

1.   ¿A qué sección del banco envían al señor Prado?
2.   ¿Qué papeles le da la empleada? ¿Quién deberá firmar los papeles?
3.   ¿De qué manera puede un cliente obtener servicio bancario gratuito?
4.   ¿En qué consiste el plan variable?
5.   ¿Qué información pide el cliente sobre las cajas automáticas?
6.   ¿Cuáles son las ventajas de las cajas automáticas?
7.   ¿Qué tipo de cuenta quiere abrir la señora Moreno?
8.   ¿De qué depende el interés que recibirá en su cuenta de ahorros?
9.   ¿Quién será la beneficiaria de la cuenta de ahorros?
10. ¿Por qué cree usted que le piden el apellido de su madre a la señora Moreno?
11. ¿Cuáles son las ventajas de los depósitos a plazo fijo? ¿Y de las cuentas regulares?
12. ¿Cuándo es recomendable tener un beneficiario en las cuentas de ahorros?

Notas gramaticales

Para un repaso de los puntos gramaticales más importantes de este capítulo, consúltese *Gramática para la comunicación* de esta misma serie. Algunas estructuras empleadas en los diálogos de este capítulo son:

—pronombres sujetos

—presente de indicativo: verbos regulares
—género y número de los sustantivos
—oraciones interrogativas
—adjetivos numerales y ordinales

Lista de vocabulario

SUSTANTIVOS

acceso, el access
acumulación, la accumulation, savings
ahorro, el savings
apellido, el last name
automatización, la automation
balance, el balance
banco, el bank
beneficiario(a), el (la) beneficiary
boleta, la slip, stub; ticket
caja, la box; cashbox; safe; chest; crate
cantidad, la quantity
cargo, el charge, debit; load, weight; duty, responsibility
certificado, el certificate
cliente, el (la) client
clientela, la clients, customers
cuenta, la account; count, counting; bill, statement
cheque, el check
chequera, la checkbook
depósito, el deposit
diseño, el design; drawing, sketch
documento, el document
dólar, el dollar
eficacia, la effectiveness; efficiency
empleado(a), el (la) employee
endoso, el endorsement
entrega, la delivery
espacio, el space
estado, el report, statement; state; condition
firma, la signature; firm (company)
formulario, el form, blank
gasto, el expense
giro, el draft; bill of exchange; turn, rotation

hoja, la sheet (of paper); leaf (on plant)
impreso, el printed form; printed matter
inconveniente, el obstacle, difficulty, objection
interés, el interest
libreta, la account book, passbook; notebook
máquina, la machine
pago, el payment
período, el time, period, term
plan, el plan
plazo, el time, period, term; expiration date
porcentaje, el percentage
port(a)folio, el file folder; briefcase
recargo, el extra charge, surcharge; increase
recepcionista, el (la) receptionist
retiro, el withdrawal; retirement
saldo, el balance (monetary)
servicio, el service
sobre, el envelope
soltero(a), el (la) single person
talonario, el book (containing checks, tickets, etc.)
tarjeta, la card
transacción, la transaction
vencimiento, el expiration, maturity

VERBOS

ahorrar to save (money, time, etc.)
acumular to accumulate, to save
anotar to note, to jot down
atender (ie) to wait on, to help
automatizar to automate
cobrar to charge; to collect; to cash (a check); to earn

colocar   to place, to put
computarizar   to computerize
convenir   to be convenient; to be suitable; to agree
depender (de)   to depend (on)
depositar   to deposit
endosar   to endorse
entregar   to deliver
enviar   to send, to ship
escoger   to choose
firmar   to sign
girar   to draw; to issue; to do business; to rotate
invertir (ie-i)   to invest
llenar   to fill out; to fill
mantener   to maintain; to support (economic)
ofrecer   to offer
pagar   to pay
personalizar(se)   to personalize, to become personal
retirar   to withdraw; to retire
tratarse (de)   to be a question (matter) of
vencer   to expire, to fall due, to mature, to defeat

ADJETIVOS Y ADVERBIOS

anual   annual
automático(a)   automatic
automatizado(a)   automated
autorizado(a)   authorized
computarizado(a)   computerized
conjunto(a)   joint; united
conveniente   convenient; suitable
corriente   checking; flowing; current; valid
detalladamente   in detail
económico(a)   economical, economic; inexpensive
eficaz   effective; efficient
fijo(a)   fixed, unchanging
gratuito(a)   gratuitous, free of charge
individual   individual
intermedio(a)   intermediate, halfway between
máximo(a)   maximum

mensualmente   monthly
mínimo(a)   minimum
personalizado(a)   personalized
provisional   provisional, temporary
variable   variable

OTRAS EXPRESIONES

abrir una cuenta   to open an account
apellido de soltera, el   maiden name
asociación de aborro y préstamos, la   savings and loan institution
a nombre de   in the name of
a plazo fijo   fixed term
a (su) nombre   in her (his, her, your, etc.) name
caja automática, la   automatic teller
caja automatizada, la   automated teller
cerrar (ie) una cuenta   to close an account
certificado de depósito a plazo fijo, el   fixed term deposit certificate
cuenta conjunta, la   joint account
cuenta corriente, la   checking account
cuenta de ahorros, la   savings account
cuenta personal, la   personal account
dentro de poco (tiempo)   within a short period (of time)
en caso contrario   otherwise, if not
en efectivo   cash (money)
espacio en blanco, el   blank space
estado de la cuenta, el   bank account statement
girar (un cheque)   to write a check
letra de cambio, la   bill of exchange
libreta de aborros, la   savings account passbook
libreta de cheques, la   checkbook
llevar la cuenta   to keep account, to keep track

plazo (mínimo), el *(minimum) time period*
por correo *by mail*
servicio gratuito, el *free service*
talonario de cheques *checkbook*

tarjeta (personalizada), la *(personalized) card*
vencer el plazo *to expire (a period of time), to fall due*

Ejercicios de adquisición de vocabulario

Los ejercicios siguientes están destinados a ayudarle a adquirir y recordar el vocabulario de este capítulo. Concéntrese en el significado de las palabras.

A. Complete las siguientes frases usando la forma apropiada de las palabras que aparecen a continuación.

el plazo	el diseño	fijo
el estado	intermediario	el porcentaje
individual	endosar	el depósito
convenir	el apellido	el talonario
mínimo	invertir	el acceso

1. La señorita Campos no quiere abrir una cuenta conjunta sino . . . .
2. ¿Por qué necesitan Uds. saber . . . . de soltera de mi madre?
3. ¿Con qué frecuencia voy a recibir . . . . de mi cuenta?
4. ¿Hay un saldo . . . . que se deba mantener?
5. ¿Prefiere Ud. pagar una cantidad . . . . cada mes o pagar por cada cheque que gire?
6. ¿Tienen Uds. un servicio que me permita hacer . . . . a cualquier hora del día o de la noche?
7. Señor, no puedo pagarle el cheque hasta que lo . . . .
8. Los cheques estarán listos dentro de dos semanas; mientras tanto aquí tiene . . . . de cheques provisionales.
9. Quisiera . . . . 3.000 dólares en esa compañía excelente.
10. Sí, todos son bonitos. ¿Qué . . . . prefiere Ud. en sus cheques?

B. Conteste a la siguiente carta enviada por un banco a su cliente.

Banco de Santander
Plaza de los Luceros
Caracas, Venezuela

Sra. Beatriz Alcalde
112 Riverside St.
Trenton, New Jersey

Muy Sra. mía:

Me es grato el contestar a sus preguntas sobre nuestra oferta de cuentas a plazo fijo.

Esta oferta consiste en ofrecer un 15% de interés a todas las cuentas a plazo fijo que se abran antes del 5 de mayo próximo, y que superen un saldo de $3.000. Debo recordarle que el plazo mínimo de depósito fijo es de un año y que durante ese tiempo Ud. no podrá disponer de la cantidad impuesta.

Si Ud. quisiera alguna información adicional no dude en llamarme al 725-5772. Así mismo podré atender por correo cualquier servicio que necesite de nuestro banco.

Reciba un atento saludo,
Vicente L. Coronado
Director de Servicios

C. Complete las frases siguientes con la forma del sustantivo que corresponde a los verbos en cursiva.

MODELO: *separar - separación*

Mañana voy a *pagar* mi último plazo del coche. Es un .... de trescientos dólares. El dinero lo debo *depositar* en una cuenta bancaria. Es un .... para la compañía de automóviles. Papá me quería *girar* dinero, pero yo le dije que no necesitaba el .... para acabar de pagar el coche. Empecé a *ahorrar* esos trescientos dólares hace un año. Me ha costado mucho esfuerzo esos .... Mañana voy a *entregar* ese dinero. Después de la .... me sentiré una persona feliz. Tendré que *endosar* mi cheque al banco. El .... consiste en *firmar* el cheque. Mi .... está reconocida por el banco. Tendré que *acumular* todos los datos antes de ir al banco. La .... de papeles no me deja un minuto libre.

D. Dé la palabra que corresponde a cada definición.

1. Persona que trabaja para otra persona
2. Que ocurre cada año
3. Nombre y apellido de una persona escritos al pie de algún documento
4. Un espacio en un papel donde no hay nada escrito todavía
5. Una persona no casada
6. Poner algo en manos o en poder de alguna persona
7. Término o tiempo dado para una cosa o el vencimiento de ese término
8. La persona a quien se destinan los bienes de algún contrato de seguro

E. Escriba una frase original con cada una de las siguientes palabras o expresiones.

en caso contrario   el cargo   abrir una cuenta
gratuito   por correo   enviar
el cliente   el estado de su cuenta
cobrar   a nombre de

F. Dé los equivalentes en español de las frases siguientes.

1. Do you wish to open a joint or an individual account?

2. Please sign these two forms and this card; also, please leave the blank space on the card for your husband's signature.
3. We have both a regular savings account and the fixed term deposit certificate.
4. If you do not wish to pay a fixed monthly amount, the bank can charge you for each check that you issue or you can have free service with a minimum balance of 1,000 dollars.
5. Yes, that is possible; otherwise, the account can be in your name and your daughter can be the beneficiary.
6. After you fill out these forms, I will give you a book of temporary checks and a few deposit slips.
7. The twenty-four month certificate pays eleven percent interest.
8. The most important thing is to have an effective method of keeping track of my expenses.
9. Which design is the most economical?
10. I wish to deposit two checks for 500 dollars and also 200 dollars in cash.

Actividades

Los ejercicios siguientes están destinados a ayudarle a practicar el vocabulario, las estructuras y los contenidos aprendidos en este capítulo. Concéntrese en la comunicación de sus ideas.

Primera parte—Ejercicios orales

A. ACLARACIONES. Aclare brevemente en español el sentido de las palabras en cursiva.

1. Mi esposo y yo hemos abierto una cuenta de ahorros *a plazo fijo*, es decir . . . .
2. Para la apertura de la cuenta conjunta, se necesitó la *firma* de los dos, es decir . . . .
3. Nos han dado una libreta de ahorros *provisional*, es decir . . . .
4. Por correo nos mandarán el *estado de la cuenta*, es decir . . . .
5. El *plazo* es de seis meses, es decir . . . .
6. Al final de los seis meses queremos *invertir* el dinero, es decir . . . .
7. Cuando está cerrado el banco, uso la *caja automática*, es decir . . . .
8. Yo le dije al empleado que no había *inconveniente*, es decir . . . .

B. CONOCIMIENTOS COMERCIALES. Explique brevemente.

1. Tres sistemas que ofrece el banco para pagar los servicios de una cuenta corriente
2. Pasos necesarios para abrir una cuenta corriente
3. Lo que hay que hacer para obtener el servicio de una caja automática

4.   Dos tipos de cuentas de ahorro que se ofrecen en una asociación de ahorro y préstamos
5.   Acciones necesarias para abrir una cuenta de ahorros y nombrar un beneficiario

C.   SITUACIONES.   Diga en español.

1.   Basándose en la foto del primer diálogo de este capítulo, desarrolle una conversación con un colega sobre la posibilidad de abrir una cuenta conjunta con un sobrino que tiene tres años. Diga algunas de las frases siguientes.
   a.   girar un cheque
   b.   cobrar un cheque
   c.   la caja automática
   d.   en efectivo
2.   Ud. es un cliente que posiblemente quiere abrir una cuenta de ahorros en una asociación de ahorro y préstamos.
   a.   Ask the employee who is waiting on you to please explain the different kinds of savings accounts that they have.
   b.   Say that you believe that you are interested in a fixed term deposit certificate but that you wish to know more about the various interest rates that are offered.
   c.   Ask how much you must deposit in order to open a fixed term account for a period of twelve months.
   d.   Inform the employee that you wish to name your son as beneficiary of your account; ask what must be done to accomplish that.

D.   NARRACIONES.   Cuente lo que pasó en las siguientes escenas.

1.   Basándose en la foto del segundo diálogo de este capítulo, cuente por qué eligió usted ese banco y lo que usted va a hacer para abrir una cuenta corriente. Trate de incluir las siguientes palabras y expresiones en su narración.
   a.   abrir una cuenta corriente
   b.   los formularios
   c.   pagar por los servicios
   d.   los diseños
   e.   depositar dinero
   f.   endosar
   g.   los cheques provisionales
   h.   el estado de la cuenta
2.   *Presentación de un proyecto.* Basándose en el dibujo, desarrolle una conversación usando las expresiones siguientes.
   a.   Este proyecto presenta algunas dificultades…
   b.   El proyecto demuestra una evolución positiva/negativa.
   c.   Se ha realizado/terminado el proyecto con éxito.
   Luego cuente por qué el trabajo de esta señora es útil para su compañía.

E.   INTERPRETACIONES.   Estudien las situaciones siguientes. Asignen los papeles de cada personaje. Transformen las situaciones en diálogo e interprétenlas frente a

la clase o con unos compañeros. Habrá siempre un traductor español-inglés-español.

1. Una persona quiere abrir una cuenta corriente y necesita información. Al final deposita 200 dólares para abrir la cuenta.
2. Un cliente del banco ha visto un anuncio sobre las cajas automáticas, y desea saber qué tiene que hacer para usarlas. Pregunta sobre los detalles de este nuevo servicio.
3. Una persona quiere abrir una cuenta de ahorros y pide que un empleado le explique la diferencia entre una cuenta normal y un certificado de depósito a plazo fijo. Al final pregunta sobre los diferentes plazos que existen.

F.   CONVERSACIONES.   Varios estudiantes desarrollarán diálogos basados en las siguientes situaciones.

1. El recepcionista de un banco saluda a una nueva cliente que quiere abrir una cuenta de ahorros y la dirige a la sección correspondiente.
2. Una de las supervisoras de un banco explica a una nueva empleada cómo funciona el servicio de las cajas automáticas. Hablan también de lo que un cliente tiene que hacer para obtener el servicio.
3. Un empleado que tiene poca experiencia en la sección de Cuentas Corrientes recibe instrucción del jefe de la sección. Hablan de los pagos mensuales, los cheques provisionales y del estado de la cuenta que recibe el cliente cada mes.

4. El presidente de una asociación de ahorro y préstamos informa a un supervisor de sección de los recientes cambios en el interés que se paga en los certificados de depósito.
5. Una cliente habla con un empleado de su idea de o bien nombrar a su hijo de dos años beneficiario de su cuenta o bien de abrir una cuenta conjunta con él. El empleado le explica lo que tiene que hacer para nombrarlo beneficiario.

G. ENTREVISTA.   Un periodista entrevista a una supervisora y a un empleado de un banco para informar a los lectores sobre los nuevos servicios que esta institución ofrece. Hablan particularmente de las cajas automáticas y de los certificados de depósito.

H. PRESENTACIÓN PÚBLICA.   Explique en 150 palabras.

Ud. es la directora de un banco y está de visita en una clase de una escuela secundaria que estudia el mundo de los negocios. Dé una charla sobre las diferentes cuentas que ofrece su banco al público. Al final los estudiantes le harán preguntas sobre el tema.

Segunda parte—Ejercicios escritos

A. OTROS PUNTOS DE VISTA

1. Escriba una carta a una hermana contándole lo que Ud. tuvo que hacer cuando abrió su cuenta corriente recientemente. Mencione los servicios que Ud. escogió.
2. Prepare un breve folleto para una asociación de ahorro y préstamos que explica los certificados de depósito a plazo fijo. Mencione las ventajas de éstos con respecto a las cuentas regulares de ahorro.

B. EXPERIENCIAS Y OPINIONES.   Escriba en español una composición contando sus experiencias (pueden ser ficticias) o expresando su opinión sobre los temas indicados.

1. Por qué creo (o no creo) que es mejor comprar certificados de depósito a plazo fijo que dejar el dinero depositado en una cuenta de ahorros normal
2. Una buena (o mala) experiencia que he tenido con un empleado de un banco
3. Por qué me gustaría (o no me gustaría) trabajar en un banco
4. Por qué me gustan (o no me gustan) las cajas automáticas

CAPÍTULO 2

Compra y venta

La industria de automóviles

Vocabulario esencial

el aire acondicionado   *air conditioning*
Mi coche tiene aire acondicionado.

el asiento (trasero)   *(back) seat*
Coloque a los niños en el asiento trasero.

el cambio automático   *automatic shift*
Prefiero un coche con cambio automático.

la carretera   *highway*
Este coche es muy económico en la carretera.

cómodo   *comfortable*
Los asientos traseros son muy cómodos.

conducir   *to drive*
Ella no conduce a gran velocidad.

la fábrica   *factory*
Instalaron el aire acondicionado en la fábrica.

el maletero   *trunk (car)*
El maletero de este auto es bastante grande.

manejar   *to drive*
Él maneja un coche europeo.

la milla   *mile*
Mi coche da veinte millas por galón más o menos.

el neumático radial   *radial tire*
Dicen que los neumáticos radiales son los mejores.

probar   *to try out*
Queremos probar el sedán de cuatro puertas.

el reembolso (rembolso)   *rebate, reimbursement*
La fábrica ofrece un reembolso de 500 dólares.

el tablero de mandos   *dashboard*
El tablero de mandos de ese coche es muy completo.

la tracción delantera   *front wheel drive*
Este modelo tiene tracción delantera.

Diálogo 1: La industria de automóviles

Sr. Ortiz: Buenas tardes. Queremos comprar un coche y nos gustaría ver los modelos que tienen ustedes.

Vendedor: Muy bien. Tenemos una gran selección. Además, durante todo este mes, si usted compra un coche nuevo, tiene derecho a un reembolso de 500 dólares.

En esta vista de la Avenida de Chapultepec en México, pueden verse los efectos de la vida contemporánea. ¿Qué tipo de seguro necesitan los coches en las grandes ciudades?

Sra. Ortiz:	¡Qué bien! Queremos un coche que sea económico y amplio, ya que somos cuatro.
Vendedor:	La entiendo perfectamente, señora. Permítanme enseñarles el modelo favorito de las familias jóvenes como ustedes. La serie 500. Aquí tiene el modelo de dos puertas y allí está el sedán de cuatro puertas. Todos con tracción delantera, excelente para conducir cuando hace mal tiempo.
Sr. Ortiz:	Me gusta el sedán de cuatro puertas. Este coche tiene cambio manual; supongo que viene también con cambio automático, ¿verdad?
Vendedor:	Por supuesto. Y como el motor es de seis cilindros, tiene toda la potencia que necesita.
Sra. Ortiz:	¿Cuántas millas por galón da?
Vendedor:	Según la agencia gubernamental, veinticinco en la carretera y diecinueve en la ciudad. Por supuesto, esas cantidades pueden variar según como usted maneje.
Sr. Ortiz:	(Abriendo la puerta y sentándose.) El tablero de mandos es bien legible y estos asientos individuales son bastante cómodos. Ah, son también reclinables.

10

15

20

Vendedor:	Además, como usted puede ver, tiene una radio FM, aire acondicionado
25	y bastante espacio para las piernas en el asiento trasero. Tiene neumá-
	ticos radiales y un maletero muy amplio.
Sra. Ortiz:	¿Podríamos manejarlo para ver si nos gusta? (Salen todos a probar el
	coche.)

🕸🕸🕸

THE AUTOMOBILE INDUSTRY

Mr. Ortiz:	Good afternoon. We want to buy a car and we would like to see the models that you have.
Salesman:	All right. We have an excellent selection. Besides, during all this month, if you buy a new car, you have the right to a rebate of 500 dollars.
5 *Mrs. Ortiz:*	That's great! We want a car that is economical and roomy since there are four of us.
Salesman:	I understand you perfectly, ma'am. Let me show you the favorite model of young families like you. The 500 series. Here is the two-door model and over there is the four-door sedan. All have front wheel drive, which is excellent for driving in bad weather.
10 *Mr. Ortiz:*	I like the four-door sedan. This car has a manual transmission; I suppose that it also comes with an automatic transmission, doesn't it?
Salesman:	Of course. And since the motor has six cylinders, it has all the power you need.
Mrs. Ortiz:	How many miles per gallon does it get?
Salesman:	According to the government agency, twenty-five on the highway and nineteen in
15	the city. Of course, those figures can vary according to the way you drive.
Mr. Ortiz:	(Opening the door and sitting down.) The dashboard is very easy to read, and these bucket seats are quite comfortable. Oh, they are also reclinable.
Salesman:	In addition, as you can see, it has an FM radio, air conditioning, and a good deal of leg room in the back seat. It has radial tires and a spacious trunk.
20 *Mrs. Ortiz:*	Could we drive it to see if we like it? (They all go to try out the car.)

Preguntas

1. ¿Qué oferta especial le ofrece el empleado al matrimonio Ortiz?
2. ¿Qué tipo de coche quiere comprar la familia?
3. ¿Qué ventajas ofrecen los coches de la serie 500?
4. ¿Qué automóvil prefiere el señor Ortiz?
5. Mencione algunas de las características de este coche.

Acuerdos financieros

Vocabulario esencial

el cálculo   *calculation*
El vendedor hace cálculos en una máquina calculadora.

cambiar   to exchange, to change
Quiero cambiar mi carro viejo y comprar uno nuevo.

la agencia automotriz   car dealership
He visitado la mayoría de las agencias automotrices de la ciudad.

cumplirse (un plazo)   to expire (a deadline)
Dentro de diez días se cumple el plazo para inscribir este automóvil.

la cuota mensual   monthly installment
Sus cuotas mensuales serán de 160 dólares.

el eje trasero   rear axle
Según el mecánico, el eje trasero no funciona bien.

financiar   to finance
Debo financiar 6.000 dólares.

la garantía   warranty
Estos coches tienen una excelente garantía de fábrica.

el pago inicial   down payment
¿Cuanto dinero puede dar usted de pago inicial?

Diálogo 2: Acuerdos financieros

Sr. Ortiz:	Bueno, hemos visitado otras agencias automotrices de la ciudad y hemos decidido comprar el modelo que probamos hace unos días. Pero todavía tenemos algunas preguntas que quisiéramos hacerle.
Sra. Ortiz:	Sí. Por ejemplo, ¿cuánto nos van a dar por el carro viejo que vamos a cambiar y cuánto deberemos pagar mensualmente?
Vendedor:	Mi supervisor me autorizó a ofrecerles 1.500 dólares por el coche que ustedes manejan. El mecánico encontró problemas en el eje trasero, y eso disminuyó su valor.
Sr. Ortiz:	Está bien. Querríamos que el reembolso de 500 dólares que ofrece la fábrica fuera parte del pago inicial.
Vendedor:	(Comienza a hacer cálculos en la calculadora.) Muy bien, hay que financiar 5.980 dólares. A un interés del 12,5 por ciento, por cuatro años, como me pidieron ustedes, les saldrían cuotas mensuales de 168,48 dólares.
Sra. Ortiz:	Está dentro de nuestro presupuesto. Explíquenos, por favor, qué tipo de garantía tiene este modelo.
Vendedor:	El carro estará bajo garantía de fábrica por dos años o por 24.000 millas, el plazo que se cumpla primero.
Sr. Ortiz:	Me parece bien. Permítame consultar con mi esposa. (Después de unos momentos.) Si fuera posible, quisiéramos volver mañana para firmar todos los papeles y llevarnos el coche.
Vendedor:	Lo tendré todo listo.

❀❀❀

La exportación de productos USA a Latinoamérica abarca muchos tipos de mercancías, por ejemplo: camiones. ¿Qué otros productos exporta USA a Latinoamérica?

FINANCIAL ARRANGEMENTS

Mr. Ortiz:	Well, we have visited other car dealers in the city, and we have decided to buy the model that we tried out a few days ago. But we still have some questions that we would like to ask you.
Mrs. Ortiz:	Yes. For example, how much are you going to give us for our old car that we are going to trade in and how much will we have to pay monthly?
Salesman:	My supervisor has authorized me to offer you 1,500 dollars for the car that you are driving. The mechanic found some problems in the rear axle, and that reduced its value.
Mr. Ortiz:	All right. We would like the 500 dollar factory rebate to be part of the down payment.
Salesman:	(He begins to figure on the calculator.) All right, 5,980 dollars will have to be financed. At 12.5 percent interest, for four years, as you requested, your monthly payments would come out to 168.48 dollars.
Mrs. Ortiz:	That's within our budget. Please explain to us what kind of guarantee this model has.
Salesman:	The car is under a factory warranty for two years or 24,000 miles, whichever comes first.
Mr. Ortiz:	That seems all right to me. Let me talk it over with my wife. (After a few minutes.) If it is possible, we would like to return tomorrow to sign the papers and take the car.
Salesman:	I will have everything ready.

Preguntas

1. ¿Por qué han vuelto a la agencia automotriz los Ortiz?
2. ¿Cuánto recibirán por el coche viejo?
3. ¿Qué problemas mecánicos tenía este coche?
4. ¿Cuánto deberán financiar? ¿A qué interés?
5. ¿Cuánto deberán pagar mensualmente los Ortiz?
6. ¿Qué garantías ofrece la fábrica?

Narración: Compra y venta: Un automóvil

El señor y la señora Ortiz van a la agencia automotriz Econoautos porque quieren cambiar su coche viejo por otro nuevo. El vendedor que los atiende les explica que es un buen momento para adquirir un coche nuevo porque la fábrica ofrece un reembolso de 500 dólares durante todo el mes. Si no les interesa la oferta del reembolso, la
5 agencia ofrece un financiamiento a una tasa de interés bastante ventajosa.

La señora Ortiz le explica que necesitan un modelo que no gaste mucha gasolina y que sea también amplio, pues hay cuatro miembros en la familia: además de los adultos, hay un niñito de cuatro años y una niñita de siete. El vendedor les recomienda la serie 500, modelos de tracción delantera, excelentes para conducir durante el
10 invierno.

Les muestra primero el modelo de dos puertas y luego el sedán de cuatro puertas. Se interesan por este último, aunque prefieren un modelo con cambio automático, no con caja de cambios como el coche que tienen en la sala de exposición. El vendedor les dice que no hay inconveniente—los modelos con cambio automático
15 están en el parque de estacionamiento de la agencia.

El señor Ortiz abre la puerta del coche y prueba los asientos. Le agradan los asientos reclinables individuales. También queda satisfecho con el tablero de mandos, que encuentra bastante legible. El vendedor le demuestra que el aire acondicionado instalado en la fábrica funciona muy bien. El coche tiene un maletero bien amplio y
20 está equipado con cinco neumáticos radiales. El motor es de seis cilindros, bastante potente para que no haya problemas con el cambio automático ni con el aire acondicionado.

La señora Ortiz quiere saber cuántas millas por galón da el coche. Según la agencia gubernativa de Protección del Ambiente, ese modelo, con cambio automático,
25 da veinticinco millas por galón en la autopista y diecinueve en la ciudad. La señora Ortiz sugiere salir a manejar el coche para poder apreciar sus condiciones en la carretera.

❀❀❀

30 Han pasado algunos días. Los Ortiz están de regreso en la sala de ventas de Econoautos. Han ido a otras compañías distribuidoras de automóviles y están casi decididos a comprar el modelo que probaron en esta agencia unos días antes.

Antes de cerrar el trato, la señora Ortiz quiere saber cuánto recibirán por el auto
que conducen y cuánto deberán pagar cada mes. El vendedor les informa de que su
35   supervisor lo ha autorizado a ofrecer 1.500 dólares por el coche usado de los Ortiz.
Hay un problema en el eje trasero del coche, lo que le hace perder algo de su valor. El
señor Ortiz le dice al vendedor que desearían usar los 500 dólares del reembolso de
fábrica para el pago inicial.

Usando la calculadora, el vendedor les dice que tendrán que financiar un préstamo
40   de 5.980 dólares. A un interés del 12,5 por ciento, por cuatro años, el plazo pedido
por los Ortiz, las cuotas mensuales serán de 168.48 dólares.

Los Ortiz quieren saber qué garantía de fábrica tiene el modelo que quieren
comprar. El vendedor les explica que el coche está garantizado por dos años o 24.000
millas, cualquiera sea el plazo que se cumpla primero. La garantía no incluye, por
45   supuesto, las reparaciones de mantenimiento rutinario del coche.

Los Ortiz le piden al vendedor que les permita conversar por unos momentos.
Cuando llegan a un acuerdo, le dicen al vendedor que querrían firmar todos los
papeles al día siguiente, fecha en que también harían el cambio de coches, si fuera
posible. El vendedor les promete que lo tendrá todo listo para el día siguiente.

Preguntas

1. Según el vendedor, ¿por qué es un buen momento para comprar un coche?
2. ¿Por qué les recomienda los coches de la serie 500?
3. Describa el coche que decide probar la familia.
4. ¿Qué coche han decidido comprar los Ortiz?
5. ¿Por qué sólo les darán 1.500 dólares por el coche viejo?
6. ¿Cómo financiarán el resto?
7. ¿Por cuántos años está garantizado el auto?
8. ¿Cuál es el precio actual de un sedán económico de cuatro puertas?
9. ¿Qué tasa de interés pagan en estos momentos los compradores de un coche nuevo?
10. ¿Qué tipo de coche tiene usted? ¿Cuáles son sus pagos mensuales?
11. ¿Piensa usted que es mejor dar el coche viejo en forma de pago o venderlo particularmente?

Notas gramaticales

Para un repaso de los puntos gramaticales más importantes de este capítulo, consúltese
Gramática para la comunicación de esta misma serie. Algunas estructuras empleadas
en los diálogos de este capítulo son:

—verbos con cambios en la raíz
—presente de indicativo: verbos irregulares
—formas y usos del artículo definido
—formas y usos del artículo indefinido
—oraciones exclamativas

Lista de vocabulario

SUSTANTIVOS

adquisición, la   acquisition,; purchase
adulto, el   adult
agencia, la   agency
agrado, el   taste, liking; affability
apreciación, la   appreciation
asiento, el   seat, chair
autobús, el   bus
automóvil, el   automobile
autopista, la   freeway, highway
calculadora, la   calculator
cálculo, el   calculation
cambio, el   gear; change; exchange
camión, el   truck; bus
carretera, la   highway, main road
cilindro, el   cylinder
climatización, la   air conditioning
comodidad, la   comfort; convenience
compañía, la   company
condición, la   feature; condition; term (financial)
consulta, la   consultation
cumplimiento, el   expiration; fulfillment
cuota, la   payment; quota
derecho, el   right; title; law, justice; fee
distribuidora, la   distributor (commercial)
eje, el   axle; axis; shaft
entrada, la   down payment; entrance
fábrica, la   factory
financiamiento, el   financing
funcionamiento, el   functioning, working
galón, el   gallon
garantía, la   warranty, guarantee; collateral
gasolina, la   gasoline
instalación, la   installation
locutor(a), el (la)   announcer, commentator
llanta, la   tire
maletero, el   trunk (of a car)

mantención, la   maintenance; support (economic)
mantenimiento, el   maintenance, upkeep; support (economic)
mecánico(a), el (la)   mechanic
miembro, el (la)   member
milla, la   mile
modelo, el   model
modelo, el (la)   model (human)
motor, el   motor
neumático, el   tire
oferta, la   offer
pie, el   down payment; foot
potencia, la   power, potency
préstamo, el   loan
presupuesto, el   budget
prueba, la   tryout; sampling; proof
radio, la   radio
reducción, la   reduction
reembolso (rembolso), el   rebate; refund; reimbursement
reparación, la   repair
ruta, la   road; route
rutina, la   routine
satisfacción, la   satisfaction
sedán, el   sedan
selección, la   selection, choice
serie, la   series
supervisor(a), el (la)   supervisor
tasa, la   rate; appraisal; measure, norm
tracción, la   drive; traction
trato, el   deal, dealing; agreement; treatment
valor, el   value; courage
vendedor(a), el (la)   salesperson
venta, la   sale

VERBOS

aceptar   to accept
adquirir   to acquire
agradar   to please
apreciar   to appreciate
autorizar   to authorize
calcular   to calculate
cambiar   to trade in, to exchange; to change
conducir   to drive; to lead; to conduct

consultar(se)   to consult (with one another)
cumplir(se)   to expire; to fulfill
demostrar (ue)   to demonstrate, to show
disminuir   to diminish, to lessen
enseñar   to show; to teach
equipar   to equip
financiar   to finance
funcionar   to function, to work
gastar   to use (up); to spend
inscribir   to register
instalar   to install
interesarse (en, por)   to be interested (in)
manejar   to drive; to use
mostrar (ue)   to show
probar (ue)   to try (out); to prove
reclinar   to recline
reducir   to reduce
reembolsar (rembolsar)   to rebate; to refund; to reimburse
reparar   to repair
satisfacer   to satisfy
tratar   to deal; to treat, to handle
variar   to vary

ADJETIVOS Y ADVERBIOS

amplio(a)   large, spacious
automotriz   automotive
cómodo(a)   comfortable; convenient
delantero(a)   relative to the front
equipado(a)   equipped
espacioso(a)   spacious
favorito(a)   favorite
gubernamental   governmental
gubernativo(a)   governmental
inicial   initial, first
instalado(a)   installed
legible   legible
mecánico(a)   mechanical
potente   powerful
radial   radial
reclinable   reclinable
rutinario(a)   routine
satisfecho(a)   satisfied
trasero(a)   relative to the back
ventajoso(a)   advantageous

OTRAS EXPRESIONES

acuerdo financiero, el   financial arrangement, financial agreement
agencia automotriz, la   automobile dealership
Agencia de Protección del Ambiente, la   Environmental Protection Agency
aire acondicionado, el   air conditioning
asiento (trasero), el   (back) seat
caja de cambios, la   gearbox
cambio automático, el   automatic shift, automatic transmission
cambio manual, el   manual transmission
cambio mecánico, el   manual transmission
cerrar (ie) el trato   to close the deal
cumplirse (un plazo)   to expire (a deadline)
cuota mensual, la   monthly installment
dar (veinticinco)millas por galón   to get (twenty-five)miles per gallon
Distribuidora de automóviles, la   automobile distributor
eje trasero, el   rear axle
equipo esteriofónico, el   stereo sound sets
garantía de fábrica, la   factory warranty
mantenimiento rutinario, el   routine maintenance
neumático radial, el   radial tire
pago inicial, el   down payment
parque de estacionamiento, el   parking lot, lot
pie inicial, el   down payment
sala de exposición, la   showroom
sala de ventas, la   showroom
tablero de mandos, el   dashboard
tener derecho a   to have a right to
tracción delantera, la   front wheel drive
tracción trasera, la   rear wheel drive

Ejercicios de adquisición de vocabulario

Los ejercicios siguientes están destinados a ayudarle a adquirir y recordar el vocabulario de este capítulo. Concéntrese en el significado de las palabras.

A. Complete las siguientes frases usando la forma apropiada de las palabras que aparecen a continuación.

de automóvil	la cuota	consultarse
la llanta	cumplirse	delantero
probar	la tracción trasera	rutinario
el mantenimiento	el cilindro	gubernamental
la sala de exposición	el presupuesto	el cambio manual

1. Hay un libro que le indicará cuando necesita .... el coche.
2. Nuestro .... sólo nos permite comprar un coche que sea muy económico.
3. Según la agencia ...., este auto da aproximadamente treinta y cinco millas por galón en la autopista.
4. Cuando vi el automóvil en ...., no me gustó mucho; pero después de manejarlo, me gusta bastante.
5. La mayoría de los problemas mecánicos son .... durante el primer año.
6. Para mí, la economía es muy importante; por eso no quiero un coche con cambio automático sino uno con ....
7. Por supuesto que antes de comprar este auto, mi esposa y yo lo queremos ....
8. ¿Cuántas compañías .... hay en esta ciudad? Creo que las hemos visitado todas.
9. Antes de tomar una decisión tan importante, los dos quieren .... un poco.
10. ¿De cuántos .... es el motor? No quiero uno muy grande.

B. Conteste a la siguiente carta.

Carmen Cevlar
29 Main Street
Boca Raton, Florida

Sr. Guillermo Lorca
Calle Huérfanos 91
Santiago, Chile

Muy Sr. mío:

Quisiera confirmar por escrito los acuerdos generales, alcanzados durante nuestra conferencia telefónica.

Nuestra compañía está interesada en la importación de piezas de cobre para los adornos de nuestro último modelo de carros.

Solicito de Ud. presupuesto para la adquisición de 30.000 piezas, tipo AH-1, de 5 centímetros de diámetro, fabricadas en cobre, con entrega en el puerto de Miami, Florida U.S.A.

En espera de sus noticias, le saluda atentamente,

Carmen Cevlar
Directora de Importaciones

C. Complete las frases siguientes con la forma del verbo que corresponde a los sustantivos en cursiva.

MODELO: acumulación - acumular

Este anuncio va dirigido a los *conductores* con inteligencia para la *apreciación* de una obra de arte. .... un Faguar es .... la calidad. La *reducción* en costos de *reparación* merece que Ud. nos haga una *consulta*. Para .... los gastos que hoy cuesta .... su coche, Ud. necesita .... a los expertos. Nosotros haremos el *cálculo* de sus costos de *financiamiento*. La casa Faguar .... sus ingresos y le proporciona una fórmula para .... su nuevo automóvil. El *trato* que Ud. recibe en la casa Faguar es de unos profesionales de la *venta*. .... con nuestros clientes es algo más que .... , es crear amigos. Si fallamos en el *cumplimiento* de nuestro servicio, Ud. tendrá derecho a un *reembolso* de todo su dinero. .... su dinero es nuestro deber; .... con nuestro servicio es nuestro placer.

D. Dé la palabra que corresponde a cada definición.

1. Persona mayor de edad
2. Máquina que hace operaciones matemáticas.
3. Obtener el dinero necesario para comprar algo o crear alguna empresa
4. Relativo al comienzo de alguna cosa
5. Lugar donde se muestra algún producto para tratar de venderlo
6. Persona que maneja y arregla máquinas
7. Propuesta financiera hecha con intención de comprar algo
8. Dar la aprobación o el permiso necesario para que se haga alguna cosa

E. Escriba una frase original con cada una de las siguientes palabras o expresiones.

la garantía	cerrar el trato	financiar
el tablero de mandos	espacioso	el galón
potente	la venta	
el modelo	el aire acondicionado	

F. Dé los equivalentes en español de las frases siguientes.

1. If the car and all of the papers will be ready by tomorrow, we will come back then.
2. Have you decided to buy the model that you tried out several days ago?

3. My supervisor has authorized me to give you 850 dollars for your old car; the mechanic found some problems with the motor.
4. This car has many conveniences such as an FM radio, air conditioning, automatic transmission, and a very spacious trunk.
5. I have two small children and I need a roomy car that is economical and that doesn't have mechanical problems.
6. How many miles per gallon will this car get on the highway and in the city?
7. May we try out the car to see if we like it?
8. If you have to drive in bad weather, you may prefer a car with a manual transmission and front wheel drive.
9. The financing will not be a problem if 165 dollars per month is within your budget.
10. We wish to trade in our old car and also apply the factory rebate toward the down payment.

Actividades

Los ejercicios siguientes están destinados a ayudarle a practicar el vocabulario, las estructuras y los contenidos aprendidos en este capítulo. Concéntrese en la comunicación de sus ideas.

Primera parte—Ejercicios orales

A. ACLARACIONES. Aclare brevemente en español el sentido de las palabras en cursiva.

1. El pasado fin de semana fuimos a conocer la *oferta* de la casa Faguar, es decir . . . .
2. *Nos interesamos,* mi esposa y yo, en un modelo familiar, es decir . . . .
3. *La sala de exposición* ofrecía una gran variedad de modelos, es decir . . . .
4. Mi esposa rellenó un impreso *rutinario,* es decir . . . .
5. El vendedor nos explicó un plan de compra muy *ventajoso,* es decir . . . .
6. Allí mismo hicimos el *pago inicial,* es decir . . . .
7. Después de una hora *cerramos el trato,* es decir . . . .
8. Cuando hicimos los *cálculos,* decidimos que podíamos pagar el coche sin problemas, es decir . . . .

B. CONOCIMIENTOS COMERCIALES. Explique brevemente.

1. Aspectos del interior de un coche que interesan a muchas personas
2. Pasos que siguen muchas personas que buscan un auto nuevo
3. Cualidades del exterior de un automóvil que prefieren muchos compradores
4. Ayudas financieras de la fábrica o de la agencia automotriz
5. Descripción de una típica garantía de fábrica

C. SITUACIONES.   Diga en español.

1. Basándose en la foto del primer diálogo de este capítulo, desarrolle una conversación con un vendedor de autobuses. Teniendo en cuenta el tráfico de la ciudad de México, explique sus necesidades en cuanto al presupuesto, tamaño y el cambio.

    a. Tell the salesperson that you are interested in looking at a small, economical bus, but one that has enough space for twenty adults or thirty children.

    b. State that you prefer a model with an automatic shift.

    c. Ask what the monthly payments would be on the Pegaso CF model you drove a few days ago.

    d. Inform the salesperson that you prefer a four-year contract in order to have lower monthly payments.

2. Ud. es un vendedor de automóviles.

    a. Inform your client that the factory is offering special financing for the remainder of the month.

    b. Go on to say that he can choose between a factory rebate of 800 dollars or special low interest rates.

    c. Stress the advantages of a spacious interior and an economical six cylinder motor.

    d. State that the mechanic found a few problems in the transmission of the old car and that the supervisor will only permit an offer of 750 dollars.

    e. Ask your client if he prefers a model with automatic or manual transmission.

D. NARRACIONES.   Cuente lo que pasó en las siguientes escenas.

1. Basándose en la foto del segundo diálogo de este capítulo, cuente por qué su compañía insiste en tener un camión con ciertas características. Trate de incluir las siguientes palabras y expresiones en su narración.

    a. bastante económico

    b. amplio

    c. la tracción delantera

    d. un tablero de mandos legible

    e. el cambio manual

    f. los asientos reclinables

    g. los neumáticos radiales

    h. el motor de seis cilindros

2. *Haciendo conjeturas.* Basándose en el dibujo, desarrolle una conversación usando las expresiones siguientes.

    a. Puede ser.

    b. Creo que sí.

    c. Seguro que sí (no)

    d. Probablemente…

    Luego cuente lo que dice el vendedor al cliente para convencerlo de que compre el coche.

E. INTERPRETACIONES. Estudien las situaciones siguientes. Asignen los papeles de cada personaje. Transformen las situaciones en diálogo e interprétenlas frente a la clase o con unos compañeros. Habrá siempre un traductor español-inglés-español.

1. Un vendedor saluda a un nuevo cliente y trata de averiguar qué clase de coche busca.

2. Una vendedora habla de las características de un coche que quiere vender a un cliente; éste tiene varias preguntas.

3. Un cliente no entiende bien el financiamiento especial de la fábrica: un reembolso de 500 dólares o un interés del 11,5 por ciento. El vendedor contesta a sus preguntas y le explica las ventajas de los dos programas.

F. CONVERSACIONES. Varios estudiantes desarrollarán diálogos basados en las siguientes situaciones.

1. Un cliente y una vendedora discuten los factores que pueden afectar el número de millas que da por galón un coche.

2. Un cliente desea hablar con la supervisora de un vendedor sobre la cantidad de dinero que recibirá por su coche viejo. La supervisora le explica por qué no puede pagarle más.

3. Un vendedor conversa con una pareja interesada en un coche nuevo sobre el pago inicial, el interés que pagarán, la duración del contrato y las cuotas mensuales.

4.   Un supervisor habla con un vendedor sobre los factores más atractivos de un nuevo modelo que acaba de llegar a la agencia. También hablan de los posibles clientes para tal coche.

5.   Un cliente ha obtenido el permiso de una agencia de automóviles para llevar un coche usado a un amigo que es mecánico. Hablan de la condición del coche y de la garantía que ofrece la agencia.

G.   *ENTREVISTA.*   En un programa de televisión sobre la economía nacional, la locutora habla con el dueño de una agencia de automóviles y uno de sus supervisores sobre todo lo que hacen las fábricas para adaptarse a las nuevas tendencias económicas que afectan la venta de los coches. Se da mucha importancia a los nuevos modelos más económicos y prácticos.

H.   *PRESENTACIÓN PÚBLICA.*   Explique en 150 palabras.

Ud. es dueño de una agencia de automóviles y lo han invitado a hablar a un grupo de comerciantes. Dé una presentación sobre los modelos que pronto aparecerán para la próxima temporada de ventas. Al final habrá preguntas.

Segunda parte—Ejercicios escritos

A.   *OTROS PUNTOS DE VISTA.*

1.   Escriba desde el punto de vista de un mecánico, una nota a su supervisor diciéndole lo que encontró con respecto a la condición de un coche que acaba de inspeccionar.

2.   Prepare un breve anuncio para la televisión sobre un modelo nuevo de televisor que su empresa va a vender a un precio especial.

3.   Escriba una carta a una cliente que visitó su sala de exposición hace dos semanas. Trate de renovar su interés en el modelo que manejó entonces.

B.   *EXPERIENCIAS Y OPINIONES.*   Escriba en español una composición contando sus experiencias (pueden ser ficticias) o expresando su opinión sobre los temas indicados.

1.   La confusión que siempre tengo cada vez que trato de comprar un coche nuevo o de segunda mano

2.   Por qué me gustaría (o no me gustaría) trabajar como vendedor en una agencia de equipo estereofónico para autos

3.   Una buena (o mala) experiencia con un automóvil nuevo

4.   Lo que deben ofrecer las fábricas a los clientes para aumentar las ventas

Cerebros mecánicos

En 1968 el número de robots existentes en el Japón podía contarse con los dedos de una mano. Ahora en 1985 se estima que setenta mil robots pertenecen a la fuerza de trabajo[1] japonesa, es decir, cerca del setenta por ciento del total existente en el mundo entero. Alemania Occidental tiene 5.850 robots industriales instalados, seguida
5 por los Estados Unidos con 3.225, Polonia con 720, Suecia con 570, Noruega con 200, la Gran Bretaña con 185 y Finlandia con 130.

Un tipo de robot clasificado como "tonto" realiza un solo tipo de tarea en la industria japonesa, como soldar, pintar o empacar.[2] Los robots llamados "inteligentes" ordenan, inspeccionan, ensamblan[3] o ayudan en la fabricación.
10 Sin embargo, ya está en el mercado la nueva generación de superrobots. Algunos de los trabajos desempeñados por estos superrobots son los de "ojo de perro guía"[4] para los ciegos, "leñador"[5] que puede subirse a los árboles y cortar ramas, y el robot "intelectual" que puede ver, oír, hablar y obedecer órdenes verbales. Así mismo ya existen dibujos técnicos para la última generación de robots que podrá hacer viajes al
15 espacio, exploraciones submarinas, tareas peligrosas en las plantas de energía nuclear, ingeniería genética, minería y trabajos de enfermería en los hospitales.

Y toda esa super industria proviene principalmente de un solo país: Japón. Japón tiene por objetivo llegar a ser un líder en la industria de la inteligencia artificial para la década de los 90. Sus principales áreas de interés son telecomunicaciones, biotecnología y, por supuesto, inteligencia artificial. Este auge[6] de hombres mecánicos se conoce como la "tercera revolución industrial." La primera introdujo las máquinas; la segunda llevó la electrónica a las fábricas y la tercera sacará a los hombres de las fábricas y creará una nueva élite industrial.

La industria del futuro

A fines de la década de 1960 los industriales norteamericanos y europeos acusaron a
25 las exportaciones textiles japonesas de ser las responsables del desempleo en sus países. Pero los japoneses ya habían decidido retirarse de la producción textil y dejar esa industria al tercer mundo, donde se emplea una abundante mano de obra.[7]

Ahora, occidente trata de reforzar sus languidecientes[8] industrias automotrices para hacer frente al desafío japonés. Sin embargo, este dinámico país está evolucio-
30 nando rápidamente para tomar la delantera en "mecatrónica" (mecánica electrónica) y robótica, las industrias del futuro.

El noventa y siete por ciento de las ventas de robots japoneses se hizo a industrias nacionales. El mayor número de ventas se hizo a las fábricas de automóviles, seguido por firmas electrónicas, fabricantes de máquinas de precisión y compañías pequeñas

35 y medianas que procesan y ensamblan partes de precisión. Las exportaciones de robots produjeron la modesta suma de alrededor de veintisiete millones de dólares en 1982, pero se afirma que ésta se elevará a 400 o quizás 440 millones en 1985. Para 1990 las exportaciones representarán alrededor del cuarenta por ciento de la producción de robots.

Armamento barato

40 Para hacer frente a la demanda extranjera y nacional, la industria japonesa de robots está aumentando sus inversiones[9] de capital y expandiendo rápidamente la producción.

El gobierno de los Estados Unidos está tratando de obtener concesiones de Tokio que permitan a firmas norteamericanas incorporarse a la industria japonesa de los robots. William Brock, representante comercial de los Estados Unidos, reciente-
45 mente dijo a la Asociación de Industrias Electrónicas del Japón que debiera permitír-seles a las firmas norteamericanas participar en el mercado japonés de los robots. Advirtió la posibilidad de una reacción proteccionista en los Estados Unidos si se mantenía la prohibición. El déficit comercial de los Estados Unidos con el Japón en 1982 fue de alrededor de veinte mil millones[10] de dólares.

50 El Pentágono también busca la cooperación japonesa en aplicaciones militares de la tecnología robótica. Se desea que la confiable y eficiente industria japonesa de los robots produzca armamento "barato" para así poder acallar las crecientes críticas públicas[11] contra los gigantescos presupuestos de defensa.

Arrendamientos

Las grandes firmas japonesas no son las únicas que se están adaptando al uso de
55 robots. Una investigación realizada por el Shoko Chukin Bank entre 500 compañías pequeñas y medianas, verificó que el 30 por ciento de las compañías en las dos categorías usan o proyectan usar robots industriales para aumentar la producción. El 30,8 por ciento del total ya han instalado computadoras personales con un precio de compra menor de catorce mil dólares.

60 La pequeña empresa que no está en condiciones de invertir en la adquisición de nuevos robots puede ahora alquilarlos[12] gracias a las facilidades que el gobierno japonés ofrece a sus industriales y comerciantes. A instancias del Ministerio de Comercio Internacional e Industria, veinticuatro fabricantes de robots, diez compañías de seguros y siete compañías arrendadoras, establecieron la Robot Leasing Company (JAROL).

65 Toshio Iguchi, de treinta y dos años de edad, es el hombre que ofrece el mejor ejemplo de una pequeña empresa que se beneficia con el arrendamiento de robots. Iguchi es presidente de una compañía que produce piezas para muñecas.[13] Sus únicos empleados son tres robots que trabajan día y noche.

Iguchi paga sólo unos 165 dólares mensuales por el alquiler de cada robot, una
70 pequeña parte de lo que tendría que pagar a trabajadores en jornada laboral completa. Iguchi activa las máquinas después del desayuno y se marcha a jugar al golf la mayor parte del día.

Impacto en los obreros

La introducción de los robots todavía no ha tenido un gran impacto en el nivel de empleo de los trabajadores japoneses. El ex-ministro de Comercio Internacional e

75 Industria, Shintaro Abe, afirmó: "Hasta ahora los robots han sido utilizados en lugares de trabajo que ofrecen peligro y son utilizados en tareas que los obreros no han deseado realizar. Los robots han estado pasando una luna de miel[14] con la fuerza laboral."

El Ministerio de Trabajo está pensando lanzar en 1983 un importante programa 80 para estudiar el impacto de los robots en los trabajadores. También está preparando la promoción del adiestramiento vocacional[15] necesario y del entendimiento laboral-empresarial de los problemas que surjan[16] debido a la innovación tecnológica.

Es imprescindible una integración equilibrada de los robots a la industria para proteger a los trabajadores contra el desempleo y la deshumanización. O como el 85 líder obrero Lech Walesa dijo a su anfitrión[17] japonés cuando visitó Tokio en 1981 y vio filas de robots ensamblando productos eléctricos. "Odiaría trabajar en una fábrica en la cual las máquinas usaran a las personas."

por David Tharp *Visión* 21 Feb. 1983

---

1. **la fuerza de trabajo** work force
2. **soldar, pintar o empacar** weld, paint or package
3. **ordenan, inspeccionan, ensamblan** put in order, inspect, assemble
4. **ojo de perro guía** Seeing Eye Dog
5. **leñador** lumberman
6. **auge** boom
7. **mano de obra** labor force
8. **languidecientes** languishing
9. **inversiones** investments
10. **veinte mil millones** twenty billion
11. **para acallar las crecientes críticas** to silence the growing criticism
12. **alquilarlos** to rent them
13. **piezas para muñecas** parts for dolls
14. **luna de miel** honeymoon
15. **adiestramiento vocacional** vocational training
16. **surjan** arise
17. **anfitrión** generous host

PREGUNTAS

1. ¿Qué proporción de todos los robots instalados pertenece al Japón?
2. ¿Qué diferencia hay entre los robots "tontos" y los "inteligentes"?
3. ¿Cuáles son algunos de los trabajos especializados que realizan los robots?
4. ¿Cuáles son las tres revoluciones industriales?
5. ¿Por qué decidió el Japón abandonar la producción textil?
6. ¿Qué planes tiene el Japón para la exportación de robots para 1990?
7. ¿Por qué busca el Pentágono la cooperación japonesa en aplicaciones militares de la tecnología robótica?
8. ¿Qué evidencia hay de que las empresas medias y pequeñas japonesas también pueden emplear los robots?
9. ¿Por qué no han tenido los robots un gran impacto hasta ahora en los trabajadores japoneses?
10. ¿Cuál fue la reacción de Lech Walesa en el Japón cuando vio a muchos robots trabajando en una fábrica?

TEMAS PARA DEBATE O COMPOSICIÓN

1. Si un robot hace el trabajo de cinco hombres, el empresario debe pagar las cuotas de sindicato de cinco trabajadores al sindicato.

2. Ya está próximo el día en que todos seremos reemplazados por robots en el trabajo.

CAPÍTULO 3

Seguros

Póliza de seguro comercial

Vocabulario esencial

la acera   *sidewalk*
Mucha gente camina por la acera que está frente a mi fábrica.

asegurar   *to insure*
Usted debe asegurar su negocio.

los bienes inmuebles   *real estate, property*
Los bienes inmuebles han aumentado de valor.

la cerca   *fence*
¿Tiene su casa una cerca?

la cláusula   *clause*
¿Qué cláusulas debo poner en mi seguro?

el costo de reposición   *replacement cost*
¿Sabe usted cuál es el costo de reposición de esa maquinaria?

las cuentas por pagar   *accounts payable*
Aquí está mi lista de cuentas por pagar.

el deudor   *debtor*
Mi compañía no tiene muchos deudores.

la fábrica   *factory, plant*
El edificio donde tengo la fábrica es mío.

fabricar   *to manufacture*
Queremos fabricar artículos electrónicos.

el incendio   *fire*
Ayer hubo un incendio en una fábrica de artículos electrónicos.

la herramienta   *tool*
Necesitamos herramientas especializadas.

el letrero   *sign*
Mañana van a instalar el letrero con el nombre de nuestra compañía.

la póliza de responsabilidad industrial   *industrial liability insurance*
Nuestra fábrica necesita una póliza de responsabilidad industrial.

la póliza de seguros   *insurance policy*
Tengo una póliza de seguros muy completa.

la queja   *complaint*
Esa compañía es buena; no sé de quejas contra ella.

el seguro comercial   *business insurance*
Si usted tiene un negocio, debe tener también un seguro comercial.

el seguro contra todo riesgo   *all-risk insurance*
Compre un seguro contra todo riesgo, no contra riesgos específicos.

Estas mujeres filtran café en una fábrica en Colombia. Se cubren la cara para protegerse de los insecticidas que tienen los granos. ¿Por qué necesitan un seguro?

Diálogo 1: Póliza de seguro comercial

Sr. Hernández:: Voy a abrir un negocio y necesito una póliza de seguros. Queremos fabricar equipos para comunicaciones electrónicas.

Agente: Perfecto. Examinaremos juntos esta solicitud de seguro comercial y yo le daré mis recomendaciones.

5 *Sr. Hernández:* Me parece bien. Así tendré una buena idea de todo lo que puede cubrirse.

Agente: Sí. En primer lugar, usted querrá asegurar su fábrica—tanto el edificio como las aceras, cercas, letreros, árboles y plantas adyacentes.

Sr. Hernández: Veo que hay dos tipos de seguros para bienes inmuebles: contra
10 cualquier desastre o contra desastres específicos. ¿Cuál me conviene más?

Agente: Le sugeriría que tomara un seguro que lo proteja contra todo riesgo. Y debiera incluir una cláusula de costos de reposición. Así puede volver a poner en pie su fábrica en caso de incendio u otro desastre.

15 *Sr. Hernández:* Me parece bien. ¿Y en cuanto al negocio mismo?

Agente:	Sí, debiera tener una póliza de responsabilidad industrial, para cubrir posibles accidentes en la fábrica. Igualmente, le recomendaría un seguro de operaciones, para protegerse contra defectos o quejas por el producto manufacturado.
20 *Sr. Hernández:*	Sí, eso también es esencial. ¿Y qué es este seguro de cuentas por cobrar?
Agente:	Es para protegerlo en caso de que se pierdan o le roben los registros con la información sobre sus deudores.
Sr. Hernández:	Inclúyalo también por favor. Y quiero asegurar también las maquinarias
25	y herramientas, así como los muebles de la oficina.
Agente:	Está bien. Creo que es todo.
Sr. Hernández:	Muchas gracias por su ayuda.

❀ ❀ ❀

BUSINESS INSURANCE POLICY

Mr. Hernandez:	I am going to open a business and I need an insurance policy. We want to manufacture electronic communications equipment.
Agent:	Perfect. We will examine this application for commercial insurance together and I will give you my recommendations.
5 *Mr. Hernandez:*	That seems all right to me. That way I will have a good idea of everything that can be covered.
Agent:	Yes. In the first place, you will want to insure your plant—the buildings as well as the sidewalks, fences, signs, and adjacent trees and shrubs.
Mr. Hernandez:	I see that there are two types of real estate insurance: to insure against all risks or to
10	insure against specific risks. Which one is best for me?
Agent:	I would suggest that you take out insurance that protects you against all risks. And you should include a clause on replacement costs. That way you can start up your plant again in case of fire or other disaster.
Mr. Hernandez:	That seems good to me. And what about the business itself?
15 *Agent:*	Yes, you should have an industrial liability policy to cover possible accidents in the plant. Likewise, I would recommend operations insurance to protect yourself against any defects or complaints regarding the manufactured product.
Mr. Hernandez:	Yes, that too is essential. And what is this insurance for accounts receivable?
Agent:	That is to protect you in case the records with the information about your debtors
20	are lost or stolen.
Mr. Hernandez:	Include it also, please. And I also want to insure the machinery and tools, as well as the office furniture.
Agent:	All right. I think that is everything.
Mr. Hernandez:	Thank you for your help.

Preguntas

1.   ¿Qué tipo de seguro desea el señor Hernández?
2.   ¿Qué bienes quiere asegurar?
3.   ¿Qué seguros hay para bienes inmuebles?

4. ¿Qué póliza deberá tener para los accidentes en la fábrica?

5. ¿Para qué es el seguro de cuentas por cobrar?

Indemnización

Vocabulario esencial

el alivio *relief*
Fue un alivio saber que la compañía de seguros pagaría todo.

el archivo *file, file cabinet*
El incendio destruyó algunos archivos.

la compra a plazo *installment purchase*
Tengo todos los recibos de mis compras a plazos.

la computadora *computer*
toda la información de su póliza está en la computadora.

el convenio *agreement*
No tenemos convenios con otras compañías.

el cortocircuito *short circuit*
Hubo un cortocircuito en una de las máquinas.

el costo *cost*
¿Cuál es el costo de esas máquinas?

el monto *total, amount*
El monto de la indemnización es de cien mil dólares.

la pérdida *loss*
Hubo muchas pérdidas a causa del incendio.

la petición de indemnización *indemnization claim*
Le presentaré a mi agente de seguros la petición de indemnización.

el promedio *average, mean*
Como promedio, vendemos doce mil dólares cada semana.

quemar(se) *to burn (up)*
Hubo un incendio y la fábrica se quemó.

el recibo *receipt, slip*
¿Tiene usted los recibos de compra?

el tasador *appraiser, claims adjustor*
Voy a enviar un tasador a su fábrica.

Diálogo 2: Indemnización

Sr. Hernández: (Hablando por teléfono.) ¿Aló? Soy Roberto Hernández de la compañía Electrotécnica. Ha habido un incendio en la fábrica y necesito presentar una petición de indemnización.

Ana Colón es la dueña de una fábrica de alta costura. Si Ud tuviera que venderle un seguro para su empresa, ¿qué le aconsejaría Ud. asegurar?

Agente:	Sí, cómo no, señor Hernández. Déjeme localizar su póliza en la computadora. (Después de unos breves momentos.) Aquí está. Veamos, cuénteme, por favor, lo que pasó.
Sr. Hernández:	Un cortocircuito en una máquina causó un incendio. Hay maquinaria y archivos destruidos.
Agente:	Déjeme tomar nota. Bien. Enviaré un tasador a su fábrica para determinar el monto de las pérdidas. Usted nos tendrá que dar el nombre de cada artículo destruido, la fecha de compra, el costo original y el costo de reposición.
Sr. Hernández:	Necesito también recibos que atestigüen que soy el dueño de esos artículos, ¿verdad?
Agente:	Exactamente. Le enviaré un formulario en que se especifica todo. Debe presentar recibos, tarjetas de garantía, convenios de compra a plazo, fotografías, o cualquier información que facilite la tarea de nuestro tasador.
Sr. Hernández:	Creo que tengo esa documentación. Tengo un problema grave con mis cuentas por cobrar. Los libros se quemaron y no recuerdo a todos mis deudores.
Agente:	Para determinar la indemnización nos basaremos en el promedio de los últimos meses.

Sr. Hernández: ¡Qué alivio! Esos datos los tengo. ¿Podré volver a abrir la fábrica
25 pronto?

Agente: Trataremos de actuar con la mayor rapidez posible.

❀ ❀ ❀

INDEMNIZATION

Mr. Hernandez: (Talking on the telephone.) Hello. I am Roberto Hernandez from the Electrotechnical Company. There has been a fire in the plant and I need to submit an indemnization claim.

Agent: Yes, of course, Mr. Hernandez. Let me locate your policy in the computer. (After a
5 few brief moments.) Here it is. let's see, tell me what happened, please.

Mr. Hernandez: A short circuit in a machine caused a fire. There are machinery and records that have been destroyed.

Agent: Let me jot that down. All right. I will send an appraiser to your plant to determine the total amount of losses. You will have to give us the name of each item destroyed, the
10 purchase date, the original cost, and the replacement cost.

Mr. Hernandez: I will also need receipts that prove that I am the owner of those items, won't I?

Agent: Exactly. I will send you a form that specifies everything. You should submit receipts, warranty cards, installment purchase agreements, photographs, or any other information that will facilitate the work of our claims adjustor.

15 *Mr. Hernandez:* I believe that I have that documentation. I have a serious problem with my accounts receivable. The books were burned and I don't remember all of my debtors.

Agent: To determine the indemnization we will rely on the average of the past months.

Mr. Hernandez: What a relief! That information I have. Will I be able to reopen the plant soon?

Agent: We will try to move as quickly as possible.

Preguntas

1. ¿Por qué llama el señor Hernández a la compañía de seguros?
2. ¿Cómo ocurrió el accidente?
3. ¿Para qué enviarán un tasador a la fábrica?
4. ¿Qué cosas pueden ayudar la tarea del tasador?
5. ¿Qué problema tiene el señor Hernández con las cuentas por cobrar?

Narración: Seguros

El señor Roberto Hernández va a abrir una fábrica que fabricará equipos para comunicaciones electrónicas y necesita una póliza de seguros. Va a hablar con un agente de seguros de la compañía La Providencia.

El agente que lo atiende, el señor Alfredo Parra, le sugiere que examinen juntos
5 una solicitud de póliza comercial, donde aprecen los diversos tipos de seguros en que el señor Hernández puede estar interesado.

Discuten primeramente el seguro de la fábrica misma: el edificio y las aceras, cercas, letreros, árboles y plantas adyacentes. El agente recomienda que tome un seguro contra cualquier desastre, no contra un desastre específico, como incendio,

10 por ejemplo. También se incluye en esta cláusula de la póliza el costo de reposición; de este modo, él puede volver a poner en pie la fábrica en caso de cualquier adversidad.

El señor Hernández decide también tener un seguro de responsabilidad industrial para cubrir cualquier accidente que pueda ocurrir en la fábrica. Además, para protegerse 15 contra defectos o quejas por el producto manufacturado, decide tomar un seguro de operaciones.

El cliente no entiende la próxima categoría que examinan—seguro de cuentas por cobrar. El agente le explica que esa cláusula lo protege en caso de que le roben o se pierdan los libros de registro de las personas que le deben dinero. El señor 20 Hernández también incluye esta cláusula.

El cliente rechaza el seguro contra deshonestidad del personal, porque su compañía es pequeña y tiene plena confianza en los empleados que ha elegido. Sin embargo, ve la necesidad de asegurar la maquinaria y las herramientas de su fábrica, así como el mobiliario de la oficina. Es el último tipo de seguro que incluye en su 25 póliza.

El señor Hernández se despide del agente, agradeciéndole la ayuda que le ha prestado.

❀ ❀ ❀

Han pasado varios años. El señor Hernández ha pagado puntualmente su prima de seguro y no ha tenido que solicitar indemnización de ninguna especie. Esta tarde, sin 30 embargo, un cortocircuito en una máquina causó un incendio que afectó al taller y las oficinas de la fábrica. Se han quemado algunos documentos importantes y parte de la maquinaria ha quedado totalmente dañada.

Cuando se ha calmado todo, llama por teléfono al señor Parra, su agente de seguros, para informarse del procedimiento que debe seguir para recibir indemniza-35 ción. El agente le hace preguntas para hacer un informe de lo ocurrido. Le explica a su cliente que enviará a la fábrica un tasador, quien determinará el monto de las pérdidas. El señor Hernández deberá presentarle al tasador una lista de todos los efectos destruidos o dañados, así como los respectivos comprobantes que atestiguan que él es el dueño de esos efectos: recibos de compra, tarjetas de garantía, convenios de 40 compra a plazo, fotografías. Entregará toda información que facilite la tarea del tasador.

El señor Hernández está muy preocupado porque entre los documentos destruidos por el incendio está el libro de cuentas pendientes y él no se acuerda del nombre de todos sus deudores, ni de la cantidad exacta que le deben. El agente le explica que en esos casos la indemnización se basa en el promedio de los últimos meses. El señor 45 Hernández se tranquiliza porque afortunadamente tiene esos datos.

Finalmente el señor Hernández quiere saber cuánto tiempo tardarán todos estos trámites porque desea volver a abrir su fábrica lo más pronto posible. El agente le explica que es difícil dar una fecha exacta, pero le asegura que tratará de actuar con la mayor rapidez.

Preguntas

1.   ¿Qué productos va a fabricar el señor Hernández?
2.   ¿Qué es una póliza comercial?

3. ¿Qué recomienda el agente sobre el seguro de desastres?
4. ¿Por qué es importante tener una cláusula de costos de reposición?
5. ¿Para qué sirve el seguro de responsabilidad industrial?
6. ¿Qué tipos de seguros considera usted indispensables para el negocio del señor Hernández? ¿Cuáles considera usted innecesarios?
7. ¿Qué ha ocurrido en la fábrica del señor Hernández?
8. ¿Qué debe hacer para recibir indemnización?
9. ¿Quién determinará el monto de las pérdidas? ¿Cómo lo hará?
10. ¿Cómo determinarán la indemnización por las cuentas pendientes?
11. ¿Cómo se puede comprobar si el incendio fue provocado o si fue accidental?
12. ¿Quién les pagará el sueldo a los empleados mientras la fábrica esté cerrada?
13. ¿Por qué es difícil la tarea de un tasador?

Notas gramaticales

Para un repaso de los puntos gramaticales más importantes de este capítulo, consúltese *Gramática para la comunicación* de esta misma serie. Algunas estructuras empleadas en los diálogos de este capítulo son:

—futuro de indicativo
—condicional
—pronombres personales de objeto directo y de objeto indirecto
—*a* personal
—estructuras usadas para pedir algo cortésmente

Lista de vocabulario

SUSTANTIVOS

accidente, el *accident*
acera, la *sidewalk, walkway*
acto, el *act*
adversidad, la *adversity*
agente, el (la) *agent, representative*
alivio, el *relief, alleviation*
archivo, el *file, archive; record*
artículo, el *article, item; product*
bien, el *good; possession; advantage, benefit, profit*
calma, la *calm*
categoría, la *category*
causa, la *cause*
cerca, la *fence, wall*
cláusula, la *clause; provision*

compra, la *purchase*
comprobante, el *voucher; claim check*
computadora, la *computer*
comunicación, la *communication*
confianza, la *confidence; trust*
convenio, el *agreement; contract*
cortocircuito, el *short-circuit*
coste, el *cost, price; expense*
costo, el *cost*
dato, el *fact, datum, piece of information*
defecto, el *defect*
desastre, el *disaster*
deshonestidad, la *dishonesty*

destrucción, la   destruction
determinación, la   determination
deudor(a), el (la)   debtor
documentación, la   documentation
dueño(a), el (la)   owner
edificio, el   edifice, building
efecto, el   effects, goods, things;
   effect
equipo, el   equipment, gear, component parts, set; team
especie, la   kind, sort; species
examen, el   examination
fábrica, la   factory; manufacture,
   making
facilidad, la   facility; ease
foto, la   photo
fotografía, la   photograph
fuego, el   fire, conflagration; flame
herramienta, la   tool
incendio, el   fire, conflagration
indemnización, la   indemnity;
   indemnification; compensation
informe, el   report, statement; piece
   of information
letrero, el   sign
manufactura, la   manufacture
   (act, product)
maquinaria, la   machinery; plant
mobiliario, el   furniture; household
   goods
monto, el   total, amount
mueble, el   piece of furniture
negocio, el   business
nota, la   note
oficina, la   office
pérdida, la   loss
personal, el   personnel
petición, la   claim; application;
   petition
póliza, la   policy (insurance); warrant; voucher
prima, la   premium (on insurance);
   subsidy; bonus
procedimiento, el   procedure
producto, el   product
promedio, el   average
protección, la   protection
queja, la   complaint
rapidez, la   rapidity, speed

recibo, el   receipt
rechazo, el   refusal, rejection
registro, el   list, record; registration;
   registry
relación, la   account; relation,
   relationship
reposición, la   replacement
riesgo, el   risk, hazard
robo, el   robbery; burglary
seguro, el   insurance; safety
solicitante, el (la)   applicant,
   candidate
solicitud, la   application; request
taller, el   shop, workshop; studio
tarea, la   task; homework
tasación, la   appraisal, assessment
tasador(a), el (la)   appraiser
testigo, el (la)   witness
trámite, el   step, stage; transaction;
   proceedings
tranquilidad, la   tranquility, calmness, quiet
valla, la   fence; barricade; hindrance, obstacle

VERBOS

actuar   to act
aliviar   to relieve, to alleviate
aparecer   to appear, to come into
   view
asegurar   to insure; to assure
atestiguar   to testify
basar(se)   to base (oneself)
calmar(se)   to calm (oneself) down
categorizar   to categorize
causar   to cause
dañarse   to become damaged; to
   hurt oneself
destruir   to destroy
determinar   to determine
documentar   to document
edificar   to build
elegir (i)   to select; to elect
especificar   to specify
examinar   to examine, to look over
fabricar   to manufacture
facilitar   to facilitate; to expedite; to
   furnish

fotografiar *to photograph*
incendiar *to set on fire*
indemnizar *to indemnify; to compensate*
informarse (de) *to inform oneself (about), to find out (about)*
localizar *to locate, to place*
manufacturar *to manufacture*
proteger *to protect*
quejarse (de) *to complain (about)*
quemar(se) *to burn (up)*
rechazar *to refuse, to reject*
registrar *to list, to record; to register*
robar *to rob; to burglarize*
solicitar *to apply for; to request*
tasar *to fix a price for, to appraise; to limit, to regulate*
telefonear *to telephone*
tranquilizar(se) *to make (oneself) tranquil, to calm (oneself)*
ubicar *to locate; to place*

ADJETIVOS Y ADVERBIOS

accidental *accidental*
adverso(a) *adverse*
adyacente *adjacent, next to*
afortunadamente *fortunately*
comercial *commercial*
dañado(a) *damaged, harmed; injured*
defectivo(a) *defective*
desastroso(a) *disastrous*
deshonesto(a) *dishonest*
destruido(a) *destroyed*
electrónico(a) *electronic*
esencial *essential*
estropeado(a) *damaged; ruined*
grave *serious, grave*
incendiario(a) *inflammatory*
industrial *industrial*
pendiente *pending, unsettled; hanging*

pleno(a) *full, complete*
puntualmente *punctually*

OTRAS EXPRESIONES

abrir un negocio *to start (open) a business*
agente de seguros, el (la) *insurance agent*
bienes inmobiliarios, los *real estate*
bienes inmuebles, los *real estate*
convenio de compra a plazo, el *long-term purchase agreement*
costo de reposición, el *replacement cost*
cuentas por cobrar, las *accounts receivable, unpaid bills (in)*
cuentas por pagar, las *accounts payable, unpaid bills (out)*
en cuanto a *with regard to*
llamar por teléfono *to telephone*
póliza comercial, la *commercial policy*
póliza de responsabilidad industrial, la *industrial liability insurance*
póliza de seguros, la *insurance policy*
poner en pie *to rebuild; to build*
prestar ayuda *to give help*
seguro comercial, el *business insurance*
seguro contra todo riesgo, el *all-risk insurance*
seguro de cuentas por pagar, el *accounts payable insurance*
seguro de operaciones, el *operations insurance*
seguro médico, el *medical insurance*
tener confianza (en) *to have confidence (in)*
tomar nota *to take note*

Ejercicios de adquisición de vocabulario

Los ejercicios siguientes están destinados a ayudarle a adquirir y recordar el vocabulario de este capítulo. Concéntrese en el significado de las palabras.

A. Complete las siguientes frases usando la forma apropiada de las palabras que aparecen a continuación.

abrir un negocio	pleno	facilitar
el robo	la póliza	tomar nota
la oficina	la compra	la fotografía
el dueño	la reposición	el defecto
el tasador	pendiente	quemarse

1. .... de esta empresa está enfermo y me ha dicho que quiere venderla.
2. Mi recomendación es comprar.................. que cubra todos los riesgos.
3. Vamos a hacer todo lo posible por .... el préstamo.
4. El jefe está muy preocupado porque tiene muchos asuntos.................. y quiere resolverlos.
5. ¿Por qué quiere Ud. .... en el campo electrónico? Ya hay muchos.
6. ¡Qué terrible! .... todos los documentos en el incendio de anoche.
7. Debe darle a mi.................., si es posible, una lista completa de todos los artículos perdidos.
8. Si Ud. no tiene la documentación adecuada, es muy difícil saber cuál es el costo de ....
9. ¿Tiene Ud. .... de los artículos que perdió en el incendio?
10. Pase Ud. por .... mañana a las diez y podremos hablar más concretamente de su problema.

B. Conteste a la siguiente carta.

Compañía de Seguros LA ESTRELLA
250 Beechwood Dr.
Hollywood, CA.

Sr. Alfredo Barrionuevo
111 Dunster Street
Los Angeles, CA.

Muy Sr. mío:

Lamentamos el accidente sufrido por Ud. y su familia en el barco de su propiedad.

Para iniciar la tramitación de su indemnización necesitamos una descripción por escrito de las circunstancias del choque entre su barco y la otra embarcación. Así mismo necesitaremos una relación de los daños físicos y materiales sufridos.

Quedo en espera de sus noticias.

Eduardo Martínez
Gerente

C. Complete las frases siguientes con la forma del sustantivo que corresponde a los verbos en cursiva.

MODELO: *probar - la prueba*

Al *incendiarse* la tienda del Sr. Gómez, la compañía de seguros vino a *tasar* lo que *destruyó* el .... Fue una .... minuciosa de la .... La agente de seguros *determinó* que el Sr. Gómez debía *documentar* sus propiedades. Esa .... *alivió* al Sr. Gómez porque tenía toda la ....¡Qué...................! El Sr. Gómez *facilitó* los papeles de compra de casi todo lo que había en la fábrica, ... que agradeció la agente. El Sr. Gómez está *protegido* completamente por su póliza. Esa .... cubre hasta las plantas del jardín.

D. Dé la palabra que corresponde a cada definición.

1. Término medio con respecto a varias cantidades
2. Dinero que se paga para comprar y mantener una póliza de seguro
3. Escoger o seleccionar a una persona o una cosa para un fin
4. Cuando algo está suspendido, sin terminar o sin resolverse todavía
5. Nombre de una cuenta que todavía está sin pagar
6. Resistir o no aceptar lo que otro dice o trata de hacer
7. Instrumento de trabajo de los artesanos u otros trabajadores
8. Exposición oral o escrita en que se dan noticias o instrucciones

E. Escriba una frase original con cada una de las siguientes palabras o expresiones.

tener confianza   el promedio   la cláusula
el equipo   afortunadamente   la maquinaria
la cuenta por cobrar   asegurar
fabricar   la indemnización

F. Dé los equivalentes en español de las frases siguientes.

1. If all of the books have been destroyed by the fire, we will base your compensation on the average of the past six months.
2. It is essential that you buy an industrial liability policy to cover accidents in the factory.
3. I need some information about the insurance policies that I should buy for my new business.
4. Try to find all of the documentation that you can that proves that you are the owner of those items: long-term purchase agreements, photographs, receipts, and warranty cards.
5. If I were you, I would take out an insurance policy that covers you against all risks and not one that simply covers specific risks.

6. This policy will cover your factory and also all adjacent areas such as the sidewalks, fences, signs, and plants.
7. Are my machinery and my tools covered with this policy?
8. When my appraiser arrives this afternoon, please give him a list of all of the items that were destroyed, the date of purchase, the original cost, and the replacement cost.
9. After we receive the necessary information, we will try to act as rapidly as possible so that you can reopen your business.
10. I am very worried because the fire destroyed my records, and I do not remember all of my debtors and their outstanding accounts.

Actividades

Los ejercicios siguientes están destinados a ayudarle a practicar el vocabulario, las estructuras y los contenidos aprendidos en este capítulo. Concéntrese en la comunicación de sus ideas.

Primera parte—Ejercicios orales

A. ACLARACIONES. Aclare brevemente en español el sentido de las palabras en cursiva.

1. Se necesita mucho dinero para *abrir un negocio*, es decir ....
2. Es importante saber dónde *localizarlo*, es decir ....
3. Hay que *tomar nota* del transporte, es decir ....
4. Vamos a comprar más *maquinaria*, es decir ....
5. Quizá compre otra *póliza de seguros*, es decir ....
6. Debía guardar todos los *recibos*, es decir ....
7. *Lo esencial* es tener mucho entusiasmo, es decir ....
8. Se destruyó el registro de las *cuentas por cobrar*, es decir ....

B. CONOCIMIENTOS COMERCIALES. Explique brevemente.

1. Tipos de seguro que normalmente necesita el dueño de un negocio
2. Cosas que puede cubrir una póliza de seguros de una fábrica
3. Protección que ofrece el seguro de cuentas por cobrar
4. Pasos que sigue la compañía de seguros antes de indemnizar a un dueño después de una pérdida en su negocio
5. Información que tiene que dar a la compañía de seguros el dueño de un negocio destruido

C. SITUACIONES. Diga en español.

1. Basándose en la foto del primer diálogo de este capítulo, desarrolle una conversación con una agente de seguros. Imagine que usted quiere abrir una fábrica para procesar semillas de café. Diga algunas de las frases siguientes.

You: Tell the agent that you want to start a factory to process coffee beans and that you want to know what kind of insurance she recommends

Agent: Suggests that you buy an all-risk insurance policy with a replacement cost clause

You: Reply that you also want an industrial liability policy in order to protect the workers and the company in case of an accident

Agent: Advises you to also get medical insurance for your workers

You: Ask what the difference is between an all-risk and a specific risk real estate policy

2. Ud. es un agente de seguros que recibe una llamada telefónica de uno de sus clientes, a quien se le acaba de incendiar el negocio.

    a. Tell your client that you are very sorry about the fire and that as soon as you locate his policy in the computer you will discuss the indemnization procedures with him.

    b. Ask your client what time the fire occurred and what caused it.

    c. Inform him that you will send an appraiser to his business site this very afternoon.

    d. State that it will be very important that the forms be filled out carefully and that he present as much information as he can about the lost items.

    e. Repeat to the client that your company will act with as much haste as possible because you know that his situation is very critical.

3. Ud. es un tasador que llega a una fábrica destruida por un incendio.

    a. Ask the owner exactly what items were lost in the fire.

    b. State that you have brought some forms to be filled out with as much detail as possible.

    c. Remind him that he should present as much information as he can about the destroyed items: receipts, photographs, warranty cards, and long-term purchase agreements.

    d. Tell him that he will be compensated for his lost accounts receivable records based on the average of the last few months.

D. NARRACIONES. Cuente lo que pasó en las siguientes escenas.

1. Basándose en la foto del segundo diálogo de este capítulo, cuente porqué la dueña de esta pequeña fábrica de ropa necesita un seguro de cuentas por cobrar. Trate de incluir las siguientes palabras y expresiones en su narración.

    a. las cuentas por cobrar
    b. la cláusula
    c. proteger
    d. robar
    e. perderse
    f. los libros de registro
    g. la información
    h. los deudores

2. *Frases que expresan acuerdo.* Basándose en el dibujo, desarrolle una conversación usando las expresiones siguientes.

    a. Desde luego…
    b. Eso está bien.

    c.   Tienes razón.

    d.   Estoy de acuerdo contigo.

Luego cuente que usted está de acuerdo con lo que dice un colega sobre la necesidad de comprar seguros contra accidentes en el mundo de hoy.

E.   INTERPRETACIONES.   Estudien las situaciones siguientes. Asignen los papeles de cada personaje. Transformen las situaciones en diálogo e interprétenlas frente a la clase o con unos compañeros. Habrá siempre un traductor español-inglés-español.

1.   Una persona que quiere abrir una fábrica conversa con un agente sobre las pólizas para asegurar el edificio y su maquinaria y herramientas.

2.   Una cliente y un agente hablan de una póliza contra la deshonestidad del personal. El agente quiere saber cuántas personas trabajan para ella y cuánta confianza tiene en ellas.

3.   Una tasadora habla con el dueño de una fábrica recién dañada sobre la documentación que necesitará antes de pagar la indemnización. El dueño está preocupado porque no tiene algunas de las cosas que la tasadora menciona.

F.   CONVERSACIONES.   Varios estudiantes desarrollarán diálogos basados en las siguientes situaciones.

1.   Una agente de seguros le cuenta a un cliente lo que le pasó a un comerciante

que no tenía seguro de cuentas por cobrar y perdió toda la documentación sobre sus deudores.

2. Un agente de seguros le hace muchas preguntas a un cliente sobre la clase de fábrica que va a abrir para así poder aconsejarle sobre su programa de seguros.

3. La dueña de un edificio recién destruido habla con un tasador, que necesita mucha información sobre las pérdidas antes de hacer la indemnización correspondiente.

G. MESA REDONDA. La dueña de una agencia de seguros y dos de sus agentes aparecen ante una organización de comerciantes y hablan de los diferentes tipos de seguros comerciales disponibles. Durante la discusión mencionan casos trágicos en los cuales los dueños de algunos negocios sufrieron grandes pérdidas por no estar debidamente asegurados. Después de las presentaciones, los que están presentes hacen preguntas y comentarios al respecto.

H. PRESENTACIÓN PÚBLICA. Explique en 150 palabras.

Ud. es dueño de una agencia de seguros y un grupo de comerciantes lo ha invitado a hablar sobre la clase de documentación que se debe mantener con respecto a su maquinaria, sus herramientas y todo lo que forma parte de su negocio. Dé una charla sobre este tema y concluya mencionando los procedimientos que se siguen en caso de un incendio u otra pérdida.

Segunda parte—Ejercicios escritos

A. OTROS PUNTOS DE VISTA.

1. Escriba una breve carta a un amigo describiéndole lo que perdió en un incendio que recientemente sufrió. Mencione las pólizas de seguro que tenía y las que no tenía.

2. Prepare una lista breve de las preguntas que tiene para el agente de seguros a quien va a visitar esta tarde. Ud. tiene interés en asegurar bien su negocio.

B. EXPERIENCIAS Y OPINIONES. Escriba en español una composición contando sus experiencias (pueden ser ficticias) o expresando su opinión sobre los temas indicados.

1. Por qué creo (o no creo) que es buena idea comprar muchas pólizas de seguro para proteger un negocio

2. Una buena (o mala) experiencia que he tenido con una compañía de seguros

3. Mis ideas sobre cómo las compañías de seguro podrían ofrecer pólizas más baratas

CAPÍTULO 4

Bienes raíces

Inspección de una propiedad

Vocabulario esencial

alfombrar   *to carpet*
Hace un mes alfombramos toda la casa.

los bienes raíces   *real estate*
Pensamos comprar bienes raíces en una zona residencial.

las cañerías de agua   *plumbing*
No hay problemas con las cañerías de agua.

el (la) contratista   *contractor*
Un contratista va a examinar la casa.

el desván   *attic*
El desván no está terminado.

disponible   *available*
La casa estará disponible dentro de una semana.

el dormitorio (matrimonial)   *(master) bedroom*
El dormitorio matrimonial tiene amplias ventanas.

la ducha   *shower (bathroom)*
Este cuarto de baño sólo tiene ducha.

el precio   *price*
El precio de venta de la casa es muy conveniente.

revisar   *inspect*
¿Podemos revisar las instalaciones eléctricas?

la sala de estar   *living room*
La casa tiene una sala de estar muy amplia.

el sótano   *basement*
El sótano es totalmente habitable.

la tina   *bathtub*
Éste es un baño completo, con tina y ducha.

el vecindario   *neighborhood*
Este vecindario es excelente.

la zona residencial   *residential area*
Vivo en una zona residencial muy tranquila.

Diálogo 1: Inspección de una propiedad

Agente:	(Delante de una casa en venta.) Esta propiedad queda en una zona residencial muy tranquila. El vecindario es excelente.
Sr. Urbina:	¿Cuándo fue construida la casa?
Agente:	Hace cuatro años. Está prácticamente nueva, como ustedes pueden apreciar. (Los invita a entrar.)
Sra. Urbina:	Está recién alfombrada, ¿verdad?

5

Un tipo de inversión muy rentable es la compra de terrenos. En esta región de la Ultima Esperanza en la Patagonia chilena hay grandes oportunidades de inversión. ¿Cree Ud. que es más seguro invertir en tierras o en casas?

Agente:	Sí, alfombramos toda la casa hace dos semanas. (Mostrándoles los cuartos.) Ésta es la sala de estar y por aquí se puede pasar al comedor y de ahí a la cocina.
10 *Sra. Urbina:*	¿Cuántos baños hay en total?
Agente:	Hay un baño completo, con ducha y tina, y otro baño, con ducha solamente. Pasen por aquí.
Sr. Urbina:	Veo que los dormitorios se comunican y que el dormitorio matrimonial tiene una terraza que da al jardín.
15 *Agente:*	El plan de la casa es excelente. Han aprovechado muy bien el espacio disponible.
Sr. Urbina:	(Cuando han terminado de recorrer la casa.) El dueño pide 120.000 dólares por la casa, ¿no?
Agente: 20	Resulta que ha rebajado el precio a 110.000 porque necesita mudarse con urgencia a otra ciudad.
Sra. Urbina:	Excelente. Nos gustaría volver mañana con un amigo contratista que revisará el desván y el sótano y el estado de todas las cañerías de agua.
Agente:	No hay ningún inconveniente.

☙ ☙ ☙

INSPECTING A PROPERTY

Agent:	(In front of a house for sale.) This property is located in a very quiet residential area. The neighborhood is excellent.

Mr. Urbina:	When was the house built?
Agent:	Four years ago. It is practically new, as you can see. (She invites them to go in.)
5 Mrs. Urbina:	It has been carpeted recently, hasn't it?
Agent:	Yes, we carpeted the whole house two weeks ago. (Showing them the rooms.) This is the living room and through here you can go to the dining room and from there to the kitchen.
Mrs. Urbina:	How many bathrooms are there all together?
10 Agent:	There is one full bathroom, with a shower and a tub, and another bath with just a shower. Come this way.
Mr. Urbina:	I see that the bedrooms are connected and that the master bedroom has a terrace facing the garden.
Agent:	The floor plan of the house is excellent. The available space has been used very 15 well.
Mr. Urbina:	(When they have finished going through the house.) The owner is asking 120,000 dollars for the house, isn't he?
Agent:	It turns out that he has lowered the price to 110,000 because he urgently needs to move to another city.
20 Mrs. Urbina:	Very good. We would like to return tomorrow with a contractor friend who will inspect the attic and the basement and the condition of all the water pipes.
Agent:	That will be fine.

Preguntas

1. ¿En qué zona está la propiedad?
2. ¿Cuándo se construyó la casa?
3. ¿Cuándo alfombraron la casa?
4. ¿Qué tiene de especial el dormitorio matrimonial?
5. ¿Cuánto pide el dueño por la casa?

Contrato de compra

Vocabulario esencial

aprobar   to approve
El vendedor ha aprobado el precio.

la compañía de títulos de propiedad   title company
Ahora debemos ir a la compañía de títulos de propiedad.

el convenio de compra   purchase agreement
Prepare, por favor, un convenio de compra.

la cortina   curtain, drape
Las cortinas del dormitorio matrimonial son amarillas.

el descuento   discount
El vendedor les dará un descuento.

equivaler   *to be equal*
Un punto de descuento equivale, en este caso, a 900 dólares.

la escritura de fideicomiso   *deed of trust*
En esta parte del país, se usa la escritura de fideicomiso en vez de la hipoteca.

el espejo   *mirror*
El espejo de la sala de estar es muy elegante.

garantizar   *to guarantee*
La compañía de títulos garantiza que la propiedad es de ustedes.

la hipoteca   *mortgage*
El abogado se ocupará de la escritura de hipoteca de la casa.

la multa   *fine*
Si no pagan la cuota mensual a tiempo, deberán pagar una multa.

el pagaré   *promissory note*
Deberán firmar un pagaré en la compañía de títulos.

el traspaso de título   *change of title, transfer of title*
La casa será de ustedes cuando se haga el traspaso de título.

vencer (un préstamo)   *to expire (a loan)*
El préstamo vence en treinta años.

Diálogo 2: Contrato de compra

Agente: Aquí está el contrato de compra que he preparado. ¿Por qué no le echamos un vistazo juntos?

Sr. Urbina: (Examinando el documento.) Veo que indicó que antes de comprar esta casa nosotros debemos haber vendido la nuestra y que el banco debe haber aprobado nuestro préstamo.

Sra. Urbina: Y también dice que deben dejar el espejo y las cortinas de la sala de estar.

Sr. Urbina: (Después de consultar con su esposa.) El contrato nos parece bien. Tiene todas las condiciones que hemos acordado.

Agente: Perfecto. Se lo presentaré al vendedor. Si él también lo aprueba, iremos a la compañía de títulos de propiedad.

Sra. Urbina: ¿Qué hace la compañía de títulos?

Agente: Básicamente, ellos hacen el traspaso de título y les dan a ustedes una póliza de seguro que garantiza que ustedes son los dueños legales de la propiedad.

Sr. Urbina: Y a ellos les damos el pago inicial, ¿verdad?

Agente: Sí. Antes de recibir el seguro del título, ustedes deberán firmar un pagaré, garantizado por una escritura de fideicomiso. En esta parte del país se usa esta escritura y no una hipoteca.

Sr. Urbina: ¿Nos puede repetir los detalles del préstamo?

Agente: Es un préstamo por 30 años, a una tasa de interés del 13 por ciento con 5 puntos de descuento.

¿Por qué se considera mundialmente que la inversión en una casa es lo más rentable para un pequeño capital familiar?

Sra. Urbina:	Cada punto equivale a un 1 por ciento del préstamo, ¿no es verdad?
Agente:	Correcto. Y con este préstamo no hay multas si lo pagan antes de que venza, ni tampoco hay cláusulas de aumento de interés, por lo que el interés permanecerá constante.
Sr. Urbina:	(Después de hablar con su esposa.) Nos gusta la casa y las condiciones de venta. Proceda con la compra.

25

❀❀❀

PURCHASE CONTRACT

Agent:	Here is the purchase contract that I have prepared. Why don't we take a look at it together?
Mr. Urbina:	(Going over the document.) I see that you have indicated that before we buy this house, we must have sold ours and that the bank must have approved our loan.
Mrs. Urbina:	And it also says that they must leave the mirror and the living room curtains.
Mr. Urbina:	(After talking it over with his wife.) The contract looks good to us. It has all the conditions that we discussed.
Agent:	Fine. I will present it to the seller. If he also approves of it, we will go to the title company.

5

10	Mrs. Urbina:	What does the title company do?
	Agent:	Basically, they do the transfer of the title and they give you an insurance policy that guarantees that you are the legal owners of the property.
	Mr. Urbina::	And we give them the down payment, don't we?
15	Agent:	Yes. Before you get the title insurance you must sign a promissory note guaranteed by a trust deed. In this part of the country this deed is used and not a mortgage.
	Mr. Urbina:	Could you go over the details of the loan with us?
	Agent:	It is a loan for 30 years, at an interest rate of 13 percent with 5 discount points.
	Mrs. Urbina:	Each point is equivalent to 1 percent of the loan, isn't it?
20	Agent:	Correct. And with this loan there are no penalties if you pay it off before it expires, nor are there any clauses that raise the interest rate, which means that the interest rate will remain the same.
	Mr. Urbina:	(After talking it over with his wife.) We like the house and the conditions of the sale. Go ahead with the purchase.

Preguntas

1. ¿Qué ha preparado el agente?
2. ¿Qué cosas permanecerán en la casa?
3. ¿A quién le presentarán el contrato? ¿Para qué?
4. ¿Qué función tiene la compañía de títulos de propiedades?
5. ¿Por cuánto tiempo es el préstamo? ¿A qué interés?

Narración: Bienes raíces

La agente de bienes raíces, la señorita Dora Arellano, lleva a los Urbina a ver una casa que les interesa. La señorita Arellano para su auto en una esquina, frente a un letrero que dice "Se Vende." La agente les hace ver que están en un área residencial bastante tranquila con vecinos excelentes. Le explica al señor Urbina que la casa fue construida
5 hace cuatro años, y que está prácticamente nueva.

Entran en la casa y la Sra. Urbina nota que la alfombra parece ser nueva. En efecto, la agente le explica que antes de poner la casa en venta, le hicieron todos los pequeños arreglos que necesitaba y también la pintaron y la alfombraron completamente.

10 Guiados por la señorita Arellano, comienzan a recorrer los cuartos. De la sala de estar, van al comedor y luego a la cocina. Miran después los dos dormitorios, cada uno con un baño completo con ducha y tina. Notan que el dormitorio matrimonial tiene una terraza que da al jardín. La agente les dice que el contratista que diseñó varias de las casas del vecindario aprovechó muy bien el espacio disponible, porque
15 el plan de la casa es excelente.

Cuando han terminado de recorrer la casa, quieren que la agente confirme el precio de venta. Recuerdan que les había dicho que pedían 120.000 dólares. La agente les dice que tiene buenas noticias. El dueño ha rebajado 10.000 dólares de ese precio,

porque tiene que mudarse con urgencia a otra ciudad. Los Urbina se alegran con la
20 noticia y le dicen que están seriamente interesados en comprar la casa, pero que antes
de hacer una oferta definitiva quisieran que un amigo contratista fuera a ver la casa.
Así estarán seguros de que no hay defectos ni en el desván ni en el sótano ni en las
cañerías de agua. La agente no ve inconveniente y hacen una cita para el día siguiente.

✿ ✿ ✿

El amigo contratista encontró que la casa estaba en buen estado y que el precio que
25 pedían era bastante razonable. Así, los Urbina le pidieron a la agente de la inmobiliaria
que les preparara un contrato de compra.

Están ahora en la oficina de la señorita Arellano mirando el contrato que ésta les
ha redactado. Ven que se han incluido todas las condiciones en que insistieron: que
antes de comprar la nueva casa deberán ellos haber vendido la que tienen actualmente
30 y que el banco deberá haber aprobado el préstamo que han solicitado. También está
la condición en que insistió la señora Urbina: el espejo y las cortinas de la sala de
estar deben quedar allí. Le dicen a la agente que el contrato les parece bien.

La señorita Arellano les explica que el próximo paso es ir a la compañía de
títulos. Además de depositar en esa compañía el pago inicial de 20.000 dólares que
35 darán por la casa, deberán firmar un pagaré, que estará garantizado por una escritura
de fideicomiso. La compañía de títulos a su vez, después de haber hecho investiga-
ciones para asegurarse de que no hay problemas con el título, se encargará de hacer
el traspaso de título y les entregará una póliza de seguro que garantiza que los Urbina
son ahora los propietarios legales de la casa. La agente les explica también que en
40 otras regiones del país, en lugar de la escritura de fideicomiso, se firma una escritura
de hipoteca, pero que ambos documentos cumplen la misma función.

El señor Urbina quiere que la agente le repita las condiciones del préstamo que
les han aprobado. Es un préstamo por treinta años, por noventa mil dólares, a una tasa
de interés del trece por ciento, con cinco puntos de descuento. La señora Urbina tiene
45 entendido que cada punto equivale al uno por ciento del préstamo, lo que la agente
confirma. Añade la señorita Arellano que consiguieron un buen préstamo, porque no
hay multas si quieren pagarlo antes de que venza y porque no tiene tampoco cláusulas
de aumento de interés; el interés será el mismo durante los treinta años.

Los Urbina se consultan por unos minutos y luego le dicen a la agente que les
50 agradan la casa y las condiciones de venta y que quieren que ella proceda con la
compra.

Preguntas

1.   ¿Quién lleva a los Urbina a visitar la propiedad?
2.   ¿Qué arreglos se han hecho en la casa recientemente?
3.   ¿Qué cuartos de la casa recorren primero?
4.   ¿Qué les dice la señorita Arellano sobre el precio de la casa?
5.   ¿Qué harán los Urbina antes de hacer una oferta por la casa?
6.   ¿Quién prepara el contrato?
7.   ¿Qué condiciones se incluyen en el contrato?

8. ¿Qué es una escritura de fideicomiso?

9. ¿Cuáles son las condiciones del préstamo?

10. ¿Piensa usted que es mejor comprar una propiedad a través de un agente de bienes raíces o independientemente? ¿Por qué?

11. ¿Es fácil o difícil que un matrimonio joven adquiera una casa?

Notas gramaticales

Para un repaso de los puntos gramaticales más importantes de este capítulo, consúltese *Gramática para la comunicación* de esta misma serie. Algunas estructuras empleadas en los diálogos de este capítulo son:

—*ser, estar, haber*

—participio pasado: formas y usos

—oraciones pasivas con el verbo *ser*

—verbos que requieren un objeto indirecto: *gustar, faltar* y *quedar*

—adjetivos y pronombres demostrativos

Lista de vocabulario

SUSTANTIVOS

alcoba, la bedroom

alfombra, la carpet

aprobación, la approval

área, el (f.) area

arreglo, el repair; arrangement; agreement

aumento, el augmentation, increase

baño, el bathroom; bath

cañería, la pipe; conduit; drain

cita, la appointment, date

cocina, la kitchen

comedor, el dining room

confirmación, la confirmation

construcción, la construction

contratista, el (la) contractor

contrato, el contract

cortina, la curtain, drape

cuarto, el room

descuento, el discount, mark-down

desván, el attic, loft

detalle, el detail

dormitorio, el bedroom

ducha, la shower (bathroom)

escritura, la deed; document, instrument; writing

espejo, el mirror

esquina, la corner

función, la function

fundo, el rural property

hipoteca, la mortgage

indicación, la indication

inmobiliaria, la real estate

investigación, la investigation

investigador(a), el (la) investigator

jardín, el garden; yard

mudanza, la move

multa, la penalty; fine

pagaré, el promissory note

pieza, la room

precio, el price

propiedad, la property, real estate; equity

propietario(a), el (la) property owner

punto, el point; item, matter; stitch

rebaja, la *reduction, discount; lowering*

recorrido, el *distance covered; run; journey*

región, la *region*

residente, el (la) *resident*

sala, la *room (large); drawing room; auditorium, hall*

sótano, el *basement, cellar*

terraza, la *balcony, terrace*

terreno, el *land*

tina, la *bathtub*

título, el *title; degree (academic)*

traspaso, el *transfer; sale*

urgencia, la *urgency*

vecindario, el *neighborhood*

vecino(a), el (la) *neighbor*

zona, la *zone, area, district*

VERBOS

alfombrar *to carpet*

aprobar (ue) *to approve*

aprovechar (de) *to take advantage (of); to make use (of)*

arreglar *to repair; to arrange; to settle, to agree*

confirmar *to confirm*

construir *to construct, to build*

contratar *to contract for; to hire*

descontar (ue) *to discount, to mark down*

diseñar *to design; to draw, to sketch*

encargarse (de) *to take charge (of), to take care (of)*

equivaler *to be equivalent, to be equal*

garantizar *to guarantee*

guiar *to guide*

hipotecar *to mortgage*

indicar *to indicate*

investigar *to investigate*

mudarse (de casa) *to move (from a house)*

multar *to charge a penalty; to fine*

permanecer *to stay, to remain*

pintar *to paint*

proceder *to proceed*

rebajar *to reduce (price); to lower*

recorrer *to go over, to go through; to travel, to tour*

redactar *to write, to draft, to draw up*

resultar *to result, to turn out*

revisar *to look over, to review*

tasar *to appraise*

traspasar *to transfer; to sell; to penetrate*

vencer *to expire, to run out; to defeat*

vender *to sell*

ADJETIVOS Y ADVERBIOS

acordado(a) *agreed (upon)*

actualmente *currently, at the present time*

alfombrado(a) *carpeted*

constante *constant*

disponible *available*

equivalente *equivalent, equal*

garantizado(a) *guaranteed*

guiado(a) *guided*

ilegal *illegal*

legal *legal*

razonable *reasonable*

regional *regional*

residencial *residential*

tranquilo(a) *tranquil, calm*

urgente *urgent*

OTRAS EXPRESIONES

agente de bienes raíces, el (la) *real estate agent*

agente de la inmobiliaria, el (la) *real estate agent*

bienes raíces, los *real estate*

cañerías de agua, las *plumbing, water pipes*

compañía de títulos, la *title company*

contrato de compra, el *purchase contract*

convenio de compra, el *purchase agreement*

cuarto de baño, el *bathroom*

dar al (jardín) *to face the (garden)*
dormitorio matrimonial, el *master bedroom*
echar un vistazo (a) *to look (at)*
en efecto *in effect, in fact, really*
escritura de fideicomiso, la *deed of trust*
escritura de hipoteca, la *mortgage deed*
hacer una cita *to make an appointment; to make a date*

precio de venta, el *selling price*
sala de estar, la *living room; drawing room*
seguro de título, el *title insurance*
se vende *for sale*
título de propiedad, el *title deed, title to the property*
traspaso de título, el *transfer of title*
zona residencial, la *residential area*

Ejercicios de adquisición de vocabulario

Los ejercicios siguientes están destinados a ayudarle a adquirir y recordar el vocabulario de este capítulo. Concéntrese en el significado de las palabras.

A. Complete las siguientes frases usando la forma apropiada de las palabras que aparecen a continuación.

la compañía de títulos	la región	recorrer
la tina	el contrato	el comedor
equivaler	el traspaso de títulos	la hipoteca
el descuento	rebajar	el vecindario
el contratista	la propiedad	el precio de venta

1. Vengan Uds. a mi oficina mañana por la tarde y podrán examinar .... de compra que he preparado.
2. Los dueños tienen muchos deseos de vender .... porque necesitan el dinero para comprar otra casa.
3. Habríamos comprado aquella casa si .... no hubiera sido tan alto.
4. Mi hermano es .... y nos gustaría que revisara toda la casa para ver si hay defectos de construcción.
5. El cuarto de baño es completo y .... es amplio.
6. ¿Por qué se usa aquí la escritura de fideicomiso y no .... ?
7. Uds. deben entregar el pago inicial a .... antes de recibir el seguro del título.
8. Creo que les gustará bastante la casa porque está situada en .... residencial muy tranquilo.
9. Uds. tienen suerte porque los dueños .... el precio por segunda vez.
10. ¿Sería posible .... esta casa una vez más antes de que tomemos una decisión?

B. Reemplace las palabras en cursiva con un sinónimo adecuado.

Tegucigalpa, 7 de enero

Sr. D. Rafael Iñesta
Inmobiliarias Iñesta
Calle Mayor, 30
San Pedro Sula

Muy Sr. Mío:

A mi *regreso* a Tegucigalpa, después de mi visita a su agencia, quisiera hacerle algunas preguntas sobre el inmueble visitado. El *habitante* que *reside en este momento* en la casa, Sr. Uribe, ¿tiene una *fecha* de salida de la casa o piensa *quedarse* en ella hasta la llegada del nuevo *propietario*? ¿Quién pagará el *coste* de los arreglos que necesitan el *cuarto de baño* y el *dormitorio*? ¿Podemos negociar para *rebajar* el coste en el *documento* de compra si yo hago los arreglos?

En espera de sus noticias,

Atentamente,
Roberto González

C. Complete las frases siguientes con la forma del verbo que corresponde a los sustantivos en cursiva.

MODELO: *la tasación—tasar*

En los últimos tres meses he hecho un largo *recorrido* en busca de una casa. Aunque el *procedimiento* ha sido difícil, los *resultados* son buenos. . . . . toda la provincia, y . . . . a analizar pueblo a pueblo cada casa que estaba en venta. El viaje . . . . todo un éxito. Encontré una casa amplia al este de Los Ángeles. Tiene una *hipoteca* y necesita algunos *arreglos,* pero es muy bonita. El antiguo dueño . . . . la casa para pagar unos gastos extraordinarios. Él ya había empezado a . . . . algunas cosas; por ejemplo un nuevo garaje está en *construcción.* Yo prefiero . . . . una habitación de juegos antes que un garaje. Me gusta mucho la *alfombra* verde; el dueño . . . . toda la casa hace solamente dos meses. Espero conseguir otra hipoteca que no tenga *multas* si quiero hacer pagos extras; no me gusta que me . . . . sólo porque quiero pagar mis cuentas. Mi esposa y yo ya dimos nuestra *aprobación* a los términos del vendedor, y esperamos que el banco . . . . nuestro préstamo.

D. Dé la palabra que corresponde a cada definición.

1. Seguridad del pago de un crédito sobre una casa u otra propiedad
2. Momento fijo para verse y hablarse dos o más personas
3. Ver o examinar una cosa con atención y cuidado
4. Relativo a las partes de una ciudad donde viven las clases acomodadas
5. Persona que acompaña a los que tienen interés en comprar una casa u otra propiedad y trata de arreglar su venta

6. Lugar fuera de la casa donde se cultivan flores, vegetales u otra vegetación
7. Pago que se hace a causa de alguna falta o delito
8. Pieza subterránea de una casa

E. Escriba una frase original con cada una de las siguientes palabras o expresiones.

el dormitorio	echar un vistazo	redactar
matrimonial	mudarse	el agente de bienes
la construcción	tranquilo	raíces
el vecino	razonable	el traspaso

F. Dé los equivalentes en español de las frases siguientes.

1. Here is the purchase contract that I have drawn up for you; you will see that I have written that the sellers must leave the mirror and the curtains.
2. You will notice that this purchase contract contains no penalties if you pay it off early.
3. If you have no objection, we should like to return tomorrow with a contractor friend of ours so that he can inspect the water pipes, the attic, and the basement.
4. The master bedroom is very large and it connects to one of the full bathrooms.
5. Even though the owner is asking 95,000 dollars for the house, he has already reduced the price twice.
6. We will arrange the sale so that prior to buying this house, you will have sold yours and the bank will have approved your loan.
7. This house has four bedrooms, two of which connect with one another.
8. In this part of the country, we do not use a mortgage but a trust deed.
9. I believe you will find that this house is in perfect condition; it has been recently painted and carpeted.
10. The seller needs to approve the contract before we go to the title company and obtain your title insurance.

Actividades

Los ejercicios siguientes están destinados a ayudarle a practicar el vocabulario, las estructuras y los contenidos aprendidos en este capítulo. Concéntrese en la comunicación de sus ideas.

Primera parte—Ejercicios orales

A. ACLARACIONES. Aclare brevemente en español el sentido de las palabras en cursiva.

1. Nuestro agente de bienes raíces *hizo una cita* para enseñarnos una casa, es decir ....
2. El sábado fuimos a *echarle un vistazo*, es decir ....

3. El frente de la casa *da a un jardín*, es decir ....

4. La casa *estará disponible* en una semana, es decir ....

5. La *hipoteca* es bastante buena, es decir ....

6. Pero el agente nos *ha garantizado* el precio de venta por dos semanas, es decir ....

7. Dice que el precio actual lleva un *descuento* del diez por ciento, es decir ....

8. El jueves vamos a recoger el *seguro de título* a la agencia, es decir ....

B. CONOCIMIENTOS COMERCIALES.   Explique brevemente.

1. Cosas que un agente frecuentemente les explica a los clientes antes de entrar por primera vez en una casa para la venta.

2. Pequeños arreglos que a veces se hacen en una casa antes de tratar de venderla.

3. Tres aspectos de un plan de casa que pueden serle atractivos a un comprador.

4. Partes de una casa que los compradores querrán inspeccionar con mucho cuidado antes de tomar la decisión final.

5. Pasos que siguen los compradores con la ayuda de un agente después de decidirse a comprar una casa.

6. Cosas que hace la compañía de títulos para los compradores de una casa.

C. SITUACIONES.   Diga en español.

1. Basándose en la foto del primer diálogo de este capítulo, desarrolle una conversación con un agente de bienes raíces. Imagine que usted quiere comprar un propiedad rural en el sur de Chile.

   a. Tell the real estate agent that the price seems reasonable but that you need several days to think about it.

   b. Ask the agent what the title company does and what a deed of trust is.

   c. Ask the agent to state in the contract that you will not be obliged to purchase the rural property until your house is sold and the bank has approved your new loan.

   d. Mention that a contractor will examine the house for you tomorrow before you sign the agent's papers.

2. Ud. es una persona que tiene interés en una casa que está en venta.

   a. Tell the real estate agent that the price seems reasonable but that you need several days to think about it.

   b. Ask the agent to include the following conditions in the contract: that your present house must first be sold, that the bank must have approved the new loan, and that the present owners will leave the drapes in the house.

   c. Inquire of the agent whether this state uses a deed of trust or a mortgage.

   d. Ask the agent if there are any financial penalties if you should desire to pay off the loan before its term expires.

D. NARRACIONES.   Cuente lo que pasó en las siguientes escenas.

1. Basándose en la foto del segundo diálogo de este capítulo, cuente por qué esta familia está tan contenta con su nueva casa. Trate de incluir las siguientes palabras y expresiones en su narración.

   a. la sala de estar
   b. la cocina
   c. el dormitorio matrimonial
   d. la terraza
   e. dar al jardín
   f. el contratista
   g. aprovechar
   h. el plan de la casa

2. *Expresando quejas.* Basándose en el dibujo, desarrolle una conversación usando las expresiones siguientes.

   a. Quisiera hacer una reclamación (sobre sus servicios).
   b. Debo decirle que este . . . . no es de buena calidad.
   c. Mi compañía no acepta esta casa porque…
   d. Estoy muy insatisfecho(a) con…

   Luego cuente sobre un incidente desagradable que le ocurrió al devolver mercancía a una tienda.

E. INTERPRETACIONES.   Estudien las situaciones siguientes. Asignen los papeles de cada personaje. Transformen las situaciones en diálogo e interprétenlas frente a la clase o con unos compañeros. Habrá siempre un traductor español-inglés-español.

1. Un cliente entra en una agencia de bienes raíces y le explica a una agente que quisiera comprar una casa no muy cara en un vecindario tranquilo. Le explica otras características de la casa que quiere.
2. Después de recorrer la casa, un cliente conversa con una agente sobre el precio y las cosas que quiere que los dueños dejen en la casa si la compra.
3. Un cliente le pide a un agente que le explique otra vez los términos del contrato que éste ha redactado. El cliente quiere informarse sobre la tasa de interés, los puntos y las posibles multas si se paga el préstamo antes de que se venza.

F. CONVERSACIONES.   Varios estudiantes desarrollarán diálogos basados en las siguientes situaciones.

1. Los dueños de un local para almacén hablan con un agente de bienes raíces sobre su deseo de rebajar el precio del local unos 10.000 dólares porque ahora necesitan venderlo con urgencia. Hablan de otras cosas que pueden hacer para venderlo más rápidamente.
2. Un hombre consulta con su esposa sobre una tienda que acaban de visitar con un agente de bienes raíces. Hablan de lo bueno y lo malo de la tienda.
3. Dos socios conversan con un amigo contratista después que éste ha inspeccionado con mucho cuidado un local para oficinas que está en venta. Los dos comerciantes le hacen al contratista muchas preguntas sobre la construcción del local.

G. MESA REDONDA.   La dueña de una agencia de bienes raíces y un constructor de casas aparecen ante un grupo de parejas jóvenes que quiere saber más sobre el proceso de seleccionar y comprar una casa nueva. El constructor da una presentación sobre lo que se debe buscar en cuanto a la construcción y la agente explica los detalles de la compra. Después de las presentaciones, los que están presentes hacen preguntas y comentarios sobre eso.

H. PRESENTACIÓN PÚBLICA.   Explique en 150 palabras.

Ud. es una agente de bienes raíces y el instructor de una clase de la escuela secundaria la ha invitado a explicar el proceso de financiar la compra de una casa. Empiece discutiendo la oferta que los compradores hacen a los dueños y siga con los detalles del contrato, el préstamo y la escritura de fideicomiso o la hipoteca.

Segunda parte—Ejercicios escritos

A. OTROS PUNTOS DE VISTA.

1. Escriba un memorándum a su jefa en una agencia de bienes raíces describiéndole la reacción de un par de hombres de negocios que inspeccionaron un local para oficinas con Ud. esa misma tarde. Mencione en especial los detalles de la oferta que ellos quieren hacer a los dueños.

2. Prepare para el periódico un anuncio sobre una casa que su agencia quiere vender lo más pronto posible. Explique con claridad las muchas ventajas de la casa.

B. *EXPERIENCIAS Y OPINIONES.* Escriba en español una composición contando sus experiencias (pueden ser ficticias) o expresando su opinión sobre los temas indicados.

1. Por qué siempre voy a pedir que un contratista inspeccione cualquier casa que yo quiera comprar
2. Por qué prefiero (o no prefiero) ser dueño(a) de una casa particular y no alquilar un apartamento
3. Los muchos problemas que tienen los dueños de una casa particular
4. Por qué prefiero (o no prefiero) vender mi casa a través de una agencia de bienes raíces y no (sí) venderla por mi cuenta

Hora difícil de la economía

Los países de América Latina están atravesando la peor crisis económica y financiera de los últimos cincuenta años. El ingreso nacional está disminuyendo, el desempleo aumenta y muchos países no pueden cumplir con sus compromisos financieros externos.

Factores internacionales y nacionales

5 Durante el período comprendido entre los años 1980–82, factores internacionales y nacionales han contribuido a crear esta situación: una gran deuda externa,[1] altas tasas reales de interés,[2] términos de intercambio adversos y reducidos volúmenes de exportación. Ante la prolongada recesión económica internacional, América Latina ha tenido que cubrir su déficit en la balanza de pagos internacionales reduciendo tanto
10 las reservas externas como las importaciones. Esta reducción le obligó a frenar la actividad económica, con el consiguiente aumento de desempleo y malestar social.[3] En 1982 los bancos privados internacionales limitaron la disponibilidad[4] de financiamiento externo. La difícil situación de la balanza de pagos, la fuga de capitales[5] y la escasez[6] de financiamiento externo, han ocasionado una crisis de liquidez en varios
15 países. Afortunadamente una combinación de esfuerzos nacionales, con apoyo oficial de países y organismos y de la banca comercial han permitido cubrir las necesidades más indispensables y urgentes de varios países para 1983. Estos esfuerzos se han concretado[7] en una serie de arreglos financieros internacionales también sin precedentes.

Tres grandes contradicciones

Para explicar lo ocurrido en la región, debemos analizar el efecto de tres grandes
20 desfases[8] en el orden económico. En primer lugar, los niveles de inversiones y gasto público fueron durante los años 1975 a 1980 muy superiores al ahorro nacional, aumentando así la crisis iniciada en 1973 por la nueva realidad económica internacional. En segundo lugar los períodos de repago (cinco a diez años) a los bancos privados eran más cortos que el tiempo que se necesitaba para obtener beneficios de los
25 préstamos (diez a treinta años). Esto hizo necesario el ofrecer refinanciamientos frecuentes pagando deuda vieja con deuda nueva. En tercer lugar los países latinoamericanos mantenían expectativas[9] de una continuación del crecimiento mundial, con presiones inflacionarias, mientras los países industrializados entraban en un proceso recesivo prolongado para controlar su inflación. Ante esta recesión interna-
30 cional, los niveles de endeudamiento[10] y altas tasas de interés se hicieron prácticamente

insostenibles para algunos países durante 1982, creando gran aprensión en los bancos privados internacionales.

El problema del desarrollo en América Latina

El desarrollo en América Latina continúa siendo un problema de gran complejidad. Son muchas las causas que contribuyen a esa situación: la fuerza laboral crece a más
35 del tres por ciento anual, la mitad de la población es menor de veinte años, continúa una fuerte migración rural/urbana y un tercio de los latinoamericanos vive en situaciones de extrema pobreza. Estos países, por lo tanto, han tratado de mantener altas tasas de crecimiento económico, aún con políticas de endeudamiento externo discutibles, haciéndose vulnerables a esta grave recesión internacional.

Para solucionar el problema

40 Para solucionar el problema hace falta tomar tres medidas importantes: (a) programas de estabilización y cambios básicos por parte de los países, los cuales son con frecuencia costosos en el orden social y político; (b) refinanciamiento de deudas externas vencidas y financiamiento adicional (c) una recuperación económica internacional que permita nuevamente aumentos en los volúmenes de exportaciones
45 latinoamericanas y en los precios que éstas reciben en los mercados internacionales. Precisamente es la recuperación económica internacional el aspecto más importante para el éxito total de los otros dos y es el que ahora se empieza a ver con las recientes noticias de la recuperación económica en Estados Unidos. En consecuencia, durante 1983 los países de América Latina deben continuar con su ajuste económico, a muy
50 bajo crecimiento y con apoyo financiero externo.

Ése es el camino, pero caminarlo no será fácil. Las lecciones abundan pero sólo señalo las acciones deseables más importantes:

(A) Recuperación económica sin inflación en países desarrollados, mediante mayor coordinación de sus políticas económicas y con apertura[11] al comercio internacional

(B) Financiamiento adicional externo para América Latina a mayores plazos[12] proveniente[13] de organismos financieros internacionales, como el Fondo Monetario Internacional (FMI); el Banco Interamericano de Desarrollo (BID); el Banco Internacional de Reconstrucción y Fomento (BIRF) y de los bancos privados internacionales. Es necesario también tener mejor coordinación del banco central correspondiente para cumplir el objetivo.

(C) Políticas económicas en países de la región orientadas a aumentar el ahorro interno, la eficiencia de las inversiones, la competividad de las exportaciones y el mejoramiento de las finanzas públicas.

(D) Mejor coordinación latinoamericana para aumentar su comercio intrarregional.

El problema es mundial

65 El problema es mundial, aunque su manifestación latinoamericana es de extrema gravedad. Todos los países regionales, la banca privada, los bancos centrales de países desarrollados y los organismos financieros internacionales deberán contribuir a su solución tomando en cuenta sus propias posibilidades y limitaciones. El ajuste de los

países latinoamericanos es indispensable pero no puede ser llevado a niveles insos-
70 tenibles[14] social y políticamente. Sus consecuencias no serían favorables ni para la
América Latina ni para la economía mundial. De esta convicción se desprende la
necesidad de acometer[15] juntos las acciones necesarias para salir adelante.

por Nicolás Ardito Barletta *Visión*, 13 de junio de 1983.

1.	***deuda externa*** foreign debt		8.	***desfases*** missteps
2.	***altas tasas reales de interés*** high rates of real interest		9.	***expectativas*** expectations
3.	***malestar social*** social unrest		10.	***endeudamiento*** indebtedness
4.	***disponibilidad*** availability		11.	***apertura*** opening up
5.	***la fuga de capitales*** the loss (flight) of capital		12.	***a mayores plazos*** for longer periods
6.	***la escasez*** the scarcity		13.	***proveniente*** coming from
7.	***se han concretado*** have been cemented (completed)		14.	***niveles insostenibles*** untenable, unbearable levels
			15.	***acometer*** to undertake

PREGUNTAS

1. ¿Cuál es la crisis económica de los países de América Latina?

2. ¿Qué factores han contribuido a crear esta situación?

3. ¿Qué grandes desfases explican en gran parte el problema?

4. ¿Qué datos explican el problema complejo que confronta América Latina?

5. ¿Qué se necesita para solucionar el problema?

6. ¿Qué deben hacer durante 1983 los países de América Latina?

7. ¿Qué acciones se recomiendan para los países desarrollados?

8. ¿Qué acciones deben tomar los países de la región?

9. ¿Existe un problema económico solamente en América Latina?

10. ¿Por qué no pueden hacer severos ajustes económicos los países de América Latina?

TEMAS PARA DEBATE O COMPOSICIÓN

1. Los países desarrollados (no) deben ayudar económicamente a los países menos desarrollados.

2. Los problemas económicos de América Latina son en gran parte el resultado de factores que tienen su origen en los países desarrollados, como, por ejemplo, la inflación, las altas tasas de interés y los bajos precios que pagan por los productos latinoamericanos.

CAPÍTULO 5

Una nueva empresa

Orientación legal

Vocabulario esencial

la acción   *share*
Voy a comprar acciones de una compañía electrónica.

el(la) accionista   *shareholder*
Nuestra compañía tiene 50.000 accionistas.

los bienes personales   *personal possessions*
Si el negocio no va bien, ¿perderé mis bienes personales?

el capital   *capital (money)*
No tengo mucho capital para este negocio.

el cargo directivo   *executive position*
He tenido cargos directivos importantes en varias compañías.

el (la) cliente   *customer*
Dicen que el cliente siempre tiene razón.

el (la) dueño(a)   *owner*
¿Quién es el dueño de esta propiedad?

la empresa   *enterprise, company*
¿Cuál es el nombre de su empresa?

los estatutos de asociación   *articles of incorporation*
Tendremos que redactar los estatutos de asociación de la empresa.

la firma abastecedora   *supplier*
Tengo convenios con varias firmas abastecedoras importantes.

invertir   *to invest*
Invertiré todo mi dinero en esta empresa.

la Junta Directiva   *Board of Directors*
La Junta Directiva decidirá esos asuntos.

levantar el acta de asociación   *to draw up the articles of association*
Primero hay que levantar el acta de asociación de la compañía.

la Municipalidad   *City Hall*
La Municipalidad le dará esos permisos especiales.

la patente   *license*
Usted necesita una patente para poder operar su negocio.

el préstamo   *loan*
Debo conseguir un préstamo del banco.

la razón social   *corporate name, name of a company*
La razón social de la empresa será "Compañía Manufacturera Austral".

los reglamentos internos de la sociedad   *bylaws of the company*
El abogado Ruiz escribió los reglamentos internos de nuestra sociedad.

la sociedad anónima de responsabilidad limitada   *limited liability company*
Quiero empezar una sociedad anónima de responsabilidad limitada.

Esta familia cubana ha creado un estudio de fotografía en Union City, N.J. Piense en otros negocios que pudieran ser un éxito en una comunidad hispana.

el (la) socio(a)   *partner*
No tengo socios; yo soy el único dueño.

Diálogo 1: Orientación legal

Cliente: Como le dije por teléfono, pienso abrir un negocio y necesito orientación legal.

Abogado: Muy bien. ¿Será usted el único dueño o tendrá socios?

Cliente: No tendré socios. Algunos miembros de la familia ocuparán cargos directivos, pero ellos no pondrán capital.

Abogado: Usted seguramente estará informado de las ventajas de las sociedades anónimas de responsabilidad limitada. Con este tipo de sociedad, usted arriesga el capital invertido solamente y no sus bienes personales.

10 *Cliente:* Sí, quisiera que fuera una sociedad anónima.

Abogado: Deberemos redactar los estatutos de asociación de la sociedad. Necesitaré la razón social de la impresa, el nombre del presidente y de los miembros de la Junta Directiva.

Cliente: Sí, puedo traerle toda esa información.

15 *Abogado:* Además, necesitaremos ocuparnos de los reglamentos internos de la empresa. ¿Piensa vender acciones para reunir capital?

Cliente: No, por ahora no. Quizá más adelante.

Abogado: Bien. Por de pronto no habrá accionistas. ¿Sabe usted cuál será el capital inicial de su empresa?

20 *Cliente:* No exactamente. He pedido al banco un préstamo de 100.000 dólares y veré si un pariente me presta más dinero.

Abogado: Para estar más al tanto de su empresa, me gustaría que me trajera también información sobre los posibles clientes que tendrá y las firmas abastecedoras con las cuales hará convenios.

25 *Cliente:* Sí, con mucho gusto. ¿Algo más?

Abogado: Como usted seguramente sabe, deberá ir a la Municipalidad a sacar una patente para poder operar su negocio. Vuelva a verme cuando haya reunido la información que le he pedido.

❀❀❀

LEGAL GUIDANCE

Client: As I explained to you on the telephone, I intend to open a business and I need some legal guidance.

Lawyer: Very well. Will you be the sole owner or will there be partners?

Client: I won't have any partners. Some members of my family will occupy management 5 positions, but they will not put in any capital.

Lawyer: You surely must be informed about the advantages of a limited liability company. With this kind of company, you risk only the invested capital and not your personal possessions.

Client: Yes, I would like it to be a limited liability company.

10 *Lawyer:* We will need to draw up the articles of incorporation of the company, the name of the president and also of the members of the Board of Directors.

Client: Yes, I can bring you all of that information.

Lawyer: In addition, we will need to take up the bylaws of the company. Do you intend to sell stock in order to raise capital?

15 *Client:* No, not at this time. Perhaps later on.

Lawyer: All right. For the time being there will be no shareholders. Do you know what the initial capital of the company will be?

Client: Not exactly. I have asked the bank for a loan of 100,000 dollars and I will see if a relative will lend me additional money.

20 *Lawyer:* In order to have a better idea of the company, I would also like you to bring me some information about the possible clients that you will have and the suppliers with whom you will make agreements.

Client: Yes, gladly. Anything else?

Lawyer: As you certainly must know, you will have to go to City Hall to take out your 25 business license in order to operate your business. Come back and see me when you have gathered all the information that I asked you for.

Preguntas

1. ¿Quiénes hablan en el diálogo?
2. ¿Qué tipo de empresa abrirá el cliente?

3. ¿Cuáles son las ventajas de una sociedad anónima?

4. ¿Qué información necesita el abogado para redactar los estatutos de asociación?

5. ¿Qué puede hacer el cliente para reunir capital?

6. ¿Qué información pide el abogado para estar más al tanto de la empresa?

Financiamiento

Vocabulario esencial

el(la) abogado(a) *lawyer, attorney*
Mi abogado se ocupará de los estatutos de la sociedad.

el capital de trabajo *working capital*
Usted tiene suficiente capital de trabajo.

conceder (un préstamo) *to grant (a loan)*
El banco me ha concedido un préstamo de 100.000 dólares.

la deuda *debt*
No tenemos muchas deudas.

el(la) ensamblador(a) *assembler*
He sido ensamblador en una fábrica de artículos electrónicos.

la garantía *collateral; warranty*
Usaré mi casa como garantía para el préstamo.

el(la) gerente de ventas *sales manager*
Necesito hablar con el gerente de ventas de la compañía.

el mercado *market*
Pondremos un nuevo producto en el mercado.

el movimiento de capital *cash flow*
Pienso que tendremos un movimiento de capital adecuado.

restante *remaining*
Usted me ha dado ochenta dólares solamente; ¿y el dinero restante?

el seguro de vida *life insurance*
¿Tiene usted seguro de vida?

la tasa (de interés) *(interest) rate*
La tasa de interés del préstamo será del 15 por ciento anual.

la tasa preferencial *prime rate, preferential rate*
No podemos ofrecerle a usted la tasa preferencial.

tramitar *to transact, to negotiate*
Estoy tramitando un préstamo en el Banco de Trabajo.

al por mayor *wholesale*
Nuestra empresa vende solamente al por mayor.

Estos ejecutivos de un banco de Miami estudian los riesgos de ofrecer financiamiento a una pequeña empresa en la ciudad. ¿Cómo asegura un banco su riesgo al prestar dinero?

Diálogo 2: Financiamiento

Cliente: Aquí traigo los formularios y la información que usted me pidió para tramitar mi préstamo. Necesito 100.000 dólares por un año para empezar un negocio.

Banquero: (Después de ojear la solicitud.) Su solicitud luce bien. Tiene 80.000
5   dólares en su casa. Sus dos coches están pagados y su única deuda son 1.200 dólares en tarjetas de crédito.

Cliente: Sí, y como indiqué en el formulario, mi esposa ganó 20.000 dólares el año pasado trabajando como secretaria ejecutiva en una firma de abogados. Tenemos también 12.000 dólares en nuestra cuenta de
10   ahorros.

Banquero: Usted ofrece su casa como garantía, por un valor de 80.000 dólares. ¿Cómo piensa cubrir los 20.000 restantes?

Cliente: Mi padre ha firmado esta garantía continua por 20.000 dólares. (Le pasa el documento.)

15 *Banquero:*   Excelente. ¿Qué experiencia tiene usted en el campo de la electrónica?

Cliente:	Bueno, trabajo en este campo desde hace quince años. He sido prácticamente de todo: desde ensamblador de partes hasta gerente de ventas de una compañía.
20 *Banquero:*	¿Y por qué quiere abrir esta empresa?
Cliente:	Porque creo que con mi experiencia puedo manufacturar y vender al por mayor un producto de alta calidad que competirá favorablemente en el mercado.
Banquero: 25	Me parece que no tendremos dificultades en concederle el préstamo. El préstamo está garantizado; usted tiene seguro de vida, seguro contra accidentes y seguro comercial; tiene capital de trabajo adecuado y tendrá suficiente movimiento de capital como para pagar el préstamo sin problemas.
Cliente:	¿Qué tasa de interés pagaré?
30 *Banquero:*	Un 15 por ciento. Un poco más que nuestra tasa preferencial.
Cliente:	¿Y cuál será mi línea de crédito?
Banquero:	Cuando termine de pagar el préstamo, la garantía continua le dará una línea de crédito de hasta 20.000 dólares.

🐚🐚🐚

FINANCING

Client:	I have here the forms and the information that you requested in order to process the loan. I need 100,000 dollars for a year to start a business.
Banker:	(After looking over the application.) Your application looks good. You have 80,000 dollars equity in your house, your two cars are paid for and your only debts are 1,200 dollars in credit card charges.
5	
Client:	Yes, and as I indicated on the form, my wife earned 20,000 dollars last year as the executive secretary of a law firm. We also have 12,000 dollars in our savings account.
Banker:	You are putting up your house as collateral worth 80,000 dollars. How do you intend to cover the remaining 20,000 dollars?
10 *Client:*	My father has signed this continuing guarantee for 20,000 dollars. (He hands him the document.)
Banker:	Excellent. What experience do you have in the field of electronics?
Client:	Well, I have worked in this field for fifteen years. I have done almost everything: from parts assembler to sales manager of a company.
15 *Banker:*	And why do you want to open this company?
Client:	Because I believe that with my experience I can manufacture and sell wholesale a high quality product that will compete favorably in the market.
Banker: 20	It seems to me that we will have no difficulty in granting the loan. The loan is guaranteed; you have life, accident, and business insurance; you have adequate working capital and will have enough cash flow in order to pay off the loan without any problems.
Client:	What rate of interest will I pay?
Banker:	Fifteen percent. A little more than our prime rate.
Client:	And what will my line of credit be?
25 *Banker:*	When you finish paying off the loan, the continuing guarantee will give you a credit line of up to 20,000 dollars.

Preguntas

1.   ¿Cuánto dinero necesita el cliente?
2.   ¿Qué bienes posee el cliente?
3.   ¿Cuál es el valor de la garantía?
4.   ¿Cómo cubrirá el resto del préstamo?
5.   ¿Tendrá problemas el banco en concederle el préstamo?
6.   ¿Qué interés tendrá el préstamo?

Narración: Nueva empresa

El señor Pablo Ventura tiene cita con el abogado Héctor Zavala porque piensa abrir un negocio y necesita asesoría legal. El señor Ventura no tendrá socios; él será el único dueño de la compañía. El abogado le recomienda que establezca una sociedad anónima de responsabilidad limitada, porque de este modo sólo arriesga el capital
5   invertido y no sus bienes personales. El cliente está de acuerdo.

El abogado le explica que hay que levantar el acta de constitución de la sociedad, redactar los artículos de asociación y los reglamentos internos de la empresa. El señor Ventura deberá darle la razón social de la empresa, el nombre del presidente y de los miembros de la Junta Directiva. Por el momento no habrá accionistas en la sociedad,
10   porque el señor Ventura no quiere vender acciones todavía.

Cuando el abogado Zavala le pregunta por el capital inicial de la empresa, el cliente le explica que no puede darle un monto definitivo, porque está tramitando un préstamo por cien mil dólares en su banco y espera que un pariente pueda también prestarle dinero.
15   El abogado le pide que la próxima vez que vaya le lleve también, además de los datos que ya le ha pedido, una lista de los clientes que tendrá la firma, así como de las compañías abastecedoras con las cuales tendrá convenios. De este modo el abogado entendería mejor el tipo de compañía que su cliente quiere tener.

Le recuerda a su cliente también que, más adelante, deberá ir a la Municipalidad
20   a sacar una patente para poder operar su negocio. El señor Ventura debe volver a verlo tan pronto como haya reunido la información que le ha pedido.

֍֍֍

El señor Ventura está ahora en el banco con el señor Gutiérrez, vicepresidente de la sección Préstamos. Tiene los formularios y los documentos que le han pedido para tramitar un préstamo de 100.000 dólares, pagadero en un año. Le pasa los papeles al
25   vicepresidente, quien comienza a ojearlos.

Después de unos momentos, el banquero le dice que la solicitud luce bien. El valor de mercado de la casa del señor Ventura es de 110.000 dólares; como la hipoteca representa 30.000 dólares, el cliente puede usar 80.000 dólares como garantía. Los dos autos están pagados y la única deuda que tiene son 1.200 dólares en
30   tarjetas de crédito. El señor Ventura le explica al banquero que su señora tuvo una renta de 20.000 dólares el año pasado, porque trabaja como secretaria ejecutiva en una firma de abogados. Tienen además 12.000 dólares en una cuenta de ahorros.

Examinando la garantía que ofrece el señor Ventura para el préstamo, el señor Gutiérrez quiere saber cómo cubrirá el cliente los 20.000 dólares restantes. El señor
35 Ventura le informa de que su padre le ha firmado una garantía continua por 20.000 dólares. El banquero queda satisfecho.

Le pregunta también al señor Ventura acerca de su experiencia en el campo de la electrónica y de las razones que lo han movido a comenzar un negocio. El señor Ventura le dice que ha trabajado en este campo durante los últimos quince años y que
40 conoce prácticamente todas las facetas del trabajo. Ha sido desde ensamblador hasta gerente de ventas en una compañía. Con su experiencia, piensa que podrá manufacturar y vender al por mayor productos de alta calidad que competirán favorablemente en el mercado.

El vicepresidente cree que el señor Ventura no tendrá dificultades en conseguir
45 el préstamo. El préstamo está garantizado; el cliente tiene seguro de vida, seguro contra accidentes y seguro comercial. Tiene un capital de trabajo adecuado y tendrá suficiente movimiento de capital en su negocio como para pagar el préstamo.

El señor Ventura quiere saber qué tasa de interés pagará y cuál será su línea de crédito. El señor Gutiérrez le responde que el interés será de un quince por ciento,
50 un poco más que la tasa preferencial. Con respecto a la línea de crédito, en cuanto termine de pagar el préstamo, la garantía continua le asegurará una línea de crédito de hasta 20.000 dólares. El banquero le pide al cliente que lo llame dentro de tres días, porque para entonces ya le habrán tramitado completamente la solicitud de préstamo.

Preguntas

1. ¿Por qué visita el señor Ventura a su abogado?
2. ¿Por qué decide establecer una sociedad anónima?
3. ¿Qué información necesita el abogado?
4. ¿Cuál será el capital inicial de la empresa?
5. ¿Qué deberá obtener de la Municipalidad el negociante?
6. ¿Para qué va al banco el señor Ventura?
7. ¿Qué trabajo tiene la esposa del señor Ventura? ¿Cuál es su sueldo anual?
8. ¿Quién ha firmado la garantía continua?
9. ¿Por qué cree el vicepresidente que el banco otorgará el préstamo?
10. ¿Qué condiciones debe reunir un negociante que quiera abrir una empresa?
11. ¿Qué documentos exige el banco antes de conceder un préstamo a un comerciante que va a abrir un negocio?

Notas gramaticales

Para un repaso de los puntos gramaticales más importantes de este capítulo, consúltese *Gramática para la comunicación* de esta misma serie. Algunas estructuras empleadas en los diálogos de este capítulo son:

—tiempos perfectos en presente e imperfecto

—*hacer* en expresiones temporales

—pronombres relativos

—preposiciones

—adjetivos y pronombres posesivos

Lista de vocabulario

SUSTANTIVOS

abastecedor(a), *el (la)*   supplier

abastecimiento, *el*   supplying, provision

abogado(a), *el (la)*   attorney, lawyer

acción, *la*   stock, share; action

accionista, *el (la)*   stockholder, shareholder

asesoramiento, *el*   advice

asesoría, *la*   advising (professional); consultant's office

asociación, *la*   association, society; partnership

asociado(a), *el (la)*   associate, member; partner

aspiradora, *la*   vacuum cleaner

banquero(a), *el (la)*   banker

calidad, *la*   quality

capital, *el*   capital, capital sum, money

capitalismo, *el*   capitalism

capitalista, *el (la)*   capitalist

competición, *la*   competition

crédito, *el*   credit

desventaja, *la*   disadvantage

deuda, *la*   debt

dueño(a), *el (la)*   owner

directiva, *la*   board of directors, governing body

electrónica, *la*   electronics

empresa, *la*   enterprise, undertaking, venture; company

empresario(a), *el (la)*   manager; promoter; contractor

ensamblador(a) el (la)   fitter; assembler, factory worker

ensamblaje, *el*   assembly

estatuto, *el*   statute

experiencia, *la*   experience

faceta, *la*   facet, aspect

fundación, *la*   foundation

garantía, *la*   collateral; warranty

gerente, *el (la)*   manager

ingreso, *el*   income, profit

línea, *la*   line

mercader(a), *el (la)*   merchant

mercado, *el*   market

movimiento, *el*   movement

Municipalidad, *la*   City Hall

municipio, *el*   municipality; town

ojeada, *la*   glance

operación, *la*   operation, working

orientación, *la*   orientation

patente, *la*   patent, license; grant, warrant

presidencia, *la*   presidency

presidente, *el (la)*   president

préstamo, *el*   loan

reglamento, *el*   rule, regulation, bylaw

renta, *la*   income, profit; interest, return, yield; rent

rentabilidad, *la*   profitability

sociedad, *la*   company, partnership; society, association

socio(a), *el (la)*   associate, partner; member

ventaja, *la*   advantage

VERBOS

abastecer   to supply

arriesgar   to risk, to hazard

asesorar   to advise, to act as a consultant to

asociarse   to associate; to become partners

competir (i)   to compete

conceder   to give, to grant; to concede

concordar (ue) (con)   to agree (with)

cubrir   to cover

ensamblar   to assemble; to join

fundar   to found, to institute, to set up

lucir   to look; to shine; to display

mercadear   to market, to trade; to deal

mover(se) (ue)   to move

ocuparse (de)   to take up, to occupy oneself (with)

ojear   to look at, to eye

operar   to operate, to work

orientar   to orient

reglamentar   to regulate, to make rules for

rentar   to produce, to yield; to rent (Mex.)

prestar   to loan

tramitar   to transact, to negotiate

ADJETIVOS Y ADVERBIOS

abastecedor(a)   supplying

continuo(a)   ongoing, continuous

definitivo(a)   definite, definitive

desventajoso(a)   disadvantageous

directivo(a)   managing, governing, executive

ejecutivo(a)   executive

externo(a)   external

interno(a)   internal

municipal   municipal

pagadero(a)   payable

preferencial   preferential

rentable   profitable

restante   remaining

OTRAS EXPRESIONES

al detalle   retail

al por mayor   wholesale

al por menor   retail

acta de constitución, el   memorandum of association; statutes

bienes personales, los   personal possessions

capital de explotación, el   working capital

capital de trabajo, el   working capital

cargo directivo, el   executive position

conceder un préstamo   to grant a loan

estar al tanto de   to be informed of

estar de acuerdo   to be in agreement

estatutos de asociación, los   articles of association

gerente de ventas, el (la)   sales manager

firma abastecedora, la   supplier

Junta Directiva, la   Board of Directors, Executive Council, Governing Board

levantar el acta de asociación   to draw up the articles of association

línea de crédito, la   line of credit

movimiento de capital, el   capital flow, cash flow

razón social, la   corporate name, name of a company

reglamentos internos de la sociedad, los   bylaws of the company

secretario(a) ejecutivo(a), el (la)   executive secretary

seguro comercial, el   business insurance

seguro de accidente, el   accident insurance

seguro de vida, el   life insurance

sociedad anónima de responsabilidad limitada, la   limited liability company; corporation

tarjeta de crédito, la   credit card

tasa de interés, la   interest rate

tasa preferencial, la   prime rate, preferential rate

Ejercicios de adquisición de vocabulario

Los ejercicios siguientes están destinados a ayudarle a adquirir y recordar el vocabulario de este capítulo. Concéntrese en el significado de las palabras.

A. Complete las siguientes frases usando la forma apropiada de las palabras que aparecen a continuación.

competir	el gerente de ventas	cubrir
la línea de crédito	la orientación	ocuparse
el reglamento	lucir	la razón social
la deuda	la ventaja	la patente
el movimiento de capital	abastecer	la faceta

1. Fui a ver a una abogada porque creía que necesitaba . . . . legal antes de abrir el negocio.
2. Parece que no habrá ningún problema con el préstamo; esta solicitud . . . . bien.
3. Cuando dejé de trabajar para esa firma, yo era . . . .
4. Para que su negocio tenga éxito, es muy importante que tenga suficiente . . . . cada mes para poder pagar todas sus cuentas.
5. Ud. no tendrá que . . . . de esos problemas; nosotros nos encargaremos de ellos.
6. Estoy segura de que Ud. ya ha pensado en . . . . internos de la nueva compañía, ¿verdad?
7. ¿Adónde debo ir para sacar . . . . para operar mi negocio?
8. Lo bueno de su situación financiera es que ya ha pagado casi todas sus . . . .
9. Con toda la experiencia que Ud. tiene, creo que podrá . . . . muy bien con las otras firmas.
10. Si Ud. paga el préstamo sin problemas, tendrá . . . . de 50.000 dólares.

B. Reemplace las palabras en cursiva con un sinónimo adecuado.

Miami, 30 de abril

Sr. D. Roberto Jara
314 East Drive
Boca Raton, Fl.

Estimado amigo:

Como le dije a Ud. en nuestra *conversación telefónica*, quiero crear una pequeña *compañía* en el campo de la electrónica. Mis abogados me *aconsejan* que forme una sociedad anónima; de esta manera no *corro el riesgo* de perder mis *bienes personales*. Necesito que algunos *miembros* de mi familia y otros amigos constituyan la Junta Directiva.

Quisiera ofrecerle el puesto de *director*. Ud. dirigiría los aspectos *ejecutivos* y yo los exclusivamente técnicos. Si le *conviene* mi oferta podremos *negociar* su participación como socio y accionista.

Quedo en espera de sus noticias,

Sinceramente,
Miguel Valdés

C. Complete las frases siguientes con la forma del sustantivo que corresponde a los verbos en cursiva.

MODELO: *multar—la multa*

Mi abogado me *ha asesorado* sobre la redacción de los estatutos de mi nueva empresa. Me ha dado .... legal. En esos estatutos *se reglamentan* la forma de *operar*, *abastecer* y *mercadear* los productos de mi empresa. Son unos .... que aclaran la forma de hacer una .... para el .... y .... de mi empresa. Algunos estatutos se refieren a la organización interna de la empresa, como *rentar* servicios, *asociar* a los trabajadores, *prestar* crédito a los miembros del sindicato y *competir* en el mercado. Todos los aspectos de la .... de servicios, la .... de los trabajadores, el .... de créditos, y la .... en el mercado son claves en la organización de una empresa.

D. Dé la palabra que corresponde a cada definición.

1. Obligación que uno tiene de pagar o entregar a otro dinero u otra cosa
2. Sistema económico basado en el capital como creador de la riqueza
3. Que dura o se extiende sin interrupción
4. Personas asociadas con otras para algún fin; miembros de una sociedad.
5. Mirar con atención alguna cosa
6. Beneficio económico que se recibe de algo como un negocio
7. Persona instruida en la ley que se dedica a aconsejar a otros o a defender sus derechos o intereses
8. Establecer o crear algo como un negocio o una asociación

E. Escriba una frase original con cada una de las siguientes palabras o expresiones.

la Municipalidad	el socio	la ventaja
la Junta Directiva	tramitar	la tarjeta de crédito
el capital de trabajo	arriesgar	
al por menor	el mercader	

F. Dé los equivalentes en español de las frases siguientes.

1. Did you fill out the forms that I gave you several days ago?
2. A limited liability company has one great advantage: you do not risk your personal assets, only the money you have invested.

3. You will pay a 12.5 percent rate of interest on your loan and you will have ten years to pay it.

4. I see you only have one debt of 500 dollars and that you have offered your house as a guarantee for the loan.

5. I understand that you would like to negotiate a loan for 100,000 dollars in order to open a new business.

6. Why do you wish to open this kind of business, and what experience do you have in the field of electronics?

7. In order to obtain this loan, you will have to take out life, accident, and business insurance.

8. With the continuing guarantees that you have, we will be able to grant you a credit line of 50,000 dollars.

9. Before we can finish our work, I will need more information about your future customers and also about your suppliers.

10. Will you be the sole owner or will you have partners?

Actividades

Los ejercicios siguientes están destinados a ayudarle a practicar el vocabulario, las estructuras y los contenidos aprendidos en este capítulo. Concéntrese en la comunicación de sus ideas.

Primera parte—Ejercicios orales

A. ACLARACIONES. Aclare brevemente en español el sentido de las palabras en cursiva.

1. El *gerente de ventas* de una compañía vino hoy a mi banco, es decir . . . .

2. Quería que le *concediéramos un préstamo*, es decir . . . .

3. Estudié su *movimiento de capital* en los últimos meses, es decir . . . .

4. También estudié su uso de las *tarjetas de crédito*, es decir . . . .

5. Observé que paga una *renta* muy alta por su local, es decir . . . .

6. También noté que sus ventas son *al por mayor*, es decir . . . .

7. No pude ver grandes *desventajas* en aprobar su petición, es decir . . . .

8. Pedí *asesoría* a mis directores, es decir . . . .

B. CONOCIMIENTOS COMERCIALES. Explique brevemente.

1. Ventaja de las sociedades anónimas de responsabilidad limitada

2. Información que necesita un abogado para poder escribir los estatutos de asociación de una sociedad anónima

3. Cosas que examina un banquero antes de aprobar un préstamo

4. Tipos de seguro que debe tener el dueño de una empresa comercial

C. **SITUACIONES.** Diga en español.

1. Basándose en la foto del primer diálogo de este capítulo, desarrolle una conversación con un colega. Imagine que usted es un banquero que ha recibido una solicitud para un préstamo; la solicitante quiere abrir un nuevo estudio de fotografía.

   You: Tell the colleague that you have reviewed the woman's application and that it seems fine

   Colleague: Comments that the applicant has few personal debts and that she can guarantee the loan

   You: Say that the applicant should be advised to maintain life, accident and business insurance

   Colleague: Says that the bank should have no difficulty in granting her the loan

   You: Comment that it would be better if she had a partner but that you agree to grant her the loan

2. Ud. es un banquero que ha recibido una solicitud para un préstamo de 130.000 dólares; la solicitante quiere abrir un nuevo negocio.

   a. Tell the applicant that you have reviewed her application and that it looks fine.

   b. State that because she has very few personal debts and because she can guarantee the loan, the bank will probably have no difficulty in granting it to her.

   c. Ask the applicant why she is interested in opening a new business at this time.

   d. Inform the applicant that it is important to maintain life, accident and business insurance.

   e. State that the interest on her loan will be fourteen per cent, slightly more than the preferred rate.

D. **NARRACIONES.** Cuente lo que pasó en las siguientes escenas.

1. Basándose en la foto de segundo diálogo de este capítulo, cuente porque la directora de préstamos duda que pueda conceder un préstamo a un señor que quiere empezar una nueva empresa. Trate de incluir las siguientes palabras y expresiones en su narración.

   a. conseguir el préstamo
   b. garantizado
   c. el seguro de vida
   d. el seguro comercial
   e. el seguro de accidente
   f. el capital de trabajo
   g. el movimiento de capital
   h. pagar el préstamo

2. *Mostrando interés.* Basándose en el dibujo de la página 90, desarrolle una conversación usando las expresiones siguientes.

   a. Creo que lo que usted dice es importante…
   b. Me interesan mucho sus productos porque…

    c.   Me gustaría saber más acerca de…

    d.   ¡Ajá! ¡No me diga!

Luego cuente a un colega que está muy interesado en sus planes para una pequeña empresa de aspiradoras.

E.   *INTERPRETACIONES.*   Estudien la situaciones siguientes. Asignen los papeles de cada personaje. Transformen las situaciones en diálogo e interprétenlas frente a la clase o con unos compañeros. Habrá siempre un traductor español-inglés-español.

1.   Un abogado habla con su cliente del capital inicial de la nueva empresa. El cliente le explica lo que cree que necesita y cómo él espera conseguirlo.

2.   Una cliente llega al banco con los formularios completados para un préstamo comercial. Ella y el banquero revisan los papeles y hablan de la posibilidad de conseguir el préstamo.

3.   Un banquero contesta algunas preguntas de su cliente sobre la tasa de interés que tendrá que pagar, la duración del préstamo y el monto de cada pago mensual. Terminan hablando de la línea de crédito que tendrá el cliente.

F.   *CONVERSACIONES.*   Varios estudiantes desarrollarán diálogos basados en las siguientes situaciones.

1.   Una persona que quiere abrir un nuevo negocio habla con un pariente suyo

sobre la posibilidad de pedirle prestados 20.000 dólares. Hablan de los planes del nuevo dueño y de los términos del préstamo.

2. La misma persona de la situación 1 recibe algunos consejos de una persona que tiene su propio negocio desde hace quince años. Este último le explica exactamente por qué debe buscar asesoramiento legal y financiero.

3. Dos banqueros examinan juntos una solicitud para un préstamo comercial de una persona que nunca ha tenido su propio negocio. Hacen comentarios sobre la solicitud y la posibilidad de conceder el préstamo al solicitante.

G. ENTREVISTA. Una banquera que se especializa en préstamos comerciales y un abogado que da asesoramiento legal a los comerciantes son invitados a participar en un programa de televisión para hablar de los problemas que tienen las personas que tratan de abrir un negocio pequeño hoy en día. El interlocutor hace preguntas sobre los pasos necesarios para abrir un negocio y también examina la razón por qué hay tantos fracasos comerciales.

H. PRESENTACIÓN PÚBLICA. Explique en 150 palabras.

Ud. abrió su propia compañía hace dos años y ahora tiene un negocio excelente. Un grupo de comerciantes lo ha invitado a hablar sobre su preparación para la vida comercial, sobre los pasos que dio para empezar su empresa y sobre los consejos que Ud. daría a cualquier persona que pensara en abrir un negocio. Dé Ud. una presentación sobre estos temas, y luego conteste las preguntas de los que están presentes.

Segunda parte—Ejercicios escritos

A. OTROS PUNTOS DE VISTA.

1. Escriba Ud. un informe breve para su abogado en el cual se mencionan la razón social de la compañía, el nombre del presidente y de los miembros de la Junta Directiva y el capital inicial de la empresa. Incluya un párrafo que explique su preparación para poder operar tal compañía.

2. La esposa de un hombre que pronto abrirá un nuevo negocio le escribe una carta a una amiga suya en la cual le describe todo lo que ha hecho su esposo para poder organizar la compañía y levantar el capital inicial.

B. EXPERIENCIAS Y OPINIONES. Escriba Ud. en español una composición contando sus experiencias (pueden ser ficticias) o expresando su opinión sobre los temas indicados.

1. La importancia de recibir asesoramiento financiero y legal antes de abrir un nuevo negocio

2. Por qué creo que hay tantos fracasos entre los pequeños negocios hoy en día

3. Mi idea de lo que se necesita para tener éxito en el mundo de los negocios

4. Por qué me gustaría (o no me gustaría) ser comerciante en el futuro

CAPÍTULO 6

Buscando empleo

Solicitud de empleo

Vocabulario esencial

el aviso   *ad, advertisement*
Lea usted los avisos de oferta de empleos.

completar   *to fill out*
Complete, por favor, este formulario.

el (la) empleado(a)   *employee*
Nuestra empresa necesita más empleados.

la entrevista   *interview*
La entrevista será mañana a las nueve de la mañana.

la hoja   *sheet (of paper)*
He escrito una carta de tres hojas a mis padres pidiéndoles dinero.

el (la) jefe(a)   *boss, head*
Yo no puedo decidir; hable usted con el jefe.

el (la) Jefe(a) de Personal   *Personnel Manager*
El Jefe de Personal la entrevistará el próximo miércoles.

el (la) postulante   *applicant*
Hay cincuenta postulantes para ese trabajo.

el (la) secretario(a) (bilingüe)   *(bilingual) secretary*
Necesitan una secretaria bilingüe en esta empresa.

la solicitud   *application*
Usted debe llenar esta solicitud.

Diálogo 1: Solicitud de empleo

Srta. Rosas: Vengo por el aviso que apareció en el periódico sobre un puesto de secretaria bilingüe.

Recepcionista: Muy bien. Le daré una solicitud para que la llene antes de presentarse a la entrevista.

5 *Srta. Rosas:*   (Mientras lee la primera hoja.) ¿Será necesario que llamen a mi jefe actual?

Recepcionista: No si usted indica lo contrario. ¿Alguna otra información?

Srta. Rosas: En cuanto al aspecto bilingüe, ¿es necesario que escriba español o que lo hable solamente?

10 *Recepcionista:*   Ambas cosas. Tenemos empleados que hablan español. Lo que necesitamos es alguien que también pueda escribirlo.

Srta. Rosas: Bien. ¿Qué debo hacer ahora que he completado la solicitud?

Recepcionista: Yo la llamaré por teléfono si la seleccionan para que se entreviste con el Jefe de Personal.

15 *Srta. Rosas:*   Si no hay inconveniente, preferiría llamarla a usted.

¿Ha mantenido Ud. alguna vez una entrevista de trabajo? ¿Qué cosas son importantes en una entrevista de trabajo?

Recepcionista:	Por supuesto. Creo que he de tener una respuesta el jueves por la mañana. Me puede llamar a partir de las once.
Srta. Rosas:	Muy bien. Gracias por todo.
Recepcionista:	(Días después, hablando por teléfono.) ¿Aló? ¿Señorita Rosas? Usted es una de las postulantes que el jefe querría entrevistar. ¿Le vendría bien el miércoles de la semana próxima, a las nueve de la mañana?
Srta. Rosas:	Excelente. ¿Con quién debo hablar?
Recepcionista:	Usted se entrevistará con el señor Pereda, el Jefe de Personal. Tiene que ir a la oficina 208, que está en el segundo piso del mismo edificio donde ya estuvo usted.
Srta. Rosas:	Muy bien. Allí estaré sin falta.

20

25

🙂🙂🙂

EMPLOYMENT APPLICATION

Ms. Rosas:	I have come about the ad that appeared in the newspaper concerning a position for a bilingual secretary.
Receptionist:	Very good. I will give you an application to fill out before you come for an interview.

	Ms. Rosas:	(While she reads the first page.) Will it be necessary for you to call my present boss?
5	*Receptionist:*	Not if you indicate to the contrary. Any other information?
	Ms. Rosas:	About the bilingual part, is it necessary that I write in Spanish or only that I speak it?
	Receptionist:	Both. We have employees that speak Spanish. What we need is someone who also can write it.
	Ms. Rosas:	All right. What should I do now that I have finished the application?
10	*Receptionist:*	I will call you on the telephone if they select you for an interview with the Personnel Manager.
	Ms. Rosas:	If it is not inconvenient, I would prefer to call you.
	Receptionist:	Certainly. I should have an answer Thursday morning. You may call me after eleven.
	Ms. Rosas:	Very well. Thanks for everything.
15	*Receptionist:*	(Days later, talking on the telephone.) Hello? Ms. Rosas? You are one of the applicants that the manager would like to interview. Would next Wednesday be all right, at nine in the morning?
	Ms. Rosas:	Excellent. With whom should I talk?
	Receptionist:	You will have an interview with Mr. Pereda, the Personnel Manager. You have to
20		go to office 208, on the second floor of the same building where you were before.
	Ms. Rosas:	All right. I will be there without fail.

Preguntas

1. ¿Para qué puesto se presenta la señorita Rosas?
2. ¿Qué debe hacer antes de presentarse a la entrevista?
3. ¿Qué tipo de secretaria busca la empresa?
4. ¿Qué debe esperar después de llenar la solicitud?
5. ¿Cuándo la entrevistarán?
6. ¿Dónde será entrevistada? ¿Por quién?

Entrevista con el jefe de personal

Vocabulario esencial

anualmente   *annually, per year*
Gano doce mil dólares anualmente en mi trabajo actual.

La Junta Directiva del Personal   *Personnel Board*
La Junta Directiva del Personal decidirá quien obtiene el trabajo.

el empleo   *work, job, position*
El empleo que tengo ahora no es muy interesante.

la firma   *firm, company*
¿Cuántos años lleva usted con esa firma?

el folleto   *brochure, pamphlet*
Aquí tiene usted el folleto que describe los beneficios de la compañía.

el (la) mecanógrafo(a)   *typist*
Soy mecanógrafa y escribo setenta y cinco palabras por minuto.

el (la) recepcionista   *receptionist*
Pídale a la recepcionista nuestro folleto.

el resto   *rest, remainder*
Son cien dólares en total. Aquí hay ochenta; ¿dónde está el resto?

reunirse   *to meet, to convene*
La Junta Directiva del Personal se reunirá mañana.

el seguro (médico)   *(medical) insurance*
Los empleados tienen un excelente plan de seguro médico.

las vacaciones   *vacation*
Nuestros empleados tienen derecho a dos semanas de vacaciones por año.

Diálogo 2: Entrevista con el jefe de personal

Sr. Pereda:	¿Cuánto tiempo lleva usted con esta firma que vende automóviles?
Srta. Rosas:	Aproximadamente un año y medio.
Sr. Pereda:	¿Tiene usted algún motivo especial por el cual quiere dejar su empleo?
Srta. Rosas:	Me interesa el trabajo que ofrecen ustedes por la posibilidad de recibir instrucción en computadoras. Sería un trabajo más interesante del que tengo ahora.
Sr. Pereda:	Usted tiene buenas referencias como mecanógrafa. ¿Cuántas palabras por minuto escribe usted?
Srta. Rosas:	Ochenta.
Sr. Pereda:	Muy bien. Usted domina bien el español, ¿verdad?
Srta. Rosas:	Sí, lo hablo y lo escribo perfectamente. Hablo también un poco de francés, pero no muy bien.
Sr. Pereda:	Excelente. He leído su solicitud y no tengo más preguntas. ¿Tiene usted preguntas acerca de nuestra compañía?
Srta. Rosas:	Sí. ¿Qué tipo de seguro médico ofrecen a los empleados?
Sr. Pereda:	Con nuestro plan, el empleado paga anualmente los primeros 200 dólares de la cuenta total y luego la compañía le paga el 80 por ciento del resto.
Srta. Rosas:	Bien. ¿Y en cuanto a las vacaciones?
Sr. Pereda:	Dos semanas por año. Al salir, pídale a la recepcionista que le pase un folleto con más detalles de las oportunidades que ofrece nuestra compañía. ¿Algo más?
Srta. Rosas:	No, creo que eso es todo.
Sr. Pereda:	Muy bien. La Junta Directiva del Personal se reunirá tan pronto como terminen las entrevistas y algunos días más tarde usted recibirá una carta en que le informaremos de nuestra decisión final.

❦❦❦

Santiago, la capital de Chile, tiene una población de más de tres millones de habitantes. Muchos de ellos han llegado de las zonas rurales en busca de trabajo. ¿Qué soluciones propone Ud. contra el desempleo?

INTERVIEW WITH THE HEAD OF PERSONNEL

Mr. Pereda:	How long have you been with this company that sells cars?
Ms. Rosas:	About a year and a half.
Mr. Pereda:	Is there any special reason why you want to leave your job?
Ms. Rosas:	I am interested in the job that you offer because of the possibility of receiving instruction in computers. It would be a more interesting job than the one I have now.
Mr. Pereda:	You have good references as a typist. How many words per minute do you type?
Ms. Rosas:	Eighty.
Mr. Pereda:	Good. You are fluent in Spanish, aren't you?
Ms. Rosas:	Yes, I speak it and I write it perfectly. I also speak a little French but not very well.
Mr. Pereda:	Excellent. I have read your application and I don't have any more questions. Do you have any questions about our company?
Ms. Rosas:	Yes. What kind of medical insurance do you offer to employees?
Mr. Pereda:	With our plan, the employee pays the first 200 dollars annually of the total bill and then the company pays 80 percent of the rest.
Ms. Rosas:	All right. What about vacations?

5

10

15

Mr. Pereda:	Two weeks a year. As you leave, ask the receptionist to give you a brochure with more details regarding opportunities that our company offers. Anything else?
Ms. Rosas:	No, I believe that is everything.
20 *Mr. Pereda:*	Good. The Personnel Board will meet as soon as the interviews are finished and a few days later you will receive a letter informing you of our final decision.

Preguntas

1. ¿Por qué quiere dejar su empleo actual la señorita Rosas?
2. ¿Cuántas palabras por minuto escribe la postulante?
3. ¿Qué idiomas habla además de inglés?
4. ¿Qué tipo de seguro médico ofrece la empresa?
5. ¿Cuándo recibirá respuesta sobre el trabajo?

Narración: Solicitud de empleo

La señorita Teresa Rosas trabaja desde hace un año y medio como secretaria para una empresa que vende automóviles. Desde hace un tiempo lee regularmente la sección "Oferta de Empleos" de los avisos clasificados del periódico, porque quiere cambiar de empleo.

5   Esta mañana vio un aviso que le interesó:

Firma internacional necesita secretaria bilingüe inglés-español. Se le impartirá instrucción en procesamiento de datos. Sueldo anual entre 12.000 a 15.000, según experiencia previa. Presentarse Bolívar 2356, horas de oficina.

Esa tarde, durante la hora del almuerzo, antes de regresar a su trabajo va a la
10 dirección que aparecía en el periódico. Se trata de una compañía de seguros de vida. La recepcionista le pasa una solicitud. La señorita Rosas va a una mesita y llena el formulario. Le entrega la solicitud a la recepcionista y le pregunta si será necesario que llamen a su jefe actual. La recepcionista le dice que no lo harán si ella así lo pide en la solicitud. Con respecto al aspecto bilingüe, la postulante quiere saber si se trata
15 de hablar solamente el español o si también la persona debe escribirlo. Necesitan a alguien que pueda también escribir en español. La recepcionista le informa de que el Jefe de Personal leerá las solicitudes y seleccionará tres finalistas para entrevistas el jueves por la mañana. La señorita Rosas llamará ese día después de las once para saber si la van a entrevistar.
20   El jueves, un poco después de las once de la mañana, la señorita Rosas llama a la firma. La recepcionista le informa de que tiene una cita para el miércoles de la semana siguiente, a las ocho y media de la mañana. Deberá entrevistarse con el señor Pereda, que está en la oficina 208 en el segundo piso del mismo edificio donde ella llenó la solicitud.

❦❦❦

25 Ese día miércoles tiene autorización de su compañía para llegar un poco más tarde que de costumbre, pues ha trabajado tiempo extra los dos días anteriores. Llega a la

oficina del señor Pereda unos pocos minutos antes de las ocho y media. La secretaria del señor Pereda la atiende y después de unos minutos la hace pasar al despacho del jefe.

30   El señor Pereda tiene sobre el escritorio la solicitud de la señorita Rosas. Le pregunta cuánto tiempo lleva en su puesto actual y por qué quiere dejarlo. La señorita Rosas responde que lleva más o menos un año y medio con su compañía y que una de las razones que la impulsaron a postular a este nuevo empleo es la instrucción que ofrecen en procesamiento de datos. Le interesa el trabajo con computadoras y cree

35   que el trabajo al cual postula será más interesante que el que tiene actualmente.

El señor Pereda le explica que tienen una vacante para el puesto de secretaria y que la compañía ha decidido llenarla con alguien que, además del inglés, domine también el español. Esta persona estará a cargo de la correspondencia internacional en esa lengua. Además, tienen un nuevo sistema de procesamiento de datos y entre-

40   narán a esa misma persona para que ayude en ese departamento también.

El señor Pereda le hace otras preguntas y se informa de que la señorita Rosas escribe a máquina a una velocidad de ochenta palabras por minuto. Además, no sólo habla el español sino que también lo escribe. Le pregunta a la postulante si ella tiene preguntas que hacer.

45   La señorita Rosas quiere saber qué tipo de seguro médico tienen los empleados de la firma. El señor Pereda le dice que básicamente el empleado paga anualmente los primeros doscientos dólares y que la firma paga el ochenta por ciento del resto. En cuanto a vacaciones, todo empleado tiene derecho a dos semanas pagadas cada año. Le explica a la señorita Rosas que la recepcionista tiene un folleto donde se

50   detallan estos y otros beneficios y que debería llevarse uno.

El señor Pereda da por terminada la entrevista y le dice que harán pronto la selección de la persona que ocupará la plaza que se acaba de crear y que le avisarán oportunamente si ha obtenido o no el trabajo.

Una semana más tarde la señorita Rosas recibe una carta donde le informan de

55   que ha sido seleccionada para el puesto vacante y de que si acepta deberá presentarse el día quince de ese mes para el programa de entrenamiento en procesamiento de datos. La señorita Rosas está contentísima.

Preguntas

1. ¿Qué aviso vio la señorita Rosas en el periódico?
2. ¿Qué decide hacer después de leer el aviso?
3. ¿Qué le entrega la recepcionista?
4. ¿Quién seleccionará a los finalistas?
5. ¿Cuándo tendrá una entrevista si es seleccionada?
6. ¿Quién la entrevista? ¿Cuál es la primera pregunta que le hace el entrevistador?
7. ¿Qué responsabilidades tendría en la nueva empresa?
8. ¿Qué preguntas le hace la señorita Rosas al señor Pereda?
9. ¿Cuándo la informaron de los resultados de la entrevista?
10. ¿Cuáles son algunas preguntas típicas de una entrevista?
11. ¿Ha tenido usted una entrevista? ¿Para qué tipo de trabajo?

Notas gramaticales

Para un repaso de los puntos gramaticales más importantes de este capítulo, consúltese *Gramática para la comunicación* de esta misma serie. Algunas estructuras empleadas en los diálogos de este capítulo son:

—presente de subjuntivo: formas, uso en cláusulas nominales

—presente de subjuntivo: uso in cláusulas adjetivas

—formas de mandato correspondientes a *usted(es)*

—neutros; *lo, lo de, lo que*

—horas

Lista de vocabulario

SUSTANTIVOS

aspecto, el *aspect; appearance*
autorización, la *authorization*
aviso, el *ad, advertisement; advice; warning; notice*
beneficio, el *benefit, profit, gain*
clasificación, la *classification*
correspondencia, la *correspondence*
creación, la *creation*
decisión, la *decision*
departamento, el *department*
despacho, el *small office*
dirección, la *address; direction; management, board of directors*
dominación, la *domination, control*
dominio, el *fluency, command; dominion, power*
empleado(a), el (la) *employee*
empleo, el *job; employment; use*
entrenador(a), el (la) *trainer; coach*
entrenamiento, el *training; coaching*
entrevista, la *interview*
escritorio, el *desk*
finalista, el (la) *finalist*
firma, la *firm, company; signature*
folleto, el *pamphlet, brochure*
impulso, el *impulse; momentum*
información, la *information*
jefe(a), el (la) *boss, chief, head*

mecanografía, la *typing*
mecanógrafo(a), el (la) *typist*
oportunidad, la *opportunity, chance*
pago, el *payment*
piso, el *floor; apartment (Spain)*
plaza, la *post, job; vacancy; public square; room, space*
posición, la *job; position*
postulante, el (la) *applicant, candidate; petitioner*
procesamiento, el *processing*
programa, el *program*
puesto, el *job, position*
recepcionista, el (la) *receptionist*
referencia, la *reference*
resto, el *rest, remainder*
reunión, la *meeting; reunion*
sección, la *section*
secretaría, la *secretariat; secretary's office*
secretariado, el *secretariat; profession of secretary*
seguro médico, el *medical insurance*
sistema, el *system*
sueldo, el *salary*
solicitud, la *application*
vacaciones, las *vacation*
vacante, la *vacancy, unfilled post*
velocidad, la *velocity, speed*

VERBOS

avisar   *to inform; to warn; to let (someone) know*
beneficiar   *to benefit, to profit*
clasificar   *to classify*
completar   *to complete*
corresponder   *to correspond*
crear   *to create*
detallar   *to detail*
dominar   *to know well, to be fluent in; to dominate, to control*
emplear   *to employ; to use*
entrenar   *to train; to coach*
entrevistar   *to interview*
impartir   *to impart*
impulsar   *to drive, to impel, to urge*
obtener   *to obtain*
postular   *to postulate, to seek, to apply for; to petition for*
procesar   *to process; to put on trial, to prosecute*
reunir(se)   *to meet (together), to have a meeting; to reunite*
seleccionar   *to select, to choose*

ADJETIVOS Y ADVERBIOS

aproximadamente   *approximately*
bilingüe   *bilingual*
clasificado(a)   *classified*
completo(a)   *complete*
especial   *special*
internacional   *international*
oportunamente   *opportunely*
oportuno(a)   *opportune*

previo(a)   *previous*
telefónico(a)   *relative to the telephone*
vacante   *vacant*
veloz   *rapid, fast*

OTRAS EXPRESIONES

aviso clasificado, el   *classified ad*
cambiar de empleo   *to change jobs*
consejo de personal, el   *personnel board*
dar por terminado(a)   *to conclude, to end*
de costumbre   *customarily, normally*
Oferta de Empleos, la   *Help Wanted*
escribir a máquina   *to type*
estar a cargo (de)   *to be in charge (of)*
horas de oficina, las   *office hours*
horas extraordinarias, las   *overtime*
jefe(a) de personal, el (la)   *personnel director*
procesamiento de datos, el   *data processing*
sección de avisos clasificados, la   *classified advertising section*
seguro médico, el   *medical insurance*
sin falta   *without fail, for sure*
tiempo extra, el   *overtime*
venir (le) bien a uno/a   *to be convenient*

Ejercicios de adquisición de vocabulario

Los ejercicios siguientes están destinados a ayudarle a adquirir y recordar el vocabulario de este capítulo. Concéntrese en el significado de las palabras.

A. Complete las siguientes frases usando la forma apropiada de las palabras que aparecen a continuación.

la información	previo	entrevistar
la reunión	completar	el postulante
impartir	el Jefe de Personal	cambiar de empleo
aproximadamente	el dominio	la sección
el procesamiento de datos	el folleto	el seguro médico

1. ¿Por qué decidió presentarse como .... para este puesto?
2. Me interesa saber un poco acerca de los beneficios que ofrecen; ¿puede explicarme un poco sobre ....?
3. Cuando llegue Ud. el próximo lunes, puede dirigirse directamente a la oficina de nuestro ....
4. Sí, he recibido instrucción en ....
5. ¿Debo .... la solicitud ahora o puedo llevarla a casa?
6. Me parece que hace.................. tres años que trabajo para la compañía de automóviles.
7. ¿En qué .... de su compañía trabajará la nueva secretaria?
8. Señorita, me alegra decirle que la quieren.................. el miércoles a las tres de la tarde.
9. Antes de poder ofrecerle el trabajo, necesito un poco más de.................. sobre su dominio del francés.
10. Si quiere saber más sobre estas cosas, pídale a la secretaria.................. titulado: "Beneficios para los empleados".

B. Conteste a la siguiente carta.

Adelaida Ramos
1012 Alamo St.
Port Aransas, Texas

Sra. Ester Trevino
Compudiseño
205 Commercial St.
San Antonio, Texas

Estimada Sra. Treviño:

Escribo como contestación a su oferta de trabajo, aparecida en el periódico *La Región* del día 5/8 de este año.

Según demuestra mi curriculum vitae adjunto, creo estar capacitada para el puesto que Uds. ofrecen. Estaría dispuesta a negociar un salario y puedo iniciar mi trabajo con su firma en cualquier momento.

En espera de sus noticias, le saluda muy atentamente,

Adelaida Ramos

C. Complete las frases siguientes con la forma del verbo que corresponde a los sustantivos en cursiva.

MODELO: *la operación—operar*

El empleado, siguiendo un *impulso* repentino, leyó el *aviso*. No supo qué lo .... a leer esas palabras que .... de un empleo interesante. Necesitaban a alguien con *dominio* del español que se interesara en *procesamiento* de datos. Él .... el español y quería aprender a .... datos. Harían primero una *clasificación* de cada *postulante*. Seguramente que a él lo .... bien y por eso sería bueno que .... a ese empleo. Si había *correspondencia* entre los requisitos para ese trabajo y su *entrenamiento* previo, lo llamarían a una *entrevista*. Él pensaba que sus capacidades .... a las de un buen candidato porque lo .... en computadoras; él sería uno de los candidatos que .... Varios supervisores harían la seleción final en una *reunión* especial. Él esperaba que cuando se .... los supervisores lo eligieran a él.

D. Dé la palabra que corresponde a cada definición.

1. Dar noticia o información sobre algún hecho
2. Cargo o empleo que está desocupado
3. Capaz de hablar dos idiomas con naturalidad y corrección
4. Un programa de protección económica contra accidentes y enfermedades
5. Preparar o enseñar a personas o animales, especialmente para los deportes o el trabajo
6. Relativo a dos o más naciones
7. Juntarse dos o más personas para hablar sobre un tema de interés común
8. Mueble de trabajo para comerciantes, estudiantes u otras personas

E. Escriba una frase original con cada una de las siguientes palabras o expresiones.

el secretariado	Oferta de Empleos	internacional
reunirse	sin falta	el seguro médico
la oportunidad	estar a cargo de	
la mecanografía	la vacante	

F. Dé los equivalentes en español de las frases siguientes.

1. I saw a notice in the Help Wanted section of the newspaper about a vacancy for a bilingual secretary.
2. As soon as the Personnel Board meets and makes its decision, we will inform you by letter.
3. Let me explain to you some of the benefits that this company offers to its employees.
4. How long have you been in your present position and why do you wish to leave that job?
5. Please show me your references with respect to your typing and your command of Spanish.

6. Do you want someone who can speak and write Spanish?
7. The Personnel Director wishes to interview you next Friday at 8:30 a.m.
8. Do you know anything about computers and data processing?
9. We will not call your present boss about your application with our company if you do not wish.
10. Please take this application to that desk and fill it out.

Actividades

Los ejercicios siguientes están destinados a ayudarle a practicar el vocabulario, las estructuras y los contenidos aprendidos en este capítulo. Concéntrese en la comunicación de sus ideas.

Primera parte—Ejercicios orales

A. ACLARACIONES. Aclare brevemente en español el sentido de las palabras en cursiva.

1. Buscamos una persona que sea *bilingüe*, es decir ....
2. Alguien me dijo que tu amiga quiere *cambiar de empleo*, es decir ....
3. Todos me dicen que tiene excelentes *referencias*, es decir ....
4. *De costumbre* llega a la oficina quince minutos antes de la hora de comenzar, es decir ....
5. Tampoco le importa trabajar *tiempo extra*, es decir ....
6. El jefe está hablando con un *postulante* ahora, es decir ....
7. El director de la oficina *está a cargo* de encontrar un nuevo empleado, es decir ....
8. El piensa *entrevistar* a todos los candidatos, es decir ....

B. CONOCIMIENTOS COMERCIALES. Explique brevemente.

1. Cosas que hay que hacer cuando se busca nuevo empleo
2. Razones por las cuales una persona puede desear dejar un trabajo y buscar otro
3. Preguntas que hará un postulante a un nuevo puesto
4. Preguntas que le hará el jefe de personal a un solicitante
5. Cosas que hace la recepcionista de un jefe de personal antes de conceder una entrevista a un postulante

C. SITUACIONES. Diga en español.

1. Basándose en la foto del primer diálogo de este capítulo, desarrolle una conversación con la recepcionista. Imagine que usted está solicitando el puesto de secretaria en una empresa.
   a. Tell the receptionist that you are interested in the secretarial position you saw in the "Help Wanted" section of the newspaper.

    b.   Mention that you can write as well as speak Spanish.

    c.   Point out that you have indicated on your application that you prefer that your present employer not be called.

    d.   Ask how many persons have already applied for the position and also when the company will make a selection.

2.   Ud. es jefe de personal de una compañía que busca una secretaria bilingüe y conversa con una postulante muy bien preparada.

    a.   Ask the applicant how long she has been with her present employer.

    b.   Inquire of her why she desires to leave her present employer and come to work for your company.

    c.   Inform the applicant that she will receive training in data processing with computers but that she will also have to possess excellent skills as a typist.

    d.   Ask whether or not she writes Spanish as well as speaks it. Go on to say that the person selected will handle the company's correspondence in that language.

    e.   Tell the applicant that the company offers an excellent insurance plan for its employees as well as two weeks of paid vacation annually.

    f.   Say that the position will be filled within one week, and that as soon as the Personnel Board makes its decision she will be notified whether she received the job or not.

D. **NARRACIONES.** Cuente lo que pasó en las siguientes escenas.

1.   Basándose en la foto del segundo diálogo de este capítulo, cuente por qué las dos señoritas quieren trabajar en la misma compañía en el centro de Santiago de Chile. Trate de incluir las siguientes palabras y expresiones en su narración.

    a.   las postulantes

    b.   el jefe de personal

    c.   entrevistar

    d.   el próximo martes

    e.   a los once de la mañana

    f.   despacho 105

    g.   el primer piso

    h.   el mismo edificio

2.   *Frases que expresan duda.* Basándose en el dibujo, desarrolle una conversación usando las expresiones siguientes.

    a.   No sé si…

    b.   Creo que no es posible…

    c.   Dudo que…

    d.   No estoy segura si…

Luego cuente que no puede acompañar a un amigo a una entrevista.

E. **INTERPRETACIONES.** Estudien las situaciones siguientes. Asignen los papeles de cada personaje. Transformen las situaciones en diálogo e interprétenlas frente a la clase o con unos compañeros. Habrá siempre un traductor español-inglés-español.

1. Un entrevistador de la agencia le hace a un postulante una serie de preguntas sobre sus intereses, su experiencia de trabajo y sus referencias.
2. El solicitante de la situación 1 habla con el entrevistador sobre las varias posibilidades que existen en ese momento. Al final deciden que le puede interesar al solicitante una posición en una compañía de seguros.
3. El mismo solicitante quiere saber más detalles sobre una de las posiciones mencionadas, especialmente sobre el pago y los beneficios.

F. CONVERSACIONES. Varios estudiantes desarrollarán diálogos basados en las siguientes situaciones.

1. Durante la hora del almuerzo una secretaria habla con una amiga acerca de las razones por las que piensa buscar un empleo más interesante, y le menciona su interés en un anuncio que vio en el periódico esa mañana.
2. Una persona que tiene interés en una posición de secretaria bilingüe habla con la recepcionista de la firma sobre los procedimientos necesarios para postular a dicha posición.
3. La postulante de la situación 2 se entrevista con la jefa de personal y hablan de las responsabilidades de la posición. La jefa le hace varias preguntas sobre sus aptitudes para el puesto.
4. Una persona que acaba de aceptar una oferta de trabajo en otra compañía le explica a su jefe actual que quiere dejar su posición dos semanas más tarde. Su jefe le hace varias preguntas sobre la razón por la que quiere renunciar y sobre el nuevo puesto que tiene.

G. MESA REDONDA. Una agencia gubernativa que ayuda a los que no tienen empleo ha organizado un programa en el cual intervienen el jefe de personal de una compañía local, la supervisora de una agencia de empleos y una persona a la que dicha agencia ha ayudado a conseguir un nuevo empleo. Estas tres personas hacen su propia presentación sobre las posibilidades de trabajo, los procedimientos que normalmente sigue un postulante a un empleo y la mejor manera de prepararse y conducirse durante una entrevista. Después de las presentaciones, los que están presentes hacen preguntas y comentarios al respecto.

H. PRESENTACIÓN PÚBLICA. Explique en 150 palabras.

El jefe de personal de una firma importante da consejos a un grupo de estudiantes de la escuela secundaria acerca de la mejor manera de conducirse durante una entrevista. Al final, los estudiantes hacen preguntas.

Segunda parte—Ejercicios escritos

A. OTROS PUNTOS DE VISTA.

1. Escriba un párrafo en el cual menciona los tres trabajos que ha tenido en los cinco últimos años, las responsabilidades principales de cada uno y las aptitudes que tiene con respecto a un nuevo trabajo que solicita ahora.
2. Escriba una breve carta a su jefe actual en la cual le informa de que quiere dejar su empleo presente por otro trabajo que le acaban de ofrecer. Mencione por qué va a dejar el puesto y exprese su agradecimiento por todo.

B. EXPERIENCIAS Y OPINIONES. Escriba en español una composición contando sus experiencias (pueden ser ficticias) o expresando su opinión sobre los temas indicados.

1. Por qué no es buena idea cambiar de empleo cada año
2. Cómo debe prepararse uno para entrevistarse con el jefe de personal de una compañía que tiene interés en su solicitud para un puesto
3. Una experiencia buena (o mala) que he tenido cuando me entrevisté para un trabajo que quería
4. Razones que hacen que uno quiera cambiar de empleo

La era de la computadora

Los beneficios y servicios que prestan actualmente las computadoras son ampliamente conocidos. Tienen una enorme capacidad para almacenar y procesar[1] vastas cantidades de información. Pueden agregar datos a la información ya disponible, así como para analizarla y almacenarla. Pueden incluso transmitir toda esa información de un conti-
5 nente a otro a través de líneas telefónicas y de satélites.

Sin embargo, como sucede casi con todas las nuevas tecnologías, la introducción y el uso creciente de las computadoras han empezado a generar grandes cambios en la sociedad que son motivo de profundas controversias. Por una parte están los optimistas, quienes anuncian una sociedad más comunicada e informada, en la que el
10 hombre, liberado de las tareas rutinarias y fatigosas, dispondrá de más tiempo para dedicarse a las actividades creativas.

Otros, menos entusiastas, presentan serias objeciones al uso indiscriminado e irracional de las computadoras. Señalan, por ejemplo, que la automatización de la industria creará graves problemas de desempleo. También afirman que acentuará las
15 diferencias entre las naciones ricas y las pobres. Por último creen que profundizará las divisiones generacionales debido a que, al contrario de los adultos, los niños y jóvenes captan con mucha mayor facilidad las nuevas tecnologías.

Pero, la mayoría de la gente, sobre todo en los países en vías de desarrollo[2], se encuentra al margen[3] de estas reflexiones porque siente muy lejana la posibilidad de
20 que las computadoras influyan directamente en su vida cotidiana[4]. Se cree, errónea-mente, que las computadoras sólo se usan en las naciones desarrolladas donde abundan los capitales y la mano de obra especializada[5]. Hasta hace unos cuantos años esto era cierto, pero actualmente el empleo de las computadoras ha empezado a extenderse a todos los lugares del planeta y, por ello, no es raro encontrarlas junto a
25 puentes de madera y molinos de viento.

Aplicaciones complejas

En los países desarrollados, la sofisticación y complejidad de las actividades que se realizan, ha llevado a la computadora a usos igualmente complejos. En las grandes empresas, por ejemplo, se utilizan para todos los procesos administrativos que implican manejos masivos[6] de información. Entre otras cosas se usa para dictar y elaborar
30 documentos y cartas, para probar nuevas ideas y predecir los efectos de los cambios introducidos, para el intercambio de mensajes y hasta para tomar decisiones. En la oficina del futuro se espera que los documentos escritos serán totalmente sustituidos por la información electrónica.

35 En el hogar, se estudia la aplicación de las computadoras para usar de forma más eficiente y racional los recursos materiales por medio de procesos automáticos. En unos cuantos años se espera cimentar la telecomunicación doméstica con la unión del teléfono, la televisión y la computadora.

En el campo de las ciencias, como la meteorología y la astronomía, se han logrado progresos notables gracias a la ayuda de los procesadores elec-
40 trónicos. Los millones de sumas, restas y demás operaciones[7] necesarias para calcular los constantes cambios de gravitación de los planetas hubiera llevado siglos sin llegar a conclusiones del todo exactas. En la medicina los procesadores electrónicos han resultado ser magníficos auxiliares para el diagnóstico y tratamiento adecuado de las enfermedades.

Los videojuegos y el arte

45 En la diversión, el empleo de las computadoras ha encontrado un campo demasiado fértil. En los países desarrollados son cada vez más los niños y adolescentes que desean poseer una computadora simple y sencillamente "para jugar." Esto preocupa a muchos padres de familia y a educadores que señalan que los niños han dejado de practicar los deportes y leer libros para sentarse frente a las pantallas luminosas.[8] Pero
50 para otros es un simple cambio de distracción, e indican que los videojuegos desarrollan la percepción y la imaginación.

Pero el campo donde más polémicas ha despertado la aplicación de las computadoras es en el del arte. Actualmente existen procesadores electrónicos que de acuerdo con las instrucciones de un programa, hacen dibujos,[9] componen música y
55 hasta escriben poemas. El punto central de las discusiones estriba en la categoría que se debe dar a estas creaciones, puesto que mientras muchos consideran que constituyen una nueva forma de arte, otros piensan que se trata solamente de expresiones muy avanzadas de la tecnología moderna.

Tendencias futuras

La influencia que ejercen actualmente las computadoras en la sociedad ha despertado
60 muchas inquietudes[10] sobre lo que acontecerá en los próximos años. Se dice que los cambios que provocará la informática serán todavía mayores a los que originó, hace cerca de 200 años, la primera revolución industrial.

En un trabajo del investigador Patrick McGovern, publicado por la revista *Ciencia y Desarrollo*, del Consejo Nacional de Ciencia y Tecnología, se manifiesta que
65 la computadora doméstica pronto será conectada al teléfono, mediante una unión especial de cables y esto permitirá llevar a cabo una amplia variedad de tareas educativas, de negocios y de consulta.

En el campo de la educación, para fines de los años ochenta, McGovern opina que será posible dar enseñanza preescolar y primaria mediante instrucciones pro-
70 gramadas por los sistemas centrales al alcance[11] de las computadoras domésticas. Los estudiantes podrán responder a las preguntas interactivamente y recibirán información en forma audiovisual. Las respuestas del estudiante determinarán las orientaciones adicionales de acuerdo con sus necesidades particulares.

McGovern considera que a principios del siglo XXI la tecnología de la información
75 logrará[12] una dramática transformación de la sociedad nunca antes experimentada en

la historia. Los sistemas de información serán mundiales con la teleconferencia de acceso instantáneo, a cualquier punto de la tierra.

A su vez, predice McGovern, esto servirá para el fortalecimiento[13] de la unidad familiar porque permitirá a la gente organizarse en comunidades geográficamente
80 similares a las aldeas rurales. En estas aldeas habrá suficiente gente para mantener una diversidad de interacciones sociales, pero sin la necesidad de la sobrepoblación de las urbes modernas, con sus problemas de contaminación, congestionamiento y deterioro de la calidad de vida.

"Se inicia una nueva era," *Visión* (México) 23 de abril de 1984

---

1. ***para almacenar y procesar*** to store and process
2. ***los países en vías de desarrollo*** developing countries
3. ***al margen*** left out
4. ***vida cotidiana*** daily life
5. ***la mano de obra especializada*** a specialized labor force
6. ***implican manejos masivos*** require handling large (amounts)
7. ***sumas, restas y demás operaciones*** additions, subtractions and other operations
8. ***las pantallas luminosas*** the luminous screens
9. ***hacen dibujos*** they make drawings
10. ***muchas inquietudes*** much uneasiness
11. ***al alcance*** at the reach of
12. ***logrará*** will achieve
13. ***el fortalecimiento*** the strengthening

PREGUNTAS

1. ¿Cuáles son los beneficios actuales de las computadoras?
2. ¿Cuál es la visión optimista de la tecnología de las computadoras?
3. ¿Qué objeciones ponen los menos optimistas al uso de las computadoras?
4. ¿Tendrá la computadora influencia en la vida de la gente en las naciones pobres?
5. ¿Qué trabajos realizan hoy las computadoras en los países industrializados?
6. ¿Qué ciencias se han beneficiado con el servicio de los procesadores electrónicos?
7. ¿Por qué se preocupan muchos padres por los videojuegos?
8. ¿Cómo se usan las computadoras en el arte?
9. ¿Qué opina el señor McGovern sobre la educación del futuro?
10. Según McGovern, ¿qué impacto tendrá la tecnología de la información sobre la familia?

TEMAS PARA DEBATE O COMPOSICIÓN

1. ¿Será la automatización una bendición o una maldición para el ser humano?
2. En el futuro las computadoras permitirán que muchas personas trabajen en casa.

CAPÍTULO 7

Expansión de un negocio

Viaje de negocios

Vocabulario esencial

el aeropuerto   *airport*
Tengo que estar en el aeropuerto dentro de una hora.

la aerolínea   *airline company*
¿En qué aerolínea viajará usted?

el asiento (de primera clase)   *(first class) seat*
Los asientos de primera clase son muy cómodos.

la compañía de autos de alquiler   *car rental company*
Hay varias compañías de autos de alquiler en el aeropuerto.

la cuadra (de una calle)   *(street) block*
El Hotel Continental está a dos cuadras de aquí.

encargarse de   *to take charge of*
Le pedí a mi secretaria que se encargara de planear mi viaje.

la habitación   *room*
Deseo una habitación para una persona.

el horario   *schedule*
Según el horario, hay tres vuelos a Nueva York por la mañana.

el pago (al contado)   *(cash) payment*
Prefiero que el pago sea al contado.

el pasaje (de ida y vuelta)   *(roundtrip) ticket*
Quiero un pasaje de ida y vuelta a Miami.

recoger   *to pick up*
Recogeré los pasajes personalmente.

la reservación   *reservation*
El agente de viajes se encargará de mis reservaciones.

la tarjeta de crédito   *credit card*
No pagaré al contado; usaré mi tarjeta de crédito.

el vuelo (sin escalas)   *(non-stop) flight*
Prefiero que sea un vuelo sin escalas.

Diálogo 1: Viaje de negocios

Secretaria: (Hablando por teléfono.) Necesito hacer una reservación para Nueva York. Pasaje de ida y vuelta. Salida el lunes de la próxima semana y regreso el jueves de la misma semana.

Empleado: ¿Alguna hora en especial para el vuelo? ¿Tiene preferencia por alguna aerolínea en particular?

Secretaria: No, cualquier compañía aérea. De preferencia, un vuelo por la mañana. Y que sea vuelo sin escalas, por favor.

Este ejecutivo uruguayo demuestra el efecto positivo de sus contactos personales con los clientes de la firma en que trabaja. ¿Por qué son importantes los viajes de negocios?

Empleado:	Cómo no. Veo en los horarios que para la ida, hay uno a las siete y media de la mañana. El jueves por la mañana para el regreso, sale uno a las ocho. ¿Le convienen?
Secretaria:	Perfecto. Un asiento de primera clase a nombre de Margarita Durán.
Empleado:	Muy bien. El pasaje cuesta 500 dólares. ¿Pasará a recoger el boleto aquí o quiere que se lo envíe por correo?
Secretaria:	Ella lo recogerá. Necesito también reservar una habitación por tres noches en un hotel cercano al edificio Caruso. Habitación para una persona.
Empleado:	El Hotel Continental está a menos de dos cuadras. Me encargaré de hacerle la reservación correspondiente. ¿Algo más?
Secretaria:	Sí. La señora Durán necesita un coche. ¿Podría usted hacer los arreglos con cualquier compañía de autos de alquiler? Necesita el coche en el aeropuerto.
Empleado:	¿Algún tipo de coche en especial?
Secretaria:	No, cualquier coche de tamaño mediano.
Empleado:	Bien. El pago, ¿será al contado o por medio de una tarjeta de crédito?
Secretaria:	Colóquelo en la tarjeta de crédito. Ya le daré el número.

🙚🙚🙚

BUSINESS TRIP

Secretary:	(Talking on the telephone.) I need to make a reservation for New York. A round-trip ticket. Departure on Monday of next week and return on Thursday of the same week.
Employee:	Any special time for the flight? Do you prefer a particular airline?
5 *Secretary:*	No, any airline. Preferably a flight in the morning. And a non-stop flight, please.
Employee:	Of course. I see in the schedules that for the departure, there is a flight at seven thirty in the morning. On Thursday morning for the return, one leaves at eight o 'clock. Are they convenient for you?
Secretary:	Perfect. A first class seat in the name of Margarita Durán.
10 *Employee:*	Very well. The ticket costs 500 dollars. Will you come by and pick up the ticket here or do you want it sent to you by mail?
Secretary:	She'll pick it up. I also need to make reservations for three nights in a hotel near the Caruso building. A room for one person.
Employee:	The Continental Hotel is less than two blocks away. I will take care of making a reservation for her. Anything else?
15	
Secretary:	Yes. Mrs. Durán needs a car. Could you make the arrangements with any car rental company? She needs the car at the airport.
Employee:	Any special kind of car?
Secretary:	No, any medium-sized car.
20 *Employee:*	Good. Will the payment be in cash or by credit card?
Secretary:	Put it on her credit card. I will give you the number now.

Preguntas

1. ¿A quién llama la secretaria? ¿Para qué?
2. ¿A nombre de quién hace la reservación?
3. ¿Cuánto cuesta el pasaje?
4. ¿Qué otro tipo de reservación hace la secretaria?
5. ¿Qué clase de coche alquila para su jefa?

Convenio con un distribuidor

Vocabulario esencial

ampliar   *to expand*
Queremos ampliar nuestro negocio.

cerrar un trato   *close a deal*
Ojalá podamos cerrar el trato.

la cifra   *quantity, amount*
Le enviaré todas esas cifras en la próxima carta.

el dato   *fact, datum, piece of information*
Necesito más datos sobre su compañía.

estar al tanto   *to be fully informed*
El presidente de la firma está al tanto de las negociaciones.

la ganancia   *profit, gain*
Todos los años hemos tenido ganancias.

el informe   *report*
Tenemos buenos informes de su empresa.

lanzar al mercado   *to place on the market*
Queremos lanzar al mercado un producto nuevo.

la línea de producción   *production line*
Hemos tenido algunos problemas con nuestra línea de producción.

la muestra   *sample*
Les enviaremos una muestra de nuestro producto.

el objetivo   *objective, goal*
El objetivo de mi viaje es obtener sus servicios como distribuidor.

la ropa (de mujer)   *(women's) clothes*
Nuestra colección de ropa de mujer ha tenido mucho éxito.

superar   *to exceed*
Nuestras ganancias superan las ganancias del año pasado.

la temporada   *season*
Ya tenemos lista la colección de ropa para la próxima temporada.

Diálogo 2: Convenio con un distribuidor

Sr. Moody: Sra. Durán, adelante. Encantado de conocerla personalmente.

Sra. Durán: Mucho gusto, Sr. Moody.

Sr. Moody: (Después de unos minutos de conversación social.) Hemos recibido los documentos y las muestras de productos que su compañía nos envió. Estamos todos muy interesados en poder cerrar un trato con ustedes.

Sra. Durán: Me alegro mucho. Este es precisamente el objetivo de mi viaje, como usted sabe.

Sr. Moody: ¿Qué porcentaje de ganancia han tenido este año? Tengo aquí los datos de los últimos cinco años.

Sra. Durán: Las cifras de este año superan en un seis por ciento las del año pasado hasta esta misma fecha. Hemos iniciado un nuevo sistema de publicidad que nos está dando excelentes resultados.

Sr. Moody: ¿Qué hay de ese plan de expansión de que me hablaba usted por teléfono hace unos meses?

Sra. Durán: Sí. Como usted sabe, queremos ampliar nuestra línea de producción e incluir ahora no sólo ropa de mujer sino también de hombre. El

Estas mujeres celebran un desayuno de trabajo en Philadelphia. ¿Cree Ud. que la mezcla de lo social y lo profesional favorece la resolución de asuntos de trabajo?

		proyecto está listo. Lanzaremos al mercado nuestros nuevos productos en la próxima temporada.
20	*Sr. Moody:*	Excelente. Le entendí bien cuando nos dijo que su compañía quiere usar exclusivamente nuestros servicios para la distribución de sus productos en esta parte del país, ¿verdad?
	Sra. Durán:	Así es. Tenemos muy buenos informes de su compañía y estaríamos encantados si se decidieran a ser nuestros distribuidores.
25	*Sr. Moody:*	A mí me parece que tanto ustedes como nosotros tendríamos mucho que ganar. ¿Por qué no me acompaña? Nos vamos a reunir con el vicepresidente y con otros miembros de la Junta Directiva que están al tanto de nuestras negociaciones.

🔆🔆🔆

AGREEMENT WITH A DISTRIBUTOR

	Mr. Moody:	Mrs. Durán, come in. I am delighted to meet you personally.
	Mrs. Durán:	I am pleased to meet you, Mr. Moody.
	Mr. Moody:	(After a few minutes of social conversation.) We have received the documents and the product samples that your company sent to us. We are all very interested in
5		closing a deal with you.
	Mrs. Durán:	I'm very glad. That is precisely the purpose of my trip, as you know.

Mr. Moody:	What percent profit have you had this year? I have here the data on the last five years.
Mrs. Durán:	The figures for this year exceed by six percent those of last year at this same date. We have initiated a new system of advertising that is giving us excellent results.
10 *Mr. Moody:*	What is happening with that expansion plan that you told me about on the telephone a few months ago?
Mrs. Durán:	Yes. As you know, we want to expand our production line and include now not only women's clothing but also men's. The project is ready. We will introduce our new products to the market next season.
15 *Mr. Moody:*	Very good. I understood you well when you said that your company wants to use our services exclusively for the distribution of your products in this part of the country, right?
Mrs. Durán:	That's right. We have very good reports about your company, and we would be delighted if you decided to be our distributor.
20 *Mr. Moody:*	It seems to me that you as well as we would have much to gain. Why don't you accompany me? We are going to meet with the vice-president and with other members of the Board of Directors who are aware of our negotiations.

Preguntas

1. ¿Cuál es el objetivo del viaje de la señora Durán?
2. ¿Qué porcentaje de ganancia ha tenido la empresa de la señora Durán este último año?
3. ¿Qué planes de expansión tiene la empresa?
4. ¿Qué tipo de servicios iniciará la empresa del señor Moody?
5. ¿Con quién se reunirán para hablar de las negociaciones?

Narración: Expansión de un negocio

La señora Margarita Durán es la representante de ventas de la compañía Crown, Inc., que produce ropa de mujer. Necesita hacer un viaje de negocios a Nueva York, donde debe reunirse con los ejecutivos de la Compañía Sandfield Limitada, que están interesados en ser los distribuidores de los productos de su compañía en esa parte del país.
5 Le da instrucciones a su secretaria para que llame a una agencia de viajes y haga los arreglos correspondientes.

La secretaria habla por teléfono con un empleado de la agencia de viajes. Le informa de que necesita hacer una reservación para un vuelo a Nueva York. Quiere un pasaje de ida y vuelta, en un vuelo sin escalas, con salida el siguiente lunes por la
10 mañana y regreso el día jueves por la mañana de la misma semana. El nombre de la pasajera es Margarita Durán.

El empleado de la agencia le informa a la secretaria de que una posibilidad sería salir a las siete y media de la mañana y regresar en un vuelo de las ocho. La secretaria acepta y pide en seguida que se encargue también de hacer reservaciones para tres
15 noches de hotel. Necesita uno que esté cerca del edificio Caruso, que es donde está la casa matriz de la Compañía Sandfield. El agente de viajes le hará la reservación correspondiente.

El último servicio que necesita la secretaria es el alquiler de un coche. La señora Durán quiere recoger un coche en el aeropuerto mismo. El agente de viajes le pide
20 los detalles necesarios y le informa de que él se encargará de hacer esos arreglos también. La secretaria le pide que cargue todos esos gastos a una tarjeta de crédito.

❁ ❁ ❁

La señora Durán tiene cita con el Sr. Moody, quien es el ejecutivo de la Compañía Sandfield que ha estado a cargo de las negociaciones. Después de los saludos y de una conversación sobre amenidades sociales, comienzan a hablar del asunto que les
25 interesa. La Compañía Crown ha enviado una muestra de sus productos, así como documentos informativos, para que los estudien los representantes de la Compañía Sandfield. El señor Moody le dice a la señora Durán que su compañía está muy interesada en poder cerrar un trato con la compañía Crown. Quiere saber qué porcentaje de ganancias ha tenido la compañía de la señora Durán este año. La señora Durán
30 le explica que han tenido una ganancia neta del seis por ciento con respecto al año anterior hasta la misma fecha. Han iniciado una nueva campaña publicitaria que les está dando excelentes resultados.

En conversaciones telefónicas previas, la señor Durán había mencionado la posibilidad de que su compañía comenzara a lanzar al mercado ropa de hombre,
35 fuera de su exitosa línea de ropa de mujer. El señor Moody quiere saber si el proyecto se va a llevar a cabo o no. La señora Durán le dice que han hecho todos los estudios de mercadeo correspondientes y que están preparados para lanzar su nueva línea de productos en la temporada siguiente.

El señor Moody quiere estar seguro de que su compañía será la firma distribuidora
40 exclusiva de los productos de la Compañía Crown. La señora Durán le asegura que es así, ya que tienen plena confianza en la capacidad de la Compañía Sandfield. El señor Moody invita a la señora Durán a pasar a un pequeño salón de reuniones donde los espera el vicepresidente y otros ejecutivos de la Junta Directiva de la compañía Sandfield, quienes están también al tanto de las negociaciones. Tendrán una reunión
45 en la que esperan poder sentar las bases para firmar luego un contrato formal.

Preguntas

1. ¿Qué compañía representa la señora Durán?
2. ¿Con qué compañía se reúne? ¿En qué lugar?
3. ¿Qué reservaciones le ha hecho la secretaria?
4. ¿Cómo pagará estos gastos?
5. ¿Qué trato hará la señora Durán con la compañía Crown?
6. ¿Qué producto lanzarán al mercado?
7. ¿De qué quiere estar seguro el señor Moody en cuanto a la distribución del producto?
8. ¿Quiénes están al tanto de las negociaciones?
9. ¿Cómo facilita una secretaria un viaje de negocios?
10. ¿Cuáles son las ventajas y desventajas de viajar a otros lugares para hacer negociaciones?

Notas gramaticales

Para un repaso de los puntos gramaticales más importantes de este capítulo, consúltese *Gramática para la comunicación* de esta misma serie. Algunas estructuras empleadas en los diálogos de este capítulo son:

—pretérito: verbos regulares

—imperfecto de indicativo

—expresiones indefinidas y su negación correspondiente

—adjetivos descriptivos

—fechas

Lista de vocabulario

SUSTANTIVOS

aerolínea, la airline

aeropuerto, el airport

alquiler, el renting, rent; rental charge

amenidad, la amenity, pleasantness, agreeableness

ampliación, la enlargement, expansion, extension

base, la base

boleto, el ticket; coupon

campaña, la campaign

capacidad, la ability, capacity

casa, la firm, business house; house, home

cifra, la number, numeral; quantity, amount

conversación, la conversation

cuadra, la block (in a city or town)

dato, el fact, datum, piece of information

dirigente, el (la) executive; leader

distribución, la distribution

distruibuidor(a), el (la) distributor; dealer, agent

ejecutivo(a), el (la) executive; board member

encanto, el charm

escala, la stopover; scale

éxito, el success

expansión, la expansion

ganancia, la profit, earning, gain

habitación, la room

horario, el schedule

ida, la going, departure

informe, el report

lanzador(a), el (la) promoter; thrower

lanzamiento, el launching, promotion; throw, throwing

mención, la mention

mercadeo, el marketing

muestra, la sample, specimen; indication, sign

negociación, la negotiation

objetivo, el objective, goal

pasaje, el ticket, fare; passage, passing

pasajero(a), el (la) passenger, traveler

preferencia, la preference

producción, la production

productor(a), el (la) producer; manufacturer

proyecto, el project, plan

publicidad, la publicity

recogimiento, el gathering; collecting; retrenchment

regreso, el return

representante, el (la) representative

reservación, la reservation

resultado, el result

salida, la departure; exit

salón, el room; lounge; hall, assembly room

superación, la surpassing, exceeding, overcoming, improvement
tamaño, el size
temporada, la season, time, period
vicepresidente, el (la) vice president
vuelo, el flight
vuelta, la return; turn

VERBOS

ampliar to enlarge, to expand, to extend
cargar to charge, to encumber; to load
conversar to converse
distribuir to distribute
encantar to charm
incluir to include
iniciar to initiate
lanzar to launch, to promote; to throw, to hurl
mencionar to mention
negociar to negotiate
producir to produce; to manufacture
proyectar to project, to plan
recoger to pick up; to collect; to retrench
regresar to return
superar to surpass, to exceed, to overcome (expectations)

ADJETIVOS Y ADVERBIOS

ameno(a) pleasant, agreeable, nice
amplio(a) spacious, extensive, ample
capaz able, capable
correspondiente corresponding; respective
distribuidor(a) distributing
encantado(a) charmed
encantador(a) charming
exclusivo(a) exclusive
exitoso(a) successful
informativo(a) informative
neto(a) net
precisamente precisely

publicitario(a) relative to publicity
reservado(a) reserved

OTRAS EXPRESIONES

agencia de viajes, la travel agency
al contado in cash
asiento de primera clase, el first class seat
campaña publicitaria, la publicity campaign
casa matriz, la head office, parent company
compañía aérea, la airline
compañía de autos de alquiler, la car rental company
de ida y vuelta round-trip
de primera clase first-class
de tamaño mediano medium-size
encantado(a) de conocerlo/a pleased to (meet you)
encargarse de to take charge of
hacer una reservación to make a reservation, to reserve
ir en avión to go (travel) by airplane
lanzar al mercado to place on the market
llevar a cabo to accomplish, to finish
pago al contado, el (cash) payment
pasaje de ida y vuelta round-trip ticket
plan de expansión, el expansion plan
representante de ventas, el (la) sales representative
ropa de mujer, la women's clothing
ropa de hombre, la men's clothing
salón de reuniones, el meeting room; assembly hall
sentar (ie) las bases to lay the foundation
tarjeta de crédito, la credit card
tener éxito to be successful
viaje de negocios, el business trip
vuelo sin escalas, el non-stop flight

Ejercicios de adquisición de vocabulario

Los ejercicios siguientes están destinados a ayudarle a adquirir y recordar el vocabulario de este capítulo. Concéntrese en el significado de las palabras.

A. Complete las siguientes frases usando la forma apropiada de las palabras que aparecen a continuación.

el mercadeo	la reservación	neto
ampliar	la muestra	de ida y vuelta
exitoso	de tamaño mediano	el representante
la negociación	el horario	superar
cargar	recoger	la cuadra

1. Hágame .... de primera clase para el próximo lunes.
2. ¿Prefiere Ud. un coche pequeño y económico o uno .... ?
3. No es necesario que traigan el boleto a esta oficina; yo lo puedo .... esta tarde.
4. El edificio de la Compañía Foster está a cinco .... de su hotel.
5. Si no hay inconveniente, hágame el favor de traer .... de su producto a la reunión.
6. ¿Quiere que pase por su oficina uno de nuestros .... para conversar con Ud?
7. Estoy muy contento de que este año las ventas hayan .... nuestro objetivo.
8. ¿Me puede decir, por favor, cuál es .... de los vuelos a Miami?
9. Todo indica que este nuevo producto tendrá una recepción muy ....
10. ¿Van Uds. a .... o disminuir su línea de producción este año?

B. Conteste a la siguiente carta.

VIAJES MARSANS
One Beacon Street
Chicago, Illinois

Sr. Manuel Riesco
112 High Avenue
Chicago, Illinois

Estimado Sr. Riesco:

Adjuntamos tres itinerarios posibles para su viaje Chicago–Boston–N.Y.–Texas–Chicago. El itinerario 1 es en clase de lujo, el número 2 es clase "ejecutivo" y el 3 es turista.

Por favor estúdielos y contéstenos, dándonos fecha y preferencia de itinerario.

Un saludo muy cordial.

Marcea Serrano
Agente de viajes

C. Complete las frases siguientes con la forma del sustantivo que corresponde a los verbos en cursiva.

   MODELO: *clasificar—la clasificación*

   Queremos *conversar* con el Jefe de Ventas antes de *lanzar* al mercado este nuevo producto. Es una . . . . necesaria para que ese . . . . tenga éxito. *Proyectamos producir* una buena ganancia para la compañía. Según nuestros . . . . , habrá un gran aumento de la . . . . Necesitamos *negociar* con una empresa que *distribuya* el producto por todo el país. Esta . . . . para la . . . . del producto puede tomar varias semanas. *Hemos reservado* todo el lunes para hablar con el representante de la Compañía Universo porque nos *encantaría* que fuese nuestra compañía distribuidora. Todas las . . . . están hechas y, si todo resulta bien, será un . . . . El representante nos ha dicho que si llegamos a un acuerdo, él *prefiere regresar* a su ciudad ese mismo lunes; si no hay acuerdo inmediato, no tiene . . . . definidas para el . . . .

D. Dé la palabra que corresponde a cada definición.

   1. Lugar con las instalaciones y los servicios necesarios para el tráfico regular de aviones y pasajeros
   2. Indicación de las horas en que deben hacerse varios actos
   3. Extender o aumentar una cosa, como un negocio o un edificio
   4. Que sale líquido después de deducir los gastos
   5. Medios que se usan para extender el conocimiento de las cosas o los hechos
   6. Persona que viaja en algún medio de transporte
   7. Porción de un producto que sirve para conocer sus características o calidad en general
   8. Negocio que consiste en arreglar viajes para los clientes

E. Escriba una frase original con cada una de las siguientes palabras o expresiones.

el tamaño	superar	la ganancia
la casa matriz	el mercadeo	al contado
exclusivo	la temporada	
la cifra	sentar las bases	

F. Dé los equivalentes en español de las frases siguientes.

   1. For your departure, there is one flight at 7:15 a.m. and another at 2:45 p.m. Which do you prefer?
   2. The members of the Board of Directors are informed of our negotiations, and they will be very pleased to meet with you tomorrow morning.
   3. Will your payment be in cash or by credit card?
   4. Do you intend to launch your new line of products in the market this season or next?
   5. Do you wish to make reservations for a hotel room or for a car?

6. The vice president told me yesterday that he was interested in closing a deal with us as soon as possible.
7. Will we be your exclusive distributor in this part of the country or will you have another?
8. I am very happy to meet you personally after so many telephone conversations.
9. I wish to make a reservation for a first class seat on a non-stop flight to New York.

Actividades

Los ejercicios siguientes están destinados a ayudarle a practicar el vocabulario, las estructuras y los contenidos aprendidos en este capítulo. Concéntrese en la comunicación de sus ideas.

Primera parte—Ejercicios orales

A. ACLARACIONES. Aclare brevemente en español el sentido de las palabras en cursiva.

1. Es un pasaje *de ida y vuelta*, es decir ....
2. Me ha dicho que es un *viaje de negocios* muy importante, es decir ....
3. Ella dice que se trata de una posible *ganancia* muy grande, es decir ....
4. Quiere *llevar a cabo* tres proyectos mientras esté en Atlanta, es decir ....
5. Tienes buenas posibilidades porque las cifras de este año *superan* las del año pasado, es decir ....
6. El ingreso *neto* de la compañía para este año es tres millones de dólares, es decir ....
7. Todo promete buen éxito para la próxima *temporada*, es decir ....
8. El sub-director *está al tanto* de todo y está conforme, es decir ....

B. CONOCIMIENTOS COMERCIALES. Explique brevemente.

1. Preguntas que hace un agente de viajes a un cliente que quiere reservaciones para un vuelo de ida y vuelta
2. Reservaciones que le puede hacer un agente de viajes a su cliente para cuando éste haya llegado a su destino
3. Dos maneras distintas que una persona puede pagar un pasaje aéreo
4. Preguntas que tendrá un representante de una compañía distribuidora antes de cerrar un trato con un cliente nuevo
5. Personas y grupos de su misma compañía que consultará un ejecutivo antes de firmar un contrato para distribuir un nuevo producto

C. SITUACIONES.   Diga en español.

1. Basándose en la foto del primer diálogo de este capítulo, desarrolle una conversación con un agente de viajes. Imagine que el diagrama de la foto indica que usted tendrá que salir en un viaje de negocios cuanto antes.
    a. Tell the agent that you wish to reserve a first class seat on a non-stop flight to Philadelphia for next Monday morning.
    b. Go on to say that you want to return on Thursday afternoon of the same week.
    c. Instruct the agent to also reserve a mid-size sedan for you that you can pick up at the airport and a room for one person at a hotel near the Thomason Building.
    d. Say that you prefer to pay for the airplane ticket by credit card, and that you want the agency to deliver the ticket to your office.
2. Ud. conversa con una ejecutiva de una firma distribuidora para ver si puede cerrar un trato con ellos para la exclusiva distribución de su producto.
    a. Greet the executive and say that you are very happy to finally meet her personally.
    b. State that many business people have recommended the services of her distributing company and that you would be very pleased if they decide to distribute your product in that part of the country.
    c. Say that you hope they received all of the documents and samples that you sent to them and that you wish to know their opinion of them.
    d. Inform the executive that your company's earnings for this year surpass those of the past year up to this date by eight percent.
    e. Tell her that you are quite excited about a new line of products that your firm intends to place on the market later this year.
    f. Assure the representative that your firm expects to employ exclusively her company's distribution services in that part of the country.

D. NARRACIONES.   Cuente lo que pasó en las siguientes escenas.

1. Basándose en la foto del segundo diálogo de este capítulo, cuente lo que necesita hacer la señora que está hablando para poder distribuir un producto en una nueva región del país. Trate de incluir las siguientes palabras y expresiones en su narración.
    a. recibir los documentos
    b. las muestras de productos
    c. estar interesado
    d. cerrar el trato
    e. reunirse con
    f. el vicepresidente
    g. la Junta Directiva
    h. las negociaciones
2. *Rechazando (cortésmente) una invitación.* Basándose en el dibujo, desarrolle una conversación usando las expresiones siguientes.
    a. Lo siento, pero no lo/la puedo aceptar.
    b. Creo que no puedo (ir).

    c.   Gracias por su invitación, pero no puedo…

    d.   Le agradezco su invitación, pero desgraciadamente no puedo…

Luego cuente cómo usted rechazó una invitación para viajar con una amiga.

E. INTERPRETACIONES.   Estudien las situaciones siguientes. Asignen los papeles de cada personaje. Transformen las situaciones en diálogo e interprétenlas frente a la clase o con uno compañeros. Habrá siempre un traductor español-inglés-español.

1.   Una persona que desea hacer un viaje de ida y vuelta a Chicago llega a una agencia de viajes para hacer las reservaciones correspondientes.

2.   La misma persona de la situación 1 necesita además un coche y una habitación en un hotel cuando llegue a Chicago. El agente le hace preguntas para saber exactamente lo que quiere el viajero.

3.   La dueña de una fábrica importante en la Argentina ha viajado a los Estados Unidos para cerrar un trato para la distribución de su producto. Se habla de la situación financiera de la compañía y de los planes para la expansión de su línea de productos.

F. CONVERSACIONES.   Varios estudiantes desarrollarán diálogos basados en las siguientes situaciones.

1.   El dueño de una compañía necesita hacer un viaje de negocios, y le da instrucciones a su secretaria para que ésta haga las reservaciones correspondientes con una agencia de viajes.

2. La persona de la situación 1 llega a su destino, y habla con el personal de la compañía de alquiler de autos para obtener el coche que ha reservado.

3. Un hombre de negocios entra en la sala de recepción de un dirigente de una firma distribuidora, conversa cordialmente con la recepcionista y habla con ella de la cita que tiene con su jefe.

4. La persona de la situación 3 conversa con el ejecutivo acerca de la distribución de su producto en esa región del país.

5. Un viajero tiene que posponer su viaje de vuelta, y llama por teléfono a un empleado de la aerolínea para cambiar sus reservaciones.

G.   ENTREVISTA.   El director de programación de una emisora de televisión ha invitado a la dueña de una fábrica a participar en un programa de noticias locales para que hable brevemente de su plan de expansión de su negocio y de sus proyectos para una mayor distribución de su producto. La dueña menciona en especial un viaje que pronto va a hacer al respecto.

H.   PRESENTACIÓN PÚBLICA.   Explique en 150 palabras.

Una asociación de comerciantes invita al dueño de una agencia de viajes a hablarles sobre los servicios que dicha agencia puede ofrecer a una persona que tiene que hacer un viaje de negocios. El invitado menciona los diferentes modos de comprar un pasaje, los servicios de varias aerolíneas para acomodar a los que hacen viajes de negocios y las reservaciones que la agencia le puede hacer al viajero cuando éste haya llegado a su destino.

Segunda parte—Ejercicios escritos.

A.   OTROS PUNTOS DE VISTA.

1. Escriba un memorándum a un cliente de su agencia de viajes en el cual confirma sus reservaciones para un vuelo de ida y vuelta, un coche y un hotel.

2. Prepare para su secretaria el borrador de una carta que resuma los acuerdos negociados durante una reunión reciente entre Ud. (un distribuidor) y un fabricante.

B.   EXPERIENCIAS Y OPINIONES.   Escriba en español una composición contando sus experiencias (pueden ser ficticias) o expresando su opinión sobre los temas indicados

1. Los problemas que frecuentemente tengo cuando hago un viaje por avión

2. Por qué me gustaría (o no me gustaría) tener un empleo en el cual sería necesario hacer muchos viajes de negocios

3. Las ventajas que tiene la persona que trabaja en una agencia de viajes

4. Por qué uso (o no uso) los servicios de una agencia de viajes para todas mis reservaciones

CAPÍTULO 8

Asesoría legal

Contrato de arrendamiento

Vocabulario esencial

la advertencia   *warning*
Quiero hacerle una advertencia.

el arrendatario   *tenant*
Tengo buenos arrendatarios en mi edificio.

el contrato (de arrendamiento)   *(rent) contract, lease*
Deberemos firmar un contrato de arrendamiento.

los daños y perjuicios   *damages*
En caso de daños y perjuicios, usted perderá el dinero de su depósito.

devolver   *to return, to give back*
Si la casa está en buen estado, le devolveré el dinero del depósito.

mudarse (de casa)   *to move*
Tenemos que mudarnos de casa el próximo mes.

la propiedad   *property, real estate*
¿Dónde queda su propiedad?

redactar   *to write, to draw up, to compose*
El abogado redactará el contrato de arrendamiento.

renovable   *renewable*
El contrato será renovable.

el término   *term (word); termination*
Estoy de acuerdo con los términos del contrato.

Diálogo 1: Contrato de arrendamiento

Cliente: Acabo de comprar una casa para alquilarla y necesito que usted me redacte los términos de un contrato de arrendamiento.

Abogado: Muy bien. Tiene que darme algunos datos. ¿Dónde está la propiedad?

Cliente: En la calle Marina 239.

5 *Abogado:*   ¿Qué duración tendrá el contrato? ¿Seis meses, un año?

Cliente: Realmente no lo sé. Me gustaría que durara un año. ¿Cree que es un plazo adecuado?

Abogado: Me parece bien. Será un contrato renovable, ¿verdad?

Cliente: Sí, por el mismo plazo máximo de un año. ¿Qué debo incluir para
10   protegerme contra daños y perjuicios a la propiedad?

Abogado: Colocar una cláusula acerca de un depósito que se devolverá al arrendatario al término del contrato, si la propiedad está en buen estado.

Cliente: ¿Hay algo más que deba incluir?

Este hombre de negocios colombiano acaba de firmar un contrato de compra de maquinaria agrícola. ¿Cómo se asegura la empresa del pago de la mercancía? ¿Cómo se asegura el comprador de una asistencia técnica adecuada?

15 *Abogado:*	Sí, el arrendatario puede querer mudarse de casa antes del término del contrato. Debemos incluir una cláusula acerca del plazo que tiene para avisarle a usted que se va a mudar.
Cliente:	¿Dos semanas? ¿Un mes?
Abogado:	Un mes es la norma. Bien. Estos son los datos esenciales que necesito para redactar el contrato.
Cliente:	¿Cuándo podría pasar a recogerlo?
Abogado:	Dentro de tres días. Una última advertencia. Antes de firmar el contrato, es muy importante que usted se informe sobre el crédito y las referencias del futuro arrendatario.
25 *Cliente:*	Sí, pensaba hacerlo. Muchísimas gracias y hasta luego.

☸☸☸

A RENTAL CONTRACT

Client:	I have just bought a house to rent and I need you to draw up the terms of a rental contract for me.
Lawyer:	All right. You need to give me some information. Where is the property?
Client:	On 239 Marina Street.

5 *Lawyer:*	What duration will the contract have? Six months? A year?
Client:	I really don't know. I would like it to last a year. Do you think that is an adequate time period?
Lawyer:	It seems fine to me. It will be a renewable contract, won't it?
Client:	Yes, for the same maximum time period of one year. What should I include in order
10	to protect myself against damages to the property?
Lawyer:	Put in a clause about a deposit that will be returned to the tenant at the end of the contract if the property is in good condition.
Client:	Is there anything else that should be included?
Lawyer:	Yes, the tenant might want to move before the end of the contract. We should
15	include a clause about the time period that he has in order to notify you that he wants to move.
Client:	Two weeks? A month?
Lawyer:	A month is standard. All right. This is all the information that I need in order to draw up the contract.
20 *Client:*	When could I come by to pick it up?
Lawyer:	Within three days. One last warning. Before signing the contract, it is very important that you inform yourself about the credit and references of the future tenant.
Client:	Yes, I intend to do that. Many thanks and good-bye now.

Preguntas

1. ¿Qué tipo de contrato necesita el cliente?
2. ¿Dónde está la propiedad?
3. ¿Por cuánto tiempo será el contrato?
4. ¿Cómo se protegerá el cliente contra los daños y perjuicios a la propiedad?
5. ¿Qué plazo tendrá el arrendatario para informar de que se mudará?
6. ¿Qué le recomienda el abogado que haga antes de firmar el contrato?

Entablando un juicio

Vocabulario esencial

la columna (vertebral) *spine*
Tengo un gran dolor en la columna vertebral.

el comprobante *voucher, slip*
¿Tiene usted un comprobante de compra?

el (la) conductor(a) *driver*
El conductor del otro coche era un joven de veinte años.

el cuidado *care*
Necesito cuidados médicos especiales.

chocar   *to collide, to crash*
Dos coches chocaron en esa calle.

entablar un juicio   *to file a lawsuit*
Quiero entablar un juicio contra el otro conductor.

frenar   *to brake*
El otro coche venía muy rápido y no pudo frenar.

el gasto   *expense*
He tenido muchos gastos médicos y legales.

los honorarios   *fees*
Mis honorarios serán el 30 por ciento del dinero que usted reciba.

el informe policial   *police report*
El informe policial dice que el otro coche es responsable del accidente.

el recibo   *receipt, stub*
Tengo todos los recibos de los médicos y del hospital.

el salario   *salary*
Mañana le traeré el comprobante de mi salario mensual.

la tarifa   *rate, tariff, fare*
Ese abogado aplica una tarifa por hora.

Diálogo 2: Entablando un juicio

Cliente:	Alguien chocó con mi coche hace dos meses y quiero que usted me informe de si es posible entablar un juicio.
Abogada:	¿Podría describir el accidente?
Cliente:	Un hombre que conducía con exceso de velocidad por una calle de la ciudad no pudo frenar y me chocó por detrás.
Abogada:	¿Ha tenido problemas médicos como resultado del accidente?
Cliente:	Sí, he tenido problemas con la columna y con el cuello.
Abogada:	¿Siguió trabajando o tuvo que dejar de trabajar por algún tiempo?
Cliente:	Perdí varios días de trabajo e incluso hasta ahora sigo bajo cuidado médico.
Abogada:	¿Había tenido problemas semejantes antes del accidente?
Cliente:	No, siempre he sido una persona muy sana.
Abogada:	Bien. Estudiaré el caso. Yo conseguiré una copia del informe policial del accidente. Usted deberá darme el nombre y la dirección del doctor que lo ha atendido y los recibos de los gastos médicos. Tráigame también un comprobante de su salario mensual.
Cliente:	Mañana pasaré a dejarle toda esa información. ¿Necesita también los datos de mi seguro y los del seguro del otro conductor?
Abogada:	Sí. El nombre de cada compañía y los pagos que se han hecho.
Cliente:	¿Cuáles serán los honorarios?

¿Por qué inspecciona la policía de fronteras el interior de los coches?

Abogada:	Usted puede decidir entre honorarios definidos, basados en una tarifa por hora, o bien honorarios condicionales, el 30 por ciento del dinero que usted reciba.
Cliente:	Prefiero que sean honorarios condicionales.

⚘ ⚘ ⚘

FILING A LAWSUIT

Client:	Someone crashed into my car two months ago and I want you to tell me if it is possible to file a suit.
Lawyer:	Could you describe the accident?
Client:	A man who was speeding along a city street couldn't stop and crashed into me from behind.
Lawyer:	Have you had any medical problems as a result of the accident?
Client:	Yes, I have had problems with my spine and my neck.
Lawyer:	Did you keep on working or did you have to stop working for some time?
Client:	I missed several days of work and even now I am still under medical care.
Lawyer:	Had you had any similar problems before the accident?
Client:	No, I have always been a very healthy person.

Lawyer:	All right. I will study your case. I will get a copy of the police report of the accident. You should give me the name and address of the doctor who treated you and the receipts of your medical expenses. Also bring me verification of your monthly salary.
Client:	Tomorrow I will come by to leave all that information with you. Do you also need the information about my insurance and the insurance of the other driver?
Lawyer:	Yes. The name of each company and the payments made.
Client:	What will your fee be?
Lawyer:	You can decide between a fixed fee, based on an hourly rate, or a conditional fee, 30 percent of the money that you receive.
Client:	I prefer that it be the conditional fee.

Preguntas

1. ¿Por qué quiere entablar un juicio el cliente?
2. ¿Qué problemas ha tenido después del accidente?
3. ¿Cuánto tiempo dejó de trabajar?
4. ¿Qué información conseguirá el abogado?
5. ¿Cuáles serán los honorarios del abogado?

Narración: Asesoría legal

El señor Emilio Palma acaba de comprar una casa. Debe hacerle unos pequeños arreglos para luego poder alquilarla. Como quiere hacer las cosas en regla, va a ver al abogado Farías para que él le escriba los términos de un contrato de arrendamiento.

El abogado Farías comienza a pedirle los datos esenciales que deberá incluir en el contrato. La propiedad del señor Palma está situada en la calle Marina 239. El contrato tendrá una duración máxima de un año y podrá renovarse por el mismo plazo. Como el señor Palma quiere protegerse de daños y perjuicios que puedan hacer a su propiedad, se incluirá en el contrato una cláusula acerca de un depósito de arriendo; al término del contrato, si la casa está en buen estado, se le devolverá el dinero al arrendatario. En caso de que el arrendatario quiera mudarse de casa antes del término del contrato, deberá informarle al señor Palma con un mes de anticipación, por lo menos.

Con esos datos esenciales, el abogado Farías va a redactar el contrato y el señor Palma lo pasará a recoger al cabo de tres días. Antes de que su cliente se vaya, el abogado le recuerda que es muy importante que, antes de firmar el contrato, se informe sobre el crédito y las referencias del futuro arrendatario. El señor Palma le agradece el consejo, le indica que él pensaba hacerlo de todos modos, y se despide.

❀❀❀

La abogada Marisol Andrade atiende al señor Benito López, quien ha tenido recientemente un accidente automovilístico y quiere saber qué posibilidades tiene de entablar un juicio contra el otro conductor, responsable del accidente.

La abogada le pide al señor López que describa el accidente. El señor López conducía por la calle Trinidad, entre las calles Arroyo y Washington. Iba a un poco menos de veinticinco millas por hora, que es la velocidad máxima en esa zona. De pronto fue chocado por detrás por un coche que venía a exceso de velocidad y que
25 no pudo frenar a tiempo. Según el informe policial, el responsable del accidente fue el conductor del otro coche, quien conducía a más de cuarenta millas por hora en una zona urbana.

El señor López le explica a la abogada Andrade que, desde el momento del accidente, ha tenido que visitar al médico porque sufre de dolores en la columna
30 vertebral y en el cuello. Incluso tuvo que perder varios días de trabajo inmediatamente después del accidente y aún ahora, dos meses después del accidente, el doctor no cree que esté completamente recuperado. Antes del accidente, el señor López no había tenido nunca esos problemas médicos; en realidad, era una persona muy sana.

La abogada Andrade le dice que estudiará el caso. Ella obtendrá una copia del
35 informe policial del accidente y el cliente tiene que traerle el nombre y la dirección del doctor que lo ha atendido, los recibos de todos los gastos médicos en que ha incurrido hasta ese momento y un comprobante de su salario mensual. Ante una pregunta del señor López con respecto a seguros, la abogada le dice que, en efecto, necesita también los datos del seguro de su cliente y los del seguro del otro conductor:
40 el nombre de las compañías de seguro en cuestión y los pagos que se han hecho.

El señor López quiere saber a cuánto ascenderán los honorarios de la abogada. Ésta le informa que puede escoger entre honorarios fijos, basados en una tarifa por hora, o bien honorarios condicionales, que equivaldrían al 30 por ciento del dinero que el cliente reciba. Si el cliente no recibe dinero, tampoco lo recibirá la abogada,
45 por supuesto. El cliente prefiere pagar honorarios condicionales.

Preguntas

1. ¿Por qué visita el señor Palma a su abogado?
2. ¿Qué datos se incluirán en el contrato?
3. ¿Qué especificará la cláusula sobre el depósito?
4. ¿Qué deberá saber sobre su arrendatario el señor Palma antes de firmar el contrato?
5. ¿Contra quién quiere entablar un juicio el señor López?
6. ¿Cómo ocurrió el accidente al Sr. Lopez?
7. ¿Por qué ha tenido que visitar al médico en repetidas ocasiones?
8. ¿Qué hará la abogada Andrade para estudiar el caso?
9. ¿Qué cláusulas incluiría usted en un contrato de arrendamiento?
10. ¿Por qué razones se entablan juicios en casos de accidentes?
11. ¿Ha visitado usted a un abogado? ¿Por qué razón?

Notas gramaticales

Para un repaso de los puntos gramaticales más importantes de este capítulo, consúltese *Gramática para la comunicación* de esta misma serie. Algunas estructuras empleadas en los diálogos de este capítulo son:

—tiempos progresivos
—pretérito: verbos irregulares
—imperfecto versus pretérito
—infinitivo: formas y usos

Lista de vocabulario

SUSTANTIVOS

advertencia, la *piece of advice; warning; reminder*

agradecimiento, el *thanks, gratitude, appreciation*

alquilador(a), el (la) *renter; tenant; lessee*

anticipación, la *anticipation; advance (financially)*

arrendador(a), el (la) *landlord, landlady; lessor; tenant*

arrendamiento, el *rental, rent; leasing, lease*

arrendatario(a), el (la) *tenant; lessee, leaseholder*

arriendo, el *rental, rent; leasing, lease*

caso, el *case*

columna, la *spine; column, pillar*

comprobante, el *voucher, slip*

conductor(a), el (la) *driver, motorist*

consejero(a), el (la) *adviser*

consejo, el *piece of advice*

copia, la *copy*

cuello, el *neck*

cuidado, el *care, carefulness; worry, concern*

choque, el *crash, collision*

daño, el *damage, harm; injury*

declaración, la *declaration*

despedida, la *leave-taking, farewell; dismissal (job)*

devolución, la *return; repayment*

dolor, el *pain*

duración, la *duration*

exceso, el *excess*

gasto, el *expense*

honorarios, los *honorarium, professional fee*

juicio, el *trial; verdict; judgment; sanity*

norma, la *norm, standard, rule; pattern*

perjuicio, el *damage, harm; financial loss*

propiedad, la *property, real estate*

recibo, el *receipt, stub*

recuperación, la *recuperation, recovery*

renovación, la *renewal, renovation*

salario, el *salary*

semejanza, la *similarity*

sitio, el *site, place*

sufrimiento, el *suffering*

tarifa, la *rate, tariff, fare; price list*

término, el *term (word); termination, end*

vértebra, la *vertebra*

VERBOS

aconsejar *to advise*

advertir (ie-i) *to advise, to point out; to warn; to notice*

agradecer *to thank*

alquilar *to rent; to lease*

anticipar *to anticipate; to advance, to lend, to loan*

arrendar (ie) *to rent; to lease*

ascender (ie) *to ascend, to rise; to promote; to amount (price)*

copiar *to copy*

cuidar *to take care of*

chocar *to crash, to collide*

declarar *to declare*

despedirse (i-i) (de) *to take leave (of), to bid farewell (to)*

devolver (ue)   to return, to give back

durar   to last (in time); to survive; to wear (well)

entablar   to file, to bring (lawsuit); to start up

exceder   to exceed

frenar   to brake, to slow down

incurrir   to incur; to bring on oneself

perjudicar   to damage, to harm

recuperar(se)   to recuperate, to recover

redactar   to write, to draw up, to compose

renovar (ue)   to renew

situar   to situate, to locate

sufrir   to suffer

ADJETIVOS Y ADVERBIOS

adecuado(a)   adequate

ascendente   ascending, upward

automovilístico(a)   relative to an automobile

condicional   conditional

cuidadoso(a)   careful

doloroso(a)   painful, distressing

médico(a)   medical

perjudicial   harmful, injurious, damaging, detrimental

policial   pertaining to police

recientemente   recently

recuperado(a)   recuperated, recovered

renovable   renewable

responsable (de)   responsible (for)

sano(a)   healthy; fit; wholesome; intact

semejante   similar

situado(a)   situated, located

urbano(a)   urban

vertebral   vertebral

OTRAS EXPRESIONES

conducir con exceso de velocidad   to drive over the speed limit

cuidado médico, el   medical care

dejar de (trabajar)   to stop (working)

de todas maneras   anyway, in any case

de todos modos   anyway, in any case

en regla   in order

entablar un juicio   to file a lawsuit

estar en buen estado   to be in good condition

honorarios condicionales, los   conditional fees

honorarios definidos, los   definite (set) fees

honorarios fijos, los   fixed fee

informe policial, el   police report

mes de anticipación, un   (a) month in advance

por delante   from in front

por detrás   from behind

tarifa por hora, la   hourly charge

Ejercicios de adquisición de vocabulario

Los ejercicios siguientes están destinados a ayudarle a adquirir y recordar el vocabulario de este capítulo. Concéntrese en el significado de las palabras.

A. Complete las siguientes frases usando la forma apropiada de las palabras que aparecen a continuación.

automovilístico	el término	urbano
entablar un juicio	durar	la anticipación
renovar	semejante	la recuperación
la copia	estar en buen estado	frenar
la columna	ascender	el arrendatario

1. Si la gente quiere quedarse en la casa otro año, deben poder .... el contrato.
2. Desde el accidente, he tenido dolores constantes en .... vertebral.
3. Lo que necesito es .... de todos los informes y recibos con respecto al caso.
4. Le recomiendo que estudie con mucho cuidado el crédito y las referencias del futuro ....
5. He venido a consultarlo para ver si puedo .... contra el conductor del coche que chocó conmigo.
6. Pondremos en el contrato que le deben informar por lo menos con dos semanas de .... si quieren mudarse de casa.
7. Mis gastos no .... a más de un treinta por ciento del dinero que Ud. reciba.
8. Por causa del accidente .... , he perdido mi trabajo y he sufrido muchos dolores.
9. Todo ocurrió porque el otro venía muy rápido y no pudo .... a tiempo.
10. Nunca he tenido problemas .... a estos.

B. Conteste a la siguiente nota:

PUEYO—TRANSPORTES CONTINENTALES
OFICINA CENTRAL

Nota Interdepartamental

De: *Jorge Alonso, Director* A: *Departamento de Contabilidad* Fecha: *30/6/86*
Tema: *Reunión mensual del departamento*

Muchos de Uds. han mostrado interés en tener reuniones periódicas entre los miembros de este departamento. Algunas de las razones expuestas han sido: (a) para intercambiar información; (b) para conocerse mejor entre Uds.; (c) para solicitar opiniones sobre nuevos proyectos. ¿Qué opinan todos Uds.? ¿Alguna otra sugerencia?

C. Complete las frases siguientes con la forma del verbo que corresponde a los sustantivos en cursiva.

MODELO: *la distribución—distribuir*

Un señor estuvo en un *choque* de automóviles y quiere entablar un juicio por daños y *perjuicios.* Después que un conductor imprudente . . . . con su coche, su salud, por ejemplo, se . . . . mucho. Necesita *cuidados* especiales y el *sufrimiento* ha sido terrible. Una enfermera lo . . . . constantemente porque . . . . mucho. El médico le ha hecho muchas *advertencias* para que tenga una pronta *recuperación.* Le . . . . que si no se cuida no se . . . . pronto. Por suerte, en su último *informe*, su compañía de seguros le dice que hará *devolución* de todos los pagos que él ha hecho. La compañía le . . . . que le . . . . el dinero antes del fin de semana. Este dinero solucionará otros problemas que ha tenido, por ejemplo, con su contrato de *arrendamiento.* Cancelará los pagos atrasados y si quisiera, podría . . . . otro apartamento.

D. Dé la palabra que corresponde a cada definición.

1. Mostrar o expresar gratitud por algo
2. Parte de algo que va más allá de la medida o de lo ordinario
3. Dinero que se paga a una persona por algún servicio profesional
4. Restaurar una cosa a su estado original
5. Relativo a la ciudad o metrópoli
6. Catálogo de los precios que se deben pagar por alguna cosa o algún trabajo
7. Reproducción de un escrito u otra cosa original
8. Persona que guía o dirige un vehículo

E. Escriba una frase original con cada una de las siguientes palabras o expresiones.

la tarifa	el informe policial	situado
los honorarios condicionales	el juicio	sano
por detrás	incurrir	
en regla	devolver	

F. Dé los equivalentes en español de las frases siguientes.

1. Tell me what medical problems you have had since the automobile accident.
2. You can pay set fees based on an hourly charge or conditional fees based on thirty percent of the money you receive.
3. I will obtain a copy of the police report; you need to give me the name and address of your doctor and a copy of the receipts for your medical expenses.
4. I will help you prepare a rental contract, but before signing it you should find out about your renter's credit and references.
5. If the tenants leave your property in good condition, you can return their deposit; if not, you can keep it.
6. I recommend a rental contract with a one-year duration. Do you agree?

7. Did you ever have any problems with your back or your spinal column before the accident?
8. I will also need some information about both insurance companies, yours and the other driver's.
9. Do you wish to add a clause regarding a rental deposit in order to protect yourself against property damage?
10. I will study the case in the next few days and advise you whether or not we should file a lawsuit against the driver.

Actividades

Los ejercicios siguientes están destinados a ayudarle a practicar el vocabulario, las estructuras y los contenidos aprendidos en este capítulo. Concéntrese en la comunicación de sus ideas.

Primera parte—Ejercicios orales

A. ACLARACIONES.   Aclare brevemente en español el sentido de las palabras en cursiva.

1. Parece que casi hay un *exceso* de interés, es decir . . . .
2. Si Ud. quiere *entablar un juicio*, debemos comenzar pronto, es decir . . . .
3. ¿Prefiere pagarme *honorarios fijos* u honorarios condicionales?, es decir . . . .
4. Algunos clientes deciden pagar una *tarifa por hora*, es decir . . . .
5. Normalmente, en un caso como éste, *se incurren* muchos gastos, es decir . . . .
6. Trataré de entregarle el informe con un *mes de anticipación*, es decir . . . .
7. Mi oficina está *situada* en la calle Buena Vista, es decir . . . .
8. Siempre les hago a mis clientes esta *advertencia*: "puede ser caro," es decir . . . .

B. CONOCIMIENTOS COMERCIALES.   Explique brevemente.

1. Preguntas que le hará un abogado al dueño de una casa antes de redactar un contrato de arrendamiento
2. Plazos más típicos para los contratos de alquiler
3. Cláusulas de protección para el dueño que se insertan en la mayoría de los contratos de arrendamiento
4. Preguntas que hará un abogado a un accidentado antes de decidir si se puede entablar un juicio o no
5. Información que tiene que darle a su abogado una persona que quiere entablar un juicio contra otra persona

C. SITUACIONES.   Diga en español.

1. Basándose en la foto del primer diálogo de este capítulo, desarrolle una conversación con un cliente. Imagine que usted es una abogada a quien un cliente le pide que prepare un contrato de arriendo.

    a. Ask your client where his rental property is and what period of time he wishes the contract to cover.

    b. Suggest to your client that many owners rent their property for a period of one year with a renewal clause for the same period.

    c. State that you advise that a clause be inserted requiring a rental deposit that may be returned to the tenant at the end of the contract period if the property is in good condition.

    d. Mention that another protection for the landlord is to require a minimum period of notice, such as two weeks, before the tenant moves.

2. Ud. es un abogado que habla con una cliente que ha sufrido varias lesiones en un accidente automovilístico y que quiere saber si puede entablar un juicio contra el otro conductor.

    a. Request that your client describe the accident and the results of the police investigation as to responsibility for it.

    b. Inquire about the nature of the injuries suffered and the extent to which they have caused pain and loss of salary.

    c. Inform your client that you will study the case further, but that you will need a copy of the police report, the name and address of the physician who treated her, and a copy of the receipts for all medical expenses.

    d. State that you would also appreciate receiving the names of the insurance companies of both parties as well as information about any insurance payments already received.

    e. Mention that since the other driver was speeding there is some possibility that your client may be able to file a lawsuit against him.

    f. Respond to a question about payment by stating that fixed fees are based on an hourly charge and conditional fees are equivalent to thirty percent of the money collected in the lawsuit.

D. NARRACIONES.   Cuente lo que pasó en las siguientes escenas.

1. Basándose en la foto del segundo diálogo de este capítulo, cuente lo que el policía está diciendo sobre la manera de manejar del chófer del auto. Trate de incluir las siguientes palabras y expresiones en su narración.

    a. ver al médico
    b. el dolor
    c. la columna vertebral
    d. el cuello
    e. perder días de trabajo
    f. después del accidente
    g. el seguro
    h. recuperarse

2. *Expresiones para animar a otra persona.* Basándose en el dibujo, desarrolle una conversación usando las expresiones siguientes

a. Quiero animarte a…
b. ¡Inténtalo!
c. Estoy segura (de) que serías un .... maravilloso.
d. Sería bueno que (tú)…

Luego cuente por qué su hermano(a) debe tratar de terminar sus estudios universitarios.

E. INTERPRETACIONES. Estudien las situaciones siguientes. Asignen los papeles de cada personaje. Transformen las situaciones en diálogo e interprétenlas frente a la clase o con unos compañeros. Habrá siempre un traductor español-inglés-español.

1. Una persona quiere arrendar una casa que acaba de comprar. Es la primera vez que da en alquiler una propiedad, y habla con su abogado sobre los términos de un contrato de arriendo.

2. Las personas de la situación 1 discuten las cláusulas que pueden incluir en el contrato para proteger al dueño de daños y perjuicios.

3. Después de explicarle a su abogada las circunstancias de un reciente accidente automovilístico, una persona le hace una serie de preguntas sobre los datos que necesitará la abogada antes de decidirse a entablar un juicio contra el otro conductor.

F.   CONVERSACIONES.   Varios estudiantes desarrollarán diálogos basados en las siguientes situaciones.

1.   Una persona que no tiene experiencia en el arrendamiento de casas conversa con un amigo que es arrendador sobre lo que se debe incluir en un buen contrato de alquiler.
2.   La dueña de una casa entrevista a una persona que quiere alquilar su propiedad. Hablan del contrato, de las referencias del posible arrendatario y de otras cosas pertinentes.
3.   Un abogado y una cliente discuten los varios factores que hay que tomar en cuenta antes de entablar un juicio contra un conductor responsable de un accidente automovilístico.

G.   MESA REDONDA.   Dos dueños de propiedades de alquiler y una abogada participan en un programa organizado por un grupo de inversionistas sobre las ventajas y desventajas de comprar casas para luego alquilarlas. Hablan de los aspectos legales y financieros y también de los problemas que pueden surgir. Después de las tres presentaciones, los asistentes hacen preguntas y comentarios al respecto.

H.   PRESENTACIÓN PÚBLICA.   Explique en 150 palabras.

Ud. es una abogada que se especializa en juicios contra los que son responsables de accidentes automovilísticos. Va a dar una charla a una escuela secundaria, invitada por el instructor de una clase para futuros conductores. Ud. habla especialmente sobre lo que puede ocurrir si se causa un accidente en el cual otro conductor muere o recibe lesiones y también de la necesidad de tener una buena póliza de seguro.

Segunda parte—Ejercicios escritos

A.   OTROS PUNTOS DE VISTA.

1.   Escriba un memorándum para su abogado anotando los términos que quiere poner en un contrato de arrendamiento que éste le redactará.
2.   Prepare dos cartas breves, una que mandará a la policía pidiendo una copia del informe de un accidente de su cliente y otra que enviará a su médico pidiendo información sobre las lesiones sufridas y los honorarios pagados.

B.   EXPERIENCIAS Y OPINIONES.   Escriba en español una composición contando sus experiencias (pueden ser ficticias) o expresando su opinión sobre los temas indicados.

1.   Por qué me parece buena (o mala) idea invertir mi dinero en casas para arrendamiento
2.   Una experiencia mala con un arrendador o con un arrendatario
3.   Los problemas legales que tuve después de un accidente automovilístico

Una visión de la inversión extranjera

(En la carta que se presenta a continuación, Federico Campbell responde a otra anterior publicada en el penúltimo[1] número del periódico *Proceso*. Esa carta alababa[2] las inversiones extranjeras en México sin mencionar a las críticas que cada proyecto de inversión extranjera merece. En su carta, el Sr. Campbell explica cuáles son los
5 criterios que todo país en desarrollo debe aplicar a las inversiones extranjeras antes de ser aceptadas.

La inversión extranjera per se no es mala

La inversión extranjera per se no es mala. A nadie hace daño. Inclusive[3] en los países socialistas se acepta y se le dan facilidades. Casi todos los paquetes de Marlboro que circulan por Europa se fabrican en Rumania y Hungría. Nadie ignora que en cualquier
10 parte del mundo (hasta en China) una inyección de capital crea cierto aumento en el ingreso per cápita y en el Producto Nacional Bruto.[4] Tampoco se desconoce que sus efectos se limitan a un sector muy pequeño de la sociedad y en nada ayuda al propósito nacional de un desarrollo autónomo e independiente.

Lo que importa son los términos de la inversión, es decir, cómo, según cuáles
15 circunstancias y bajo qué condiciones.[5] No se trata de regalar el país al primero que venga en demanda: no está en oferta.[6]

Las trasnacionales operan por todo el mundo

El fenómeno mundial de las empresas trasnacionales es relativamente nuevo. Tiene un poco más de veinticinco años. Navegan por el mundo a veces con bandera ajena[7] a la de su propio país. Instalan sus oficinas centrales en alguno de los paraísos fiscales,
20 como Panamá o las Bahamas, que les sirven para eludir impuestos en sus naciones de origen. Ni siquiera a su propia patria son fieles, como es el caso de no pocas corporaciones norteamericanas, según lo ha hecho ver el economista estadounidense, Richard Barnett, en su libro *Global Reach*. Lo que les interesa a las trasnacionales es su ingreso global en todo el mundo independientemente de la miseria de la gente o del estan-
25 camiento,[8] en términos de desarrollo, en que puede caer indefenidamente un país no industrializado.

Al terminar la Segunda Guerra Mundial, el Japón, destruido por el bombazo de Hiroshima, aceptó la inversión de capital extranjero. Naturalmente fue capital norteamericano. Pero Japón nunca concedió la propiedad de nada a las empresas
30 trasnacionales. Les puso condiciones. Les fijó términos. Hizo muy estrictas sus normas:

nada de propiedad extranjera en la economía japonesa. Para su industria básica recibió capital foráneo, pero sin transferir su propiedad a la gente venida de fuera. Y luego buscó su desarrollo económico independiente.

35   Los Estados Unidos también aceptaron la inversión extranjera: Inglaterra le prestó capital para construir sus ferrocarriles cuando en el siglo pasado estaba tratando de ganar la costa oeste para desarrollarla. Pero los norteamericanos no les concedieron la propiedad de esos ferrocarriles a los ingleses. Condicionaron las inversiones. Les pusieron un límite en tiempo y en intereses. Y después de pagarles les dieron las gracias. Japón y Estados Unidos siempre mantuvieron el control de sus industrias, su
40   agricultura, su dignidad. Consiguieron capital extranjero en términos ventajosos.

Los países socialistas, en nuestros días, negocian con las empresas trasnacionales que operan en sus territorios con licencia. Compran a las trasnacionales su tecnología por una cuota[9] y pueden así mantener cierto tipo de control sobre el proceso de desarrollo; pueden decidir en qué términos una trasnacional es capaz de contribuir a
45   su desarrollo. No se entregan.

Las trasnacionales no ayudan mucho en términos de desarrollo independiente

Lo que se ha venido objetando a la inversión extranjera es que en términos de desarrollo independiente no influye gran cosa en el país. Ciertamente abre fuentes de trabajo, pero los beneficios son para un sector muy reducido de la población. En las ciudades es indudable que mueven un poco el mercado local que a su vez beneficia a
50   otras trasnacionales.

En México, Colombia, Venezuela y Brasil es donde con más claridad se ha podido ver, durante poco más de dos decenios, el efecto de las trasnacionales. Las plantas sucursales[10] de los países industrializados sólo benefician a un sector mínimo de las ciudades porque los intereses de las corporaciones trasnacionales son diferentes
55   a los del país en que operan.

El lunes 9 de abril la Chrysler "mexicana" anunció que había exportado unidades por más de 400 millones de dólares. No dijo que esos millones ingresarían en México. La Chrysler hace autos en México con obreros mexicanos, los vende afuera y recibe el dinero afuera: en Nueva York, las Bahamas o Panamá.

60   La automatizada tecnología de la Ford en Hermosillo apenas dará empleo a tres mil trabajadores y producirá 130.000 carros al año. Otras plantas sin esta tecnología tan avanzada—cierto que también trasnacionales—producen menos autos al año y dan trabajo a muchos obreros más. Así, en un país pobre en capital y relativamente rico en mano de obra,[11] avances en la tecnología que reducen el empleo trae conse-
65   cuencias desastrosas.

Según Richard Barnett, "En casi todos los países subdesarrollados se cree que la inversión extranjera es fundamentalmente buena y de que cuanto mayor sea mejor."[12] Mientras se esgrima[13] esa ideología dominante en los gobiernos, será muy difícil implementar una fuerte política económica en los países en desarrollo. Y es que
70   muchos funcionarios se han educado en el extranjero en Estados Unidos, y dan por sentado que la inversión extranjera es buena y no hay opción. Una vez que se acepta este punto de vista, queda muy poco poder político para imponer los términos bajo los cuales entra la inversión.

Añade Barnett, "Si el gobierno se siente dependiente es muy difícil que imponga
75 condiciones (inclusive en Estados Unidos no hay manera de controlar a las grandes
corporaciones), a menos que se empiece con un plan muy claro de desarrollo: saber
qué es lo que se quiere alcanzar y, así, calcular qué clase de papel pueden jugar las
empresas trasnacionales."

El propósito principal de aceptar las inversiones extranjeras en México debe ser
80 el que nos beneficiemos todos y no sólo unos cuantos.

por Federico Campbell *Proceso*, 16 de abril de 1984.

1. **penúltimo**   *next to last*
2. **alababa**   *lauded*
3. **inclusive**   *even; including*
4. **el ingreso per cápita y en el Producto Nacional Bruto**   *the per capita income and in the Gross National Product*
5. **cómo, según cuáles circunstancias y bajo qué condiciones**   *how, according to what circumstances and under what conditions*
6. **de regalar el país al primero que venga en demanda: no está en oferta**   *of giving away the country to the first one who asks for it; it is not for sale*
7. **bandera ajena**   *foreign flag*
8. **estancamiento**   *stagnation*
9. **cuota**   *fee*
10. **las plantas sucursales**   *the branch plants*
11. **mano de obra**   *labor*
12. **y de que entre cuanto mayor se mejor**   *and that the more you have, the better*
13. **esgrima**   *brandish*

PREGUNTAS

1. ¿Por qué no es mala per se la inversión extranjera?
2. ¿Qué cosas son importantes para el país que recibe la inversión extranjera?
3. ¿Hace cuánto tiempo que existen las empresas trasnacionales?
4. ¿Qué evidencia hay de que las trasnacionales no son fieles a sus naciones de origen?
5. Según la carta, ¿qué es lo más importante para las trasnacionales?
6. ¿Qué condición les puso el Japón a las trasnacionales?
7. ¿Cuándo aceptó los Estados Unidos la inversión extranjera?
8. ¿Por qué se ha objetado a la inversión extranjera?
9. ¿Qué anunció la compañía Chrysler de México y adónde va el dinero?
10. ¿Qué desventaja tiene la nueva fábrica ensambladora de Ford en Hermosillo, México?
11. ¿Qué debe establecer el país que recibe la inversión extranjera?

TEMAS PARA DEBATE O COMPOSICIÓN

1. Por qué los países subdesarrollados (no) deben aceptar la inversión extranjera.
2. Las trasnacionales entran en casi todos los países del mundo pero no son fieles a ninguno en particular.

CAPÍTULO 9

Comercio exterior

Negociaciones de exportación

Vocabulario esencial

al exterior   *abroad*
Nuestra compañía no hace muchas ventas al exterior.

la carta de crédito   *letter of credit*
Nos van a pagar con una carta de crédito irrevocable.

costo, seguro y flete (CSF)   *cost, insurance, and freight (CIF)*
Prefiero los envíos con el sistema costo, seguro y flete.

la cuenta bancaria   *bank account*
Nuestra compañía no tiene una cuenta bancaria en los Estados Unidos.

despachar   *to send*
Ayer les despachamos un télex.

la factura proforma   *pro forma invoice*
Dicen que ya mandaron la factura proforma que pedimos ayer.

el flete   *shipping, freight, transportation*
¿Qué tipo de flete prefieren?

franco a bordo (FAB)   *free on board (FOB)*
La última vez nos enviaron las máquinas franco a bordo.

franco almacén   *free on warehouse, ex warehouse*
No me gusta el sistema franco almacén; es muy complicado para nosotros.

el giro bancario a la vista   *on sight bank draft*
¿Aceptan ustedes que les paguemos con un giro bancario a la vista?

el pedido   *order (merchandise)*
Les despacharemos el pedido dentro de dos semanas.

la política   *policy; politics*
Nuestra política de ventas no nos permite aceptar giros bancarios.

Diálogo 1: Negociaciones de exportación

Sr. Prado:	(Hablando por teléfono.) ¿Aló? ¿Señor Torres? ¿Leyó el télex que le despachamos ayer?
Sr. Torres:	Sí, lo leí hace unas horas. Me alegra saber que podremos obtener nuestro pedido.
5 Sr. Prado:	Lo primero es determinar las condiciones de pago y el flete. Su firma no tiene una cuenta bancaria en los Estados Unidos, ¿verdad?
Sr. Torres:	Correcto. ¿Le parece bien que le extendamos un giro bancario a la vista?
Sr. Prado:	Desgraciadamente nuestra política de ventas al exterior no nos permite aceptar esa forma de pago. Lo que nuestra compañía requiere en estos casos es una carta de crédito.

10

¿Cómo se podría beneficiar un negocio del uso de una computadora?

Sr. Torres:	No habrá ningún inconveniente. Necesitamos, como usted sabe, la factura proforma para que nosotros la presentemos a nuestro banco. ¿Qué condiciones se estipularían en la carta de crédito?
15 *Sr. Prado:*	Quisiéramos que fuese irrevocable, transferible y divisible.
Sr. Torres:	Está bien. Informaremos a nuestro banco.
Sr. Prado:	En cuanto al flete, querría saber qué tipo prefieren. ¿Franco almacén; franco a bordo; costo, seguro y flete?
Sr. Torres:	Tendríamos menos preocupaciones si nos hacen el envío CSF.
20 *Sr. Prado:*	Bien, confirmaré las condiciones que acabamos de discutir en el télex que le voy a enviar luego y también en la carta que seguirá.

❀ ❀ ❀

EXPORT NEGOTIATIONS

Mr. Prado:	(Talking on the telephone.) Hello? Mr. Torres? Did you read the telex that we sent you yesterday?
Mr. Torres:	Yes, I read it a few hours ago. I'm glad to know that we can obtain our order.

Mr. Prado:	First we should determine the conditions of payment and transportation. Your company does not have a bank account in the United States, does it?
Mr. Torres:	That's right. Would it be all right to you if we extend an on sight bank draft?
Mr. Prado:	Unfortunately, our foreign sales policy does not permit us to accept that form of payment. What our company requires in these cases is a letter of credit.
Mr. Torres:	That will be no problem. We need, as you know, a pro forma invoice so that we can present it to our bank. What conditions would be stipulated in the letter of credit?
Mr. Prado:	We would want it to be irrevocable, transferable, and divisible.
Mr. Torres:	All right. We will inform our bank.
Mr. Prado:	Regarding the transportation, we would like to know what type you prefer. Ex warehouse; free on board; or cost, insurance, and freight?
Mr. Torres:	We would have fewer worries if you make the shipment CIF.
Mr. Prado:	Very well. I will confirm the conditions that we have just discussed in a telex which I will send you immediately and also in a letter which will follow.

Preguntas

1. ¿Qué información contenía el primer télex enviado por el señor Prado?
2. ¿Cómo pagará los gastos la compañía extranjera sin una cuenta bancaria en los Estados Unidos?
3. ¿Cuáles serán las condiciones de la carta de crédito?
4. ¿Qué tipo de flete prefieren?
5. ¿Qué confirmarán en el próximo télex?

Con el agente expedidor

Vocabulario esencial

el (la) agente expedidor(a)   *shipping agent*
El agente expedidor Salgado sabe todo en cuanto a envíos al exterior.

el conocimiento de embarque   *bill of lading*
Nuestra compañía se ocupará del conocimiento de embarque.

constar de   *to consist of*
Cada uno de estos equipos consta de seis partes.

la cotización   *quotation (price)*
Le enviaremos nuestra cotización en los próximos tres días.

la dimensión cúbica   *cubic dimension, cube*
Déme, por favor, las dimensiones cúbicas de su producto.

el embalaje   *packaging*
Nosotros podemos ocuparnos del embalaje también.

empacar   *to pack*
Vamos a empacar estos productos en cajas de madera.

el equipo   *equipment, set, component parts*
Los agricultores necesitan equipos de rayos láser para mejorar la irrigación.

la factura (proforma)   *(pro forma) invoice*
Le enviaremos pronto la factura proforma.

la pieza   *part, component*
El equipo de rayos láser consta de seis piezas.

el peso neto/bruto   *net/gross weight*
El peso neto de cada equipo es de 290 libras.

el precio neto de fábrica   *net factory price*
El precio neto de fábrica de cada equipo es de quince mil dólares.

la pulgada   *inch*
Una pulgada equivale más o menos a dos centímetros y medio.

los rayos láser   *laser beams*
Los rayos láser tienen muchas aplicaciones científicas.

el requisito   *requirement*
Hay requisitos especiales de embalaje para los envíos al exterior.

el seguro marítimo   *maritime insurance*
Nuestra compañía pagará el seguro marítimo.

el transporte terrestre   *inland transportation*
Nuestra compañía se ocupará también del transporte terrestre.

Diálogo 2: Con el agente expedidor

Sr. Prado:	¿Aló? Tenemos un cliente en Venezuela que desea que le enviemos equipos de rayos láser para uso agrícola, CFS La Guaira. Ustedes se ocupan de envíos a Sud América, ¿verdad?
Sr. Salgado:	Sí, por supuesto. ¿El pago es por carta de crédito?
5 *Sr. Prado:*	Sí. Necesitamos sus cotizaciones para poder enviar la factura proforma a Venezuela.
Sr. Salgado:	¿Se ocuparán ustedes del embalaje y del transporte terrestre, o desean que lo haga también nuestra firma?
Sr. Prado:	Preferiríamos que lo hicieran ustedes. No tenemos mucha experiencia en exportaciones y sabemos que hay requisitos de embalaje especiales, así como marcas especiales en el paquete.
Sr. Salgado:	Perfecto. ¿Cuántos equipos van a enviar y cuál es el precio neto de fábrica de cada equipo?
Sr. Prado:	Cinco equipos, a 15.000 dólares cada uno, franco almacén.
15 *Sr. Salgado:*	¿Las dimensiones cúbicas de su producto?
Sr. Prado:	Cada equipo consta de seis piezas, con una dimensión cúbica total de 15,52 pies cúbicos.
Sr. Salgado:	¿Y el peso neto de cada equipo?
Sr. Prado:	290 libras.

Durante más de tres-
cientos años, los cam-
pesinos chicanos y
mexicanos han hecho
fértiles las tierras del
Sur-oeste, de lo que
actualmente es USA.
¿Cómo cree Ud. que
han cambiado sus
métodos de trabajo?

20 *Sr. Salgado:*   El peso bruto será treinta y cinco libras más por equipo, que es el peso de las cajas en que empacaremos su producto. Nosotros nos encargaremos del seguro marítimo de almacén a almacén, del conocimiento de embarque, así como de los permisos consulares correspondientes.

Sr. Prado: ¿Se encargarán ustedes también de hacer la declaración de exportación
25   y de presentar los documentos a nuestro banco para que nosotros podamos cobrar la carta de crédito?

Sr. Salgado: Por supuesto, sin ningún inconveniente; necesita enviarnos una copia de la carta de crédito. Bien, le enviaremos nuestra cotización a la mayor brevedad posible.

🏵🏵🏵

WITH THE SHIPPING AGENT

Mr. Prado: Hello? We have a customer in Venezuela who wishes us to send him laser equipment for agricultural use, CIF La Guaira. You take care of shipments to South America, don't you?

Mr. Salgado: Yes, of course. Is payment by letter of credit?

5 *Mr. Prado:*   Yes. We need your price quotation to send the pro forma invoice to Venezuela.

Mr. Salgado: Will you take care of the packaging and the inland transportation or do you want our company to do that also?

Mr. Prado:	We would prefer that you do it. We don't have much experience in exports and we know that there are special packaging requirements as well as special markings on the package.
Mr. Salgado:	Fine. How many sets are you going to send and what is the net factory price of each set?
Mr. Prado:	Five sets, at 15,000 dollars each, ex warehouse.
Mr. Salgado:	The cubic dimensions of your product?
Mr. Prado:	Each set consists of six parts. The total cubic dimension is 15.52 cubic feet.
Mr. Salgado:	And the net weight of each set?
Mr. Prado:	290 pounds.
Mr. Salgado:	The gross weight will be thirty-five pounds more per set, which is the weight of the boxes in which we will pack your product. We will take care of the maritime insurance from warehouse to warehouse and the bill of lading as well as the appropriate consular permits.
Mr. Prado:	Will you also take care of the export declaration and of presenting the documents to our bank so that we can cash the letter of credit?
Mr. Salgado:	Of course, that will be no problem; you need to send us a copy of the letter of credit. All right, we will send you our quote as quickly as possible.

Preguntas

1. ¿Qué necesitan enviar a La Guaira?
2. ¿Cuál será la forma de pago?
3. ¿Quién se ocupará del embalaje y del transporte?
4. ¿Cuál es el peso y cuál es la dimensión cúbica del producto?
5. ¿De qué otros detalles se ocupará la compañía del señor Salgado?
6. ¿Qué trámites necesita hacer la compañía de fletes para que la empresa pueda cobrar la carta de crédito?

Narración: Comercio exterior

El señor Mariano Prado, Jefe de Ventas de la compañía Application Engineering, Inc., llama por teléfono al señor Daniel Torres, de la compañía importadora La Transcontinental con sede en Caracas, Venezuela. La compañía del señor Prado ha recibido un télex pidiendo cotización por cinco equipos de rayos láser para ayudar en la nivelación de los suelos; con esta nueva tecnología los agricultores pueden aprovechar al máximo los beneficios de la irrigación. El día anterior el señor Prado envió un télex con los precios de cada unidad.

El señor Torres ha leído el télex del señor Prado y está contento de saber que podrá conseguir su pedido. El señor Prado desea que discutan las condiciones de pago y de flete. Quiere saber si la compañía del señor Torres tiene una cuenta bancaria en los Estados Unidos, porque eso simplificaría la transacción. La Transcontinental no tiene cuenta fuera de Venezuela, por lo que el señor Torres sugiere pagar con un giro a la vista.

El señor Prado le informa de que la política de ventas al exterior de su compañía
15 no le permite aceptar esa forma de pago. Su firma requiere una carta de crédito
irrevocable, transferible y divisible. El señor Torres no ve ningún inconveniente; pero
necesitará una factura proforma para presentarla a su banco y para poder obtener esa
carta de crédito.

El señor Prado, antes de poder enviar la factura proforma, necesita saber qué tipo
20 de flete prefiere el señor Torres: franco almacén, franco a bordo, o costo, seguro y
flete. El señor Torres no quiere tener preocupaciones y prefiere que el envío se haga
CSF.

Antes de despedirse, el señor Prado le comunica a su cliente de Venezuela que
confirmará las condiciones que acaban de acordar primero por télex y luego por
25 medio de una carta.

❀❀❀

El señor Prado llama al señor Carlos Salgado, agente expedidor. Se asegura de que la
compañía del señor Salgado se ocupa de fletes a América del Sur y le explica que
debe fletar a Caracas, Venezuela, unos equipos de rayos láser para uso agrícola. El
pago se hará por medio de una carta de crédito.
30 El señor Salgado quiere saber si su compañía se ocupará solamente del transporte
marítimo entre Miami y La Guaira o si se ocupará también del embalaje y del transporte
terrestre. El señor Prado le explica que su firma no tiene mucha experiencia en
exportaciones y que por lo tanto preferiría que el agente expedidor se ocupara del
embalaje y de todo el transporte. Sabe que hay requisitos de embalaje especiales, así
35 como marcas especiales que deben acompañar a cada paquete.

El señor Salgado comienza a tomar nota de los datos que necesita para preparar
sus cotizaciones. El precio neto de fábrica de cada equipo es de 15.000 dólares, franco
almacén. Cada equipo consta de seis piezas, que tienen una dimensión cúbica total
de un poco más de 15 pies cúbicos. Cada una de las seis piezas cabrá perfectamente
40 en una caja de 82 pulgadas de largo, por 20 de ancho y 16 de alto. El peso neto de
cada equipo es de 290 libras, por lo que el peso bruto de cada unidad será de unas
325 libras—cada caja pesa más o menos treinta y cinco libras.

El señor Salgado le informa a su cliente de que su compañía se encargará del
seguro marítimo de almacén a almacén, del conocimiento de embarque, así como de
45 los permisos consulares correspondientes. También, si es necesario, se ocuparán de
alquilar espacio para almacenar la mercadería en el puerto de Miami antes de que
zarpe el barco hacia La Guaira.

El señor Prado quiere saber si el agente expedidor se encargará también de hacer
la declaración de exportación y de presentar los documentos al banco del señor
50 Prado para que éste pueda cobrar la carta de crédito. El señor Salgado hará también
este trámite; sólo necesita tener una copia de la carta de crédito. Antes de cortar la
comunicación telefónica, le asegura a su cliente que le tendrá la cotización lista lo
más pronto posible.

Preguntas

1. ¿Qué cotización ha pedido la compañía Application Engineering Inc.?
2. ¿Qué requiere la compañía importadora como forma de pago?

3. ¿Qué necesita el señor Torres para obtener una carta de crédito?

4. ¿Qué significa la abreviación CSF?

5. ¿Por qué se comunica el señor Prado con la compañía de fletes?

6. ¿Qué datos toma el señor Salgado?

7. ¿Quién se ocupará del seguro marítimo y de los permisos consulares?

8. ¿Qué otros trámites hará la compañía de fletes?

9. ¿Cuáles son los trámites más complicados cuando se envía un producto al extranjero?

10. ¿Cuáles son las principales importaciones de los Estados Unidos? ¿Y las principales exportaciones?

Notas gramaticales

Para un repaso de los puntos gramaticales más importantes de este capítulo, consúltese *Gramática para la comunicación* de esta misma serie. Algunas estructuras empleadas en los diálogos de este capítulo son:

—presente de subjuntivo: uso en cláusulas adverbiales

—imperfecto de subjuntivo

—oraciones condicionales con *si*

—pronombres reflexivos: formas, usos

Lista de vocabulario

SUSTANTIVOS

agricultor(a), el (la) *farmer*

almacén, el *warehouse, depository; shop, store*

almacenaje, el *storage, storing; storage fee*

almacenero(a), el (la) *warehouseworker; shopkeeper*

barco, el *ship*

cabida, la *space, room; capacity*

cónsul, el (la) *consul*

consulado, el *consulate; consulship*

cotización, la *quotation, quote, price; quota*

dimensión, la *dimension*

discusión, la *discussion; argument*

embalador(a), el (la) *packer*

embalaje, el *packaging*

embarcación, la *embarkation; boat, small craft*

embarcadero, el *pier, loading dock*

embarque, el *shipment; loading*

envío, el *shipment*

equipo, el *equipment, set, component parts*

estipulación, la *stipulation, condition, proviso*

expedidor(a), el (la) *shipper, forwarder*

exportación, la *exportation, export; exported goods*

exportador(a), el (la) *exporter, shipper*

extensión, la *extension*

factura, la *bill, invoice*

facturación, la *invoicing; registration*

flete, el *shipping, freight, transport charges; cargo; charter*

importación, la   *importation, importing; imported article*
importador(a), el (la)   *importer*
irrigación, la   *irrigation, watering*
libra, la   *pound*
marca, la   *mark, indication; brand*
medida, la   *measurement*
mercadería, la   *goods, merchandise, commodity*
mercancía, la   *commodity, goods, merchandise*
nivelación, la   *leveling*
paquete, el   *package*
pedido, el   *order (merchandise); request*
permiso, el   *license; permission*
pie, el   *foot; down payment*
pieza, la   *part, component (mech.); piece; room*
política, la   *policy; politics*
preocupación, la   *preoccupation, worry*
puerto, el   *port*
pulgada, la   *inch*
rayo, el   *ray, beam; lightning*
requerimiento, el   *request, demand; summons*
requisito, el   *requirement, prerequisite*
riego, el   *watering, irrigation; sprinkling*
sede, la   *headquarters, central office; seat (of government)*
simplificación, la   *simplification*
suelo, el   *ground; floor*
tecnología, la   *technology*
télex, el   *telex*
transporte, el   *transportation, transport*
unidad, la   *unit; unity*
volumen, el   *volume, bulk, mass*

VERBOS

almacenar   *to store, to put into storage; to stock up (with); to collect*
caber   *to fit*
cotizar   *to quote, to price (at); to fix (quota)*

despachar   *to send, to dispatch (to); to expedite; to complete*
discutir   *to discuss; to argue*
embalar   *to pack, to wrap, to crate, to bale*
embarcar   *to ship; to embark*
empacar   *to pack up, to crate*
estipular   *to stipulate*
expedir (i)   *to forward, to ship*
exportar   *to export*
extender (ie)   *to extend*
facturar   *to invoice; to register, to check*
fletar   *to ship; to charter*
marcar   *to mark*
medir (i)   *to measure*
nivelar   *to level*
preocupar(se)   *to worry (oneself)*
requerir (ie-i)   *to require, to need*
simplificar   *to simplify*
transportar   *to transport*
zarpar   *to set sail, to get under way*

ADJETIVOS Y ADVERBIOS

agrícola   *agricultural*
bancario(a)   *bank, banking; financial*
bruto(a)   *gross (weight); brutish, stupid*
consular   *consular*
cotizado(a)   *in demand, popular*
cúbico(a)   *cubic*
divisible   *divisible*
expedidor(a)   *forwarding, shipping*
importador(a)   *import, importing*
irrevocable   *irrevocable, irreversible*
láser   *laser*
preocupado(a)   *preoccupied, worried*
proforma   *pro forma*
revocable   *revocable*
terrestre   *ground, land, terrestrial*
transferible   *transferable*

OTRAS EXPRESIONES

agente expedidor(a), el (la)   *shipping agent, freight forwarder*

a la mayor brevedad posible *as soon as possible*
a la vista *at sight, on sight, in sight*
al exterior *foreign, abroad*
carta de crédito, la *letter of credit*
condiciones de flete, las *shipping terms*
condiciones de pago, las *terms of payment*
conocimiento de embarque, el *bill of lading*
costo, seguro y flete (CSF) *cost, insurance, and freight (C.I.F.)*
cuenta bancaria, la *bank account*
de almacén a almacén *from warehouse to warehouse*
de alto *high*
de ancho *wide*
declaración de exportación, la *export declaration*
de largo *long*
dimensión cúbica, la *cubic dimension, cube*
factura proforma, la *pro forma invoice*

franco a bordo (FAB) *free on board (F.O.B.)*
franco almacén *ex warehouse, free on warehouse*
giro bancario, el *bank draft*
giro bancario a la vista *on sight bank draft*
jefe de ventas, el *sales manager*
permiso consular, el *consular permit*
peso bruto, el *gross weight*
peso neto, el *net weight*
política de ventas, la *sales policy*
por medio de *by means of*
precio neto de fábrica, el *factory net price*
rayo láser, el *laser beam*
seguro marítimo, el *maritime insurance*
transporte aéreo, el *air transportation*
transporte marítimo, el *sea transportation*
transporte terrestre, el *inland transportation, ground transportation*

Ejercicios de adquisición de vocabulario

Los ejercicios siguientes están destinados a ayudarle a adquirir y recordar el vocabulario de este capítulo. Concéntrese en el significado de las palabras.

A. Complete las siguientes frases usando la forma apropiada de las palabras que aparecen a continuación.

el almacenaje	despachar	la exportación
zarpar	bruto	la pulgada
a la vista	expedidor	bancario
la cotización	costo, seguro y flete	extender
la nivelación	requerir	la libra

1. Entonces le enviaremos tres equipos para .... de la tierra; ¿necesita algo más?
2. Nuestra compañía se especializa en .... a Europa; podemos preparárselo todo si quiere.
3. Como Uds. no tienen cuenta.................. en los Estados Unidos, tenemos que utilizar una carta de crédito.

4. Este asunto tiene cierta urgencia. ¿Sería posible que nos presentara su .... de los precios dentro de veinticuatro horas?

5. ¿Se lo enviamos franco a bordo o .... ?

6. Las cajas no son grandes; miden unas cinco .... de ancho.

7. Todo estará listo mañana por la tarde y el barco .... pasado mañana.

8. Quisiera hablar con su agente .... , la señorita Romero.

9. Nuestra firma .... que la carta de crédito sea irrevocable, transferible y divisible.

10. Dentro de pocas horas le vamos a .... un télex para confirmar todas estas condiciones de venta.

B.   Conteste a la siguiente carta.

ZAPATOS ULTRAMAR
515 Cameron Street
New York, New York 10010

Sr. Raúl Dominguez
Modas Flexi
Carretera de Petrel, 101
ELDA, Alicante
España

Muy Sr. mío:

Hemos visto anunciada su última colección de zapatos para la moda otoño-invierno de la nueva temporada. Creemos que su línea y estilo creativo son de gran calidad y nos gustaría que nos enviasen un catálogo de sus nuevos modelos.

Nuestra firma distribuye en USA las creaciones de diez fabricantes de varios países del mundo, entre ellos Italia, Brasil, Inglaterra y España. Estaríamos muy interesados en distribuir sus productos en este mercado.

En espera de sus noticias, le saluda atentamente,

Roberto González-Walker
Gerente

C.   Complete las frases siguientes con la forma del sustantivo que corresponde a los verbos en cursiva.

MODELO: chocar—el choque

Tenemos que *exportar* unas máquinas y, para *simplificar* las cosas, le pediremos a un agente exportador que nos *cotice* esta operación. En general, no hacemos muchas .... y queremos, pues, la .... de esta operación; la .... del agente expedidor nos ayudará a determinar si el negocio nos conviene o no. Tenemos que *embarcar* las máquinas en Miami y nos *preocupa* que no *quepan* en unas cajas que tenemos. Pero si el agente se encarga del .... de las máquinas en las cajas, no tendremos nosotros esas

.................Además, al *enviar* productos al extranjero hay que *marcarlos* de modo especial, pero el agente se encargará del .... y de todas las .... que se necesitan. *Discutiremos* con el agente las condiciones que se *estipulan* para estas operaciones y después de esa .... , entenderemos mejor las .... de una operación de exportación.

D. Dé la palabra que corresponde a cada definición.

1. Acción de determinar y anunciar el precio de algún producto o servicio
2. Cualquier producto que se hace objeto de venta o de compra
3. Poner o guardar en un edificio especial cualquier producto comercial
4. Con respecto a la tierra
5. Levantar las anclas de un barco para salir del puerto
6. Relativo a la cultivación de la tierra
7. Lugar donde tiene su oficina principal algún negocio o alguna jurisdicción gubernamental
8. Un encargo hecho a un fabricante o vendedor de productos

E. Escriba una frase original con cada una de las siguientes palabras o expresiones.

la caja	el agente expedidor	el requisito
transferible	el embalaje	el peso bruto
medir	las condiciones de pago	
la factura	de alto	

F. Dé los equivalentes en español de las frases siguientes.

1. We must first discuss the payment and shipping terms; after that I will contact our shipping agent.
2. My company prefers letters of credit that are irrevocable, transferable, and divisible.
3. The gross weight of each unit will be 320 pounds: 310 pounds for the machine and 10 pounds for the shipping crate.
4. What type of freightage do you prefer, ex warehouse; free on board; or cost, insurance, and freight?
5. Since your firm has a great deal of experience in exportations to South America, we also want you to take care of the packing and the inland transportation.
6. Within a few days you will receive a letter confirming all of the conditions of sale that we have stipulated.
7. Our policy for sales abroad does not permit us to accept bank drafts.
8. After we receive the pro forma invoice, we will ask our bank to prepare the letter of credit.
9. What special requirements are there with respect to packing the merchandise and placing special markings on the crates?
10. As soon as I finish the price estimate, I will send it to you so that you can send the pro forma invoice to the buyer.

Actividades

Los ejercicios siguientes están destinados a ayudarle a practicar el vocabulario, las estructuras y los contenidos aprendidos en este capítulo. Concéntrese en la comunicación de sus ideas.

Primera parte—Ejercicios orales

A. ACLARACIONES.   Aclare brevemente en español el sentido de las palabras en cursiva.

1. Quería abrir una *cuenta bancaria*, es decir ....
2. Debía completar la *factura proforma* antes de enviar los productos, es decir
    ....
3. El *transporte marítimo* es bastante económico, es decir ....
4. Firmaba todas las *cartas de crédito* al fin del mes, es decir ....
5. La *sede* del banco está en Boston, es decir ....
6. No querían calcular el *peso bruto* hasta que llegaran los camiones, es decir
    ....
7. *Requerían* por lo menos cien dólares de pago inicial, es decir ....
8. El agente dijo que tendría la *cotización* mañana, es decir ....

B. CONOCIMIENTOS COMERCIALES.   Explique brevemente.

1. Dos formas de pago posibles en el comercio al exterior.
2. Condiciones que a veces se estipulan en una carta de crédito.
3. Tres tipos de flete que existen para los envíos al extranjero.
4. Servicios ofrecidos al exportador por una agencia expedidora.
5. Documentos necesarios para hacer un envío comercial a otro país.

C. SITUACIONES.   Diga en español.

1. Basándose en la foto del primer diálogo de este capítulo, desarrolle una conversación con la agente exportadora de equipos electrónicos. Diga algunas de las frases siguientes.
    You: State that you need to determine the terms of payment and the freightage
    Exporter: Says that her company does not accept bank drafts, only letters of credit
    You: Agree but tell the exporter that the letter of credit must stipulate that it is irrevocable, transferable and divisible
    Exporter: Points out that her company only uses free on board freightage and cannot accept ex warehouse or cost, insurance and freight as you have requested
    You: Accept F.O.B. shipping and conclude the conversation by stating that you will confirm the conditions of payment and freight by telex and also by letter

2. Ud. es un agente expedidor que recibe una llamada telefónica de una compañía con poca experiencia en la exportación de sus productos.

    a.   Tell the reporter that you indeed do have experience in shipments to Central America.

    b.   Ask the customer if he wants to take care of the packing and the inland transportation himself or if he prefers that your company do it.

    c.   Inquire what the net factory price of each unit is and also what the cubic dimensions are.

    d.   State that you feel that it is best to pack each unit into a crate.

    e.   Answer a question by stating that you will be happy to take care of the export declaration, the maritime insurance, the bill of lading, and the proper consular permits.

D. NARRACIONES.   Cuente lo que pasó en las siguientes escenas.

1. Basándose en la foto del segundo diálogo de este capítulo, cuente cómo este agricultor puede mandar un tractor a su primo que vive en Colombia. Trate de incluir las siguientes palabras y expresiones en su narración.

    a.   el peso bruto

    b.   el peso neto

    c.   empacar

    d.   declaración de exportación

    e.   simplificar

f. la transacción
g. la máquina
h. encargarse de
i. el seguro marítimo
j. el transporte marítimo
k. requerir
l. la carta de crédito

2. *Haciendo suposiciones.* Basándose en el dibujo de la página 163, desarrolle una conversación usando las expresiones siguientes.

a. Es posible…
b. Me imagino que
c. Puede ser…
d. Supongamos que…

Luego cuente por qué el hombre (la mujer) del dibujo supone que la carta es para él (ella).

E. INTERPRETACIONES.   Estudien las situaciones siguientes. Asignen los papeles de cada personaje. Transformen las situaciones en diálogo e interprétenlas frente a la clase o con unos compañeros. Habrá siempre un traductor español-inglés-español.

1. Un exportador habla por teléfono con un cliente que quiere importar cinco máquinas para uso industrial. Primero se saludan, luego confirman el pedido y al final se refieren a varios télex que se han enviado recientemente.

2. Los mismos comerciantes de la situación 1 hablan de las condiciones de pago y flete con respecto al mismo pedido.

3. Las mismas personas terminan su conversación con expresiones de satisfacción y hablan de un télex y una carta de confirmación que se enviará pronto al importador.

F. CONVERSACIONES.   Varios estudiantes desarrollarán diálogos basados en las siguientes situaciones.

1. El jefe de ventas de una compañía con poca experiencia en la exportación de sus productos habla con un amigo de mucha experiencia sobre las diferentes posibilidades en cuanto a las condiciones de pago y flete. El amigo le hace algunas recomendaciones al respecto.

2. El mismo jefe de ventas de la situación 1 habla con un agente expedidor sobre un envío de repuestos de automóviles a Venezuela. Hablan particularmente de los servicios que proveerá la agencia.

3. El mismo jefe de ventas llama por teléfono otra vez a su cliente en Venezuela para informarle de lo que arregló con la agencia expedidora.

G. ENTREVISTA.   Un grupo de estudiantes universitarios interesados en el comercio internacional va a la oficina de un agente expedidor para hacerle varias preguntas sobre los servicios que este tipo de firma puede proveer. Durante la conversación el agente les refiere una experiencia reciente con un envío a Sudamérica.

H. PRESENTACIÓN PÚBLICA. Explique en 150 palabras.

Ud. es dueño de una fábrica y recientemente ha recibido varios pedidos de su producto desde el extranjero. Puesto que le falta experiencia y dirección en este tipo de negocio, ha decidido reunir a la Junta Directiva de la Compañía para hablar de exportaciones. Describe los pedidos que ha recibido, los servicios que cree que su misma compañía puede ofrecer y los que tendrá que arreglar por medio de una agencia expedidora. Al final hace su recomendación al respecto.

Segunda parte—Ejercicios escritos

A. OTROS PUNTOS DE VISTA.

1. Ud. es representante de una firma que manufactura tractores y está en Colombia donde ha cerrado un trato con una compañía agrícola importante. Escriba un télex a su jefe de ventas en los Estados Unidos describiendo el pedido que ha obtenido y las condiciones de pago y flete que se han arreglado provisionalmente.
2. Prepare un memorándum para la jefa de ventas de una compañía en el cual hace una lista de los servicios que su agencia expedidora puede proporcionarle.

B. EXPERIENCIAS Y OPINIONES. Escriba en español una composición contando sus experiencias (pueden ser ficticias) o expresando su opinión sobre los temas indicados.

1. Por qué me gustaría (o no me gustaría) trabajar algún día en el campo del comercio internacional
2. Las ventajas para cualquier país de mantener un fuerte programa de exportaciones
3. La importancia de dominar una lengua extranjera si se quiere vender un producto en el extranjero

CAPÍTULO 10

Inversiones

El campo de las inversiones

Vocabulario esencial

los bienes y las obligaciones   *assets and liabilities*
Debemos hacer una lista de sus bienes y obligaciones.

el bono   *bond*
Los bonos son títulos de deuda emitidos por una compañía.

el campo   *field*
¿Tiene usted experiencia en el campo de las finanzas?

el clima económico   *economic climate*
En estos momentos, el clima económico es incierto.

el cuadro   *table, chart; picture*
Debemos tener el cuadro completo de sus bienes y obligaciones.

heredar   *to inherit*
Acabo de heredar 25.000 dólares.

el impuesto sobre la renta   *income tax*
¿Cuánto paga usted de impuesto sobre la renta?

la inversión   *investment*
No tengo un programa regular de inversiones.

la obligación   *obligation, bond; liability*
He comprado obligaciones de la compañía "Pegaso."

el presupuesto   *budget*
Tráigame un presupuesto de su renta y sus gastos mensuales.

el título de ahorro   *savings bond*
Cada mes compro unos cuantos títulos de ahorro.

Diálogo 1: El campo de las inversiones

Inversionista:	He venido a consultarlo porque acabo de heredar 25.000 dólares y quisiera invertirlos.
Asesor:	¿Es usted un inversionista regular?
Inversionista:	No, en realidad tengo muy poca experiencia en este campo. He hablado con amigos y me siento confuso con sus opiniones diferentes: "Compra acciones, invierte en oro, compra títulos de ahorro."
Asesor:	El campo de las inversiones es muy vasto, pero puede reducirse básicamente a dos tipos: propiedades y obligaciones de valor fijo.
Inversionista:	Las propiedades son los bienes raíces que uno puede comprar, ¿verdad?
Asesor:	Sí, y además todos los tipos de acciones que hacen de usted el propietario de parte de una compañía, así como bienes materiales: oro, plata, diamantes, objetos de arte…
Inversionista:	¿Y las obligaciones de valor fijo?

Estos corredores de la Bolsa de la ciudad de México compran y venden acciones. ¿Ha visitado Ud. alguna vez la bolsa? ¿Sabe cómo funciona?

Asesor:	Con éstas, lo que usted posee es una cantidad de dinero. En esta categoría entran los bonos, los depósitos de ahorros, las hipotecas y los seguros de vida.
Inversionista:	Ahora entiendo mejor. ¿Y qué tipo de inversión recomendaría usted para mí?
Asesor:	Para responder a su pregunta, necesitamos primero analizar su situación económica y luego elegir la mejor inversión para usted dentro del clima económico de este gobierno y del mundo financiero en general.
Inversionista:	Me parece bien. ¿Desea usted saber cuánto gano y cuánto gasto mensualmente?
Asesor:	Sí esos y otros datos. Le voy a dar un formulario para completar en casa. Es un cuadro de su situación financiera: una lista de sus bienes y de sus obligaciones. Adjunte una copia de sus últimas declaraciones de impuestos sobre la renta, de las pólizas de seguro que usted tiene y del presupuesto de renta y gastos mensuales.

🙊🙊🙊

THE FIELD OF INVESTMENTS

Investor:	I have come to consult you because I have just inherited 25,000 dollars and I would like to invest it.
Consultant:	Are you a regular investor?

Investor:		No, I really have very little experience in this field. I have talked with friends and I am confused by their different opinions: "Buy stocks, invest in gold, buy savings certificates."
5		
Consultant:		The investment field is very vast, but it can be reduced basically to two types: equities and fixed income bonds.
Investor:		Equities are the real estate that you can buy, aren't they?
10 *Consultant:*		Yes, and in addition all the kinds of stocks that make you the owner of part of a company, as well as material goods: gold, silver, diamonds, art objects…
Investor:		And fixed income bonds?
Consultant:		With these, what you own is an amount of money. In this category you would include bonds, savings deposits, mortgages, life insurance.
15 *Investor:*		Now I understand better. And what kind of investment would you recommend for me?
Consultant:		To answer your question, we need to analyze first your economic situation and then select the best investment for you within the economic climate of this administration and the financial world in general.
20 *Investor:*		That seems good to me. Do you wish to know how much I earn and how much I spend monthly?
Consultant:		Yes, that and other data. I am going to give you a form to fill out at home. It is a picture of your financial status: a list of your assets and of your liabilities. Attach a copy of your last income tax statement, of the life insurance policies that you have, and of the budget of your monthly income and expenses.
25		

Preguntas

1. ¿Cuánto dinero quiere invertir el cliente?
2. ¿Cuáles son los dos tipos básicos de inversiones?
3. ¿Qué se incluye entre las propiedades? ¿Y entre los valores fijos?
4. ¿Qué necesita hacer el asesor antes de recomendar algún tipo de inversión?
5. ¿Qué información le dará el inversionista?

Un programa básico de inversiones

Vocabulario esencial

a corto / largo plazo   *short / long term*
Prefiero las inversiones a largo plazo.

la acción   *share, stock*
¿Tiene ella acciones en nuestra empresa también?

el (la) asesor(a) financiero(a)   *financial consultant*
¿Me puedes dar el nombre de tu asesor financiero?

el fisco   *national treasury*
Yo le pago mucho dinero al fisco con mis impuestos.

el fondo mutualista   *mutual fund*
Quiero invertir dinero en fondos mutualistas.

el índice de crédito   *credit rating*
¿Tiene usted un buen índice de crédito?

la jubilación   *retirement*
Faltan muchos años para mi jubilación.

la liquidez   *liquidity*
Usted necesita también inversiones que tengan alta liquidez.

planear   *to plan*
Usted debe planear cuidadosamente sus inversiones.

reportar   *to produce, to bring*
Los títulos de ahorro le reportarán un interés del 9 por ciento anual.

el título del estado   *treasury note*
Es bueno invertir en títulos del estado en estos momentos.

Diálogo 2: Un programa básico de inversiones

Asesor: He analizado los documentos que usted me trajo. Comenzaremos con sus deudas actuales. Mucha gente comienza su programa financiero pagando tantas deudas como puede.

Inversionista: ¿Pero no es mejor invertir el dinero?

5 *Asesor:*   Usted se dará cuenta de que es difícil encontrar una inversión que reporte un interés igual o superior al que usted paga por el crédito que obtuvo.

Inversionista: Sí, entiendo. Y además, pagando antes las deudas mejora uno su índice de crédito, ¿verdad?

10 *Asesor:*   Exactamente. Tenga presente, pues, esta opción. Siguiendo con el programa de inversiones, se debe planear primero para las emergencias. Veo que usted está bien asegurado: seguro médico, seguro de vida, contra accidentes de trabajo, de bienes raíces.

Inversionista: Y tengo mil dólares en la cuenta de ahorros.

15 *Asesor:*   La mayoría de los asesores financieros le recomendarán que aumente su cuenta de ahorro o que ponga dinero en inversiones con alta liquidez, como fondos mutualistas, títulos de ahorro, títulos del estado a corto plazo, etc.

Inversionista: Me doy cuenta perfectamente de la importancia de esta categoría.

20 *Asesor:*   Habiendo resuelto las emergencias, puede usted pensar en inversiones a largo plazo. Usted querrá disponer de dinero suficiente para los años que sigan a su jubilación.

Inversionista: Exactamente. No me interesa aumentar mi renta anual sino acumular capital a largo plazo.

25 *Asesor:*   Usted deberá escoger entre propiedades o acciones comunes de sólida reputación, o bien invertir en ambos tipos de valores.

Invertir en joyas ha sido siempre un negocio seguro. ¿Qué otras inversiones considera Ud. seguras?

Inversionista:	Me parece que en un clima inflacionario sería mejor invertir en bienes raíces.
Asesor:	Tiene usted razón. Pero usted debe también tomar en cuenta el efecto de los impuestos en su inversión.
Inversionista:	Por cada dólar que gano, le pago al fisco treinta centavos.
Asesor:	¿Ve usted? El dinero que usted acumula con su inversión está sujeto a impuestos; usted podría comprar obligaciones exentas de impuestos.
Inversionista:	Ahora entiendo mucho mejor las posibilidades que tengo. Quiero pensar en lo que hemos hablado hoy y venir a verlo en unos días.

❀❀❀

BASIC INVESTMENT PROGRAM

Consultant:	I have analyzed the documents you brought me. We will begin with your present debts. A lot of people begin their financial program paying as many debts as possible.
Investor:	But isn't it better to invest the money?
Consultant:	You will come to see that it is difficult to find an investment that pays an interest equal to or better than that which you are paying for the credit you obtained.

Investor:	Yes, I understand. And besides, by paying off the debts early you improve your credit rating, don't you?
Consultant:	Exactly. Keep in mind, then, this option. Going on with the investment program, you should plan first for emergencies. I see that you are well insured: medical insurance, life insurance, accidents at work, real estate.
Investor:	And I have one thousand dollars in my savings account.
Consultant:	Most financial consultants will recommend to you that you increase your savings account or that you put money in investments with high liquidity, such as mutual funds, savings certificates, short term treasury notes, etc.
Investor:	I understand very well the importance of this category.
Consultant:	Having resolved the emergencies, you can think of long range investments. You probably want to have sufficient money available for the years after retirement.
Investor:	Exactly. I am not interested in increasing my annual income but rather in accumulating long range capital.
Consultant:	You should choose between real estate or blue chip common stock, or even invest in both types of investments.
Investor:	It seems to me that in an inflationary climate it would be better to invest in real estate.
Consultant:	You are right. But you should also keep in mind the effect of taxes on your investment.
Investor:	For every dollar I earn, I pay thirty cents to the national treasury.
Consultant:	You see? The money that you accumulate with your investment is subject to taxes; you could buy tax-exempt bonds.
Investor:	I now understand much better the possibilities I have. I want to think about what we have talked about today and come and see you in a few days.

Preguntas

1. ¿Qué debe hacer el inversionista antes de comenzar con un programa de inversiones?
2. ¿Cómo puede aumentar sus ahorros el inversionista?
3. ¿Le interesa al cliente aumentar su renta anual ahora?
4. ¿Por qué quiere invertir en propiedades?
5. ¿Cuál es la opinión del asesor sobre las inversiones en propiedades?

Narración: Inversiones

El señor Gabriel Quiroga está en la oficina del señor Fernando Mujica, asesor financiero. Le explica al señor Mujica que acaba de heredar 25.000 dólares y que quiere invertirlos. Tiene poca experiencia en el campo de las inversiones. Ha conversado con amigos y está confundido con la variedad de consejos que ha recibido. Unos le recomiendan que compre títulos de ahorro; otros, metales preciosos, especialmente oro; otros, que invierta en acciones en la Bolsa.

El asesor financiero le dice que en verdad el campo de las inversiones es muy vasto, pero que puede reducirse a dos tipos básicos: propiedades y obligaciones de

valor fijo. Dentro de las propiedades se incluyen todas las acciones que representan
posesión de una parte de una compañía y todos los bienes materiales que se pueden
acumular: los bienes raíces, los metales preciosos como el oro y la plata, las piedras
preciosas como los diamantes y rubíes, los objetos de arte, etc. Las obligaciones de
valor fijo indican que se posee no un objeto sino una cantidad de dinero. Esta
categoría incluye los bonos, los depósitos de ahorro, las hipotecas y los seguros de
vida.

El inversionista dice que ahora entiende mejor sus posibilidades de inversión.
Quiere saber qué tipo de inversión le conviene más a él. Para responder a esa
pregunta, necesitan primero hacer un análisis de la situación financiera del inversionista,
y luego elegir la mejor inversión para él dentro del clima económico del gobierno
actual y del mundo financiero en general.

El señor Quiroga quiere comenzar de inmediato dándole datos al asesor sobre
sus ingresos y sus gastos mensuales. El asesor le explica que esos datos son sólo parte
de su perfil financiero y que lo mejor es que él se lleve a casa un formulario para
completar. Una vez llenado el formulario, tendrán una idea clara de los bienes del
señor Quiroga y de sus deudas y obligaciones. El asesor quiere también tener una
copia de las últimas declaraciones de impuestos sobre la renta de su cliente y de las
pólizas de seguro que tiene. El señor Quiroga reunirá toda la información que el
asesor le ha pedido dentro de dos o tres días y luego llamará al asesor para seguir
conversando.

❀ ❀ ❀

El señor Mujica conversa con su cliente, después de haber estudiado los documentos
que éste le ha traído. Le pide que examinen primeramente las deudas, porque
muchas personas comienzan su programa financiero pagando tantas deudas como
pueden. Como el señor Quiroga se sorprende un poco, el asesor le explica que es
difícil encontrar inversiones que reporten un interés igual o superior al que él paga
por el crédito que ha obtenido. El señor Quiroga concuerda con el asesor y se da
cuenta de que también de ese modo él puede mejorar su índice de crédito.

En seguida, el asesor le explica que es necesario planear para las emergencias
que puedan surgir. Su cliente está bien asegurado; tiene seguro médico, seguro de
vida, contra accidentes de trabajo y de bienes raíces. Considera que los mil dólares
que tiene en la cuenta de ahorros no son suficientes. Le hace ver que la mayoría de
los asesores financieros le recomendarán que aumente su cuenta de ahorros o que
ponga dinero en inversiones con alta liquidez, como fondos mutualistas, fondos del
mercado monetario, títulos de ahorro, títulos del estado a corto plazo, etc. El cliente
se da cuenta de la importancia de esta categoría.

El asesor le explica que una vez que se han resuelto las emergencias se puede
pensar en inversiones a largo plazo; todo el mundo quiere disponer de dinero
suficiente durante los años que siguen a la jubilación. Es precisamente lo que el señor
Quiroga desea. No le interesa aumentar su renta anual, porque con su sueldo actual la
familia puede vivir sin dificultad; lo que él quiere son inversiones que le permitan
acumular capital a largo plazo.

El señor Mujica le dice que puede invertir en propiedades o en obligaciones de
valor fijo, o en ambos si prefiere. Al señor Quiroga le parece que durante períodos
inflacionarios es mejor invertir en propiedades. El asesor concuerda. Le señala también
que deben prestar atención al efecto de los impuestos en la inversión. Actualmente,

55 por cada dólar que gana el señor Quiroga, debe pagarle al fisco treinta centavos. Si el interés que gana su inversión está afecto a impuestos, el interés real será más bajo que el interés que él cree que obtendrá. Existen inversiones libres de impuestos y el señor Quiroga debe estudiarlas cuidadosamente antes de tomar su decisión final. Con este tipo de inversiones, el impuesto no se paga mientras se acumula el dinero sino
60 cuando se retira. El señor Quiroga debiera retirar ese dinero después de que se jubile, cuando tenga que pagar menos impuestos porque sus ingresos disminuirán.

El cliente le agradece las informaciones que ha recibido porque le han permitido entender mejor su situación financiera. Quiere pensar en lo que han conversado y volver a ver al asesor dentro de unos días.

Preguntas

1. ¿Por qué se siente confundido el señor Quiroga en cuanto a las inversiones?
2. ¿Qué tipos básicos de inversiones describe el asesor?
3. ¿Qué es un perfil financiero?
4. ¿Qué información examinará el asesor antes de recomendar una inversión?
5. ¿Por qué le recomienda el asesor a su cliente que pague las deudas antes de invertir?
6. ¿Por qué es necesario que aumente sus ahorros?
7. ¿En qué es mejor invertir durante períodos inflacionarios?
8. ¿Qué problema se presenta cuando se invierte en propiedades?
9. ¿Qué inversión haría usted si heredara una gran cantidad de dinero?
10. ¿Cuáles son las inversiones que dan más ganancias en este país?

Notas gramaticales

Para un repaso de los puntos gramaticales más importantes de este capítulo, consúltese *Gramática para la comunicación* de esta misma serie. Algunas estructuras empleadas en los diálogos de este capítulo son:

—gerundio: formas y usos

—expresiones impersonales

—formas de mandato correspondientes a *tú*

—comparativos y superlativos

—*pero, sino*

Lista de vocabulario

SUSTANTIVOS

acción, la *share, stock*
análisis, el *analysis*
asesor(a), el (la) *adviser, consultant*

Bolsa, la *stock market, stock exchange*
bono, el *bond*
campo, el *field*

clima, el climate
confusión, la confusion
cuadro, el picture; scene; table,
  chart, diagram
diamante, el diamond
emergencia, la emergency
fisco, el national treasury
fondo, el fund; supply, reserve;
  back, background; bottom
gobernador(a), el (la) governor
gobierno, el government
heredero(a), el (la) heir
herencia, la inheritance
impuesto, el tax
índice, el rating, rate, ratio; index;
  index finger
inflación, la inflation
inversión, la investment
inversionista, el (la) investor
jubilación, la retirement
liquidez, la liquidity (financial)
líquido, el liquid
lista, la list
metal, el metal
objeto, el object
obligación, la bond; debt, liability;
  obligation, duty
obligacionista, el (la) bondholder
opción, la option
opinión, la opinion
oro, el gold
perfil, el profile; figure (of an
  object)
piedra, la stone
plata, la silver; money (slang)
poseedor(a), el (la) owner
posesión, la ownership; possession;
  property
presupuesto, el budget
propiedades, las equities, real
  estate
resolución, la solution; resolution
rubí, el ruby
señal, el signal, indication
situación, la situation
tipo, el type, kind
variedad, la variety

VERBOS

adjuntar to append, to attach, to
  enclose
analizar to analyze
aumentar to increase
confundir to confuse
ganar to earn; to win
gobernar (ie) to govern
heredar to inherit
jubilar(se) to retire
mejorar to improve
opinar to opine, to give an opinion
planear to plan
poseer to own; to possess
reportar to produce, to bring, to
  carry; to obtain
resolver (ue) to solve; to resolve
señalar to point out
surgir to arise, to emerge, to spring
  up

ADJETIVOS Y ADVERBIOS

adjunto(a) attached, enclosed
afecto(a) a subject to, liable for
confundido(a) confused
confuso(a) confused
exento(a) de exempt from
financiero(a) financial
igual equal, same, identical
inflacionario(a) inflationary
líquido(a) liquid
opcional optional
precioso(a) precious
superior superior
vasto(a) vast

OTRAS EXPRESIONES

**acciones comunes de sólida repu-
  tación, las** blue chip common
  stocks
asesor(a) financiero(a), el (la)
  financial consultant
a corto plazo short-term
a largo plazo long-term

bienes materiales, los *material goods; material wealth*

bienes, los y las obligaciones *assets and liabilities*

depósito de ahorro, el *savings deposit*

fondo del mercado monetario, el *money market fund*

fondo mutualista, el *mutual fund*

impuesto sobre la renta, el *income tax*

índice de crédito, el *credit rating*

libre de *free from, exempt from*

metal precioso, el *precious metal*

objeto de arte, el *art object*

obligación de valor fijo, la *fixed income bond*

obligación exenta de impuesto, la *tax-exempt bond*

piedra preciosa, la *precious stone*

prestar atención *to pay attention*

seguro de bienes raíces, el *real estate insurance*

tener presente *to keep in mind*

título de ahorro, el *savings certificate*

título del estado, el *treasury note, government certificate*

título del estado a corto plazo, el *short-term government certificate*

tomar en cuenta *to take into account, to consider*

Ejercicios de adquisición de vocabulario

Los ejercicios siguientes están destinados a ayudarle a adquirir y recordar el vocabulario de este capítulo. Concéntrese en el significado de las palabras.

A. Complete las siguientes frases usando la forma apropiada de las palabras que aparecen a continuación.

a largo plazo	el gobierno	financiero
el impuesto	confuso	surgir
líquido	tener presente	inflacionario
la variedad	precioso	analizar
la obligación de valor fijo	invertir	igual

1. Nunca he.................. mi dinero, pero ahora quiero aprender a hacerlo.
2. Antes de comprar nada, voy a buscar a alguien que me pueda dar buenos consejos ....
3. Recomiendo que Ud. .... la posibilidad de pagar sus deudas antes de considerar otras cosas.
4. El problema es que unos me dicen una cosa y otros me dicen otra cosa muy distinta; estoy muy ....
5. Para simplificarlo, todo puede reducirse a propiedades y ....
6. Si me trae todos esos documentos pronto, los voy a................... y luego podemos hablar más de posibles inversiones.
7. Lo más importante es tener algunas inversiones muy .... en caso de emergencia personal.
8. Estoy pensando en los años de mi vejez; por eso me interesan más las inversiones ....

9.   Antes de tomar una decisión definitiva, debemos considerar las repercusiones en . . . .

10.   ¿Cuál es el mejor tipo de inversión en un clima . . . . ?

B.   Conteste a la siguiente carta.

> Julián Requejo
> 617 Whitman Place
> Eugene, Oregon

CONSEJEROS DE INVERSIONES S.A.
56 Castro Street
San Francisco, California

Muy señores míos:

Leo en un anuncio en el periódico que su firma se especializa en inversiones en la Bolsa de Nueva York. Desearía más información sobre los servicios que ofrece su compañía.

Quedo a la espera de sus noticias,

> Julián Requejo

C.   Complete las frases siguientes con la forma del verbo que corresponde a los sustantivos en cursiva.

MODELO: la preocupación—preocupar

Acabo de recibir una *herencia* y necesito información acerca de las *inversiones* más convenientes. . . . . dinero de una tía y lo quiero . . . . pronto. Siento mucha *confusión* porque la *opinión* de mis amigos varía. Ellos me . . . . cuando . . . . acerca de lo que yo debo hacer con el dinero. Unos me dicen que haga un *análisis* de mis *posesiones* y de mis deudas, otros que pida mi *jubilación* de inmediato. Yo no sé cómo . . . . las cosas que . . . . y soy muy joven para . . . . Hasta ahora mi *resolución* es consultar a un especialista financiero antes de que el *gobierno* y sus impuestos acaben con mi dinero. Por eso, ... consultar a un asesor que me ayude a . . . . mis finanzas. Ojalá ese asesor entienda bien las diversas *señales* económicas y me . . . . el mejor camino a seguir.

D.   Dé la palabra que corresponde a cada definición.

1.   Hacer una distinción y división de las partes de una cosa para tener un mayor conocimiento de ella.

2.   Cantidad de dinero que se paga al gobierno como tributo o carga.

3.   Muy extendido o muy grande.

4.   Llamar la atención hacia una persona o cosa.

5.   Cuando un funcionario u otro empleado deja de trabajar, generalmente por ser viejo y con derecho a una pensión.

6. Persona que compra algún título o propiedad con intención de aumentar su dinero.
7. Recibir los bienes de una persona muerta por disposición testamentaria o legal.
8. Persona profesional que da consejos a los que quieren ganar dinero comprando acciones, obligaciones u otros bienes semejantes.

E. Escriba una frase original con cada una de las siguientes palabras o expresiones.

la liquidez	el bono	el índice de crédito
el fisco	poseer	la Bolsa
afecto a	prestar atención	
reportar	el título de ahorro	

F. Dé los equivalentes en español de las frases siguientes.

1. I have come to you because I need a good financial adviser to help me invest some of the money I inherited recently.
2. In my experience, it is good to pay off most of one's debts before entering into a large investment plan.
3. If you don't mind, I will give you a form to fill out at home which will give me the necessary data to construct your financial profile.
4. One of the first things we must do is plan for possible emergencies; some of your investments should have high liquidity.
5. I pay at least thirty cents of every dollar I earn to the federal treasury. Are there some tax-free investments that we can discuss?
6. There are several options to obtain liquidity: your personal savings account, money market funds, mutual funds, or short-term government certificates.
7. Since you are not interested in increasing your annual income, we will carefully consider the best long-term investments for you.
8. Give me a list of your assets and your debts, and a copy of your latest income tax returns.
9. I don't know whether to invest in the stock market, in precious metals, or to buy real estate.
10. In an inflationary economy, it is sometimes better to invest in equities, but one must also consider the effect of taxes.

Actividades

Los ejercicios siguientes están destinados a ayudarle a practicar el vocabulario, las estructuras y los contenidos aprendidos en este capítulo. Concéntrese en la comunicación de sus ideas.

Primera parte—Ejercicios orales

A. ACLARACIONES.   Aclare brevemente en español el sentido de las palabras en cursiva.

1. *Heredé* 5.000 dólares de mi abuelo hace tres semanas, es decir.................
2. Sé que ahora tengo varias *opciones,* es decir...................
3. Si no consulto a un asesor financiero, tendré que pagar muchos *impuestos sobre la renta,* es decir...................
4. Estoy seguro de que el asesor mencionará la importancia de tener un buen nivel de *liquidez* financiera en caso de emergencia, es decir...................
5. No sé si él querrá hablar de mi *índice de crédito,* es decir...................
6. En tiempos *inflacionarios* muchas personas invierten su dinero, es decir ....
7. Mis amigos me han aconsejado que compre algunos *títulos de ahorro,* es decir...................
8. Quizá lo mejor sea hacer inversiones *a largo plazo,* es decir...................

B. CONOCIMIENTOS COMERCIALES.   Explique brevemente.

1. Diferentes consejos conflictivos que se dan respecto a las inversiones
2. Algunas inversiones populares en el campo de las propiedades
3. Algunas inversiones populares en el campo de las obligaciones
4. Elementos que se toman en cuenta antes de elegir una inversión concreta para un individuo
5. Información que se entrega a un asesor financiero antes de que él pueda indicar un buen programa de inversiones
6. Razones por las cuales mucha gente comienza un programa de inversiones pagando sus deudas

C. SITUACIONES.   Diga en español.

1. Basándose en la foto del primer diálogo de este capítulo, desarrolle una conversación con un asesor financiero. Imagine que usted ha heredado una gran cantidad de dinero que desea invertir.
    a. Tell your adviser you recently inherited fifty thousand dollars and that you wish to make some long term investments.
    b. State that the advice you receive from your friends confuses you and you feel you need professional advice.
    c. Ask your adviser what kind of investment he would recommend for you.

    d.   Say that your taxes are already high, about thirty-five cents for each dollar you earn, and that you want to know how each investment will affect your taxes.

2.   Ud. es una asesora financiera que habla con un cliente que tiene poca experiencia en este campo.

    a.   Inform your client that the investment field is large and complicated but that essentially it can be reduced to two kinds of investments: equities and fixed income bonds.

    b.   State that fixed income bonds include such things as mortgages, life insurance, bonds, and savings deposits.

    c.   Mention that you will have a better idea about the proper investments for him after he completes the form that you will give him.

    d.   Suggest that the advantage of paying one's debts is that it is difficult to find an investment that returns a higher rate of interest than that which one pays on his debts.

    e.   Say that there are high liquidity investments available that are desirable to have in case of emergency: savings deposits, mutual funds, and short-term government certificates.

    f.   Mention that in general equities are a good investment in an inflationary climate but that one also must take into account the effect of the investment on one's taxes.

D. *NARRACIONES.*   Cuente lo que pasó en las siguientes escenas.

1.   Basándose en la foto del segundo diálogo de este capítulo, cuente lo que pasó a este señor cuando invirtió dinero en joyas. Trate de incluir las siguientes palabras y expresiones en su narración.

    a.   acabar de heredar
    b.   invertir
    c.   estar confuso
    d.   las opiniones diferentes
    e.   no tener interés
    f.   aumentar
    g.   la renta anual
    h.   acumular a largo plazo

2.   *Dando consejos.* Basándose en el dibujo de la página 182, desarrolle una conversación usando las expresiones siguientes.

    a.   Lo mejor es…
    b.   Creo que debe prestar más atención a…
    c.   Le recomiendo que…
    d.   Según mi propia experiencia es mejor…

Luego cuente qué deben hacer dos socios cuando no están de acuerdo en como resolver un problema.

E. *INTERPRETACIONES.*   Estudien las situaciones siguientes. Asignen los papeles de cada personaje. Transformen las situaciones en diálogo e interprétenlas frente a la clase o con unos compañeros. Habrá siempre un traductor español-inglés-español.

1. Una asesora financiera recibe por primera vez a un cliente con poca experiencia en las inversiones. Se saludan, hablan en general de lo que quiere hacer el cliente y la asesora le aclara la distinción entre propiedades y obligaciones de valor fijo.
2. Las mismas personas de la situación 1 hablan de la información que necesita la asesora para hacer un perfil financiero de su cliente.
3. La misma asesora le explica a su cliente cuáles son los fondos e inversiones de alta liquidez y la importancia de pensar en esta categoría antes de poner todo el dinero en inversiones a largo plazo. El cliente hace preguntas y comentarios de vez en cuando.

F.   CONVERSACIONES.   Varios estudiantes desarrollarán diálogos basados en las siguientes situaciones.

1. Dos personas con pocos conocimientos en el campo de las inversiones conversan sobre varias maneras de planear un programa de inversiones; terminan decidiendo que deben consultar a un asesor profesional.
2. Un asesor que acaba de hacer un análisis del perfil financiero de un cliente consulta con un colega de la misma oficina sobre sus conclusiones y recomendaciones antes de presentárselas al cliente.
3. Una asesora conversa con su cliente sobre los diferentes modos de prepararse para cualquier emergencia financiera.

G. *MESA REDONDA.* El jefe de programación de una emisora de televisión ha invitado a tres asesores financieros para que hablen de la situación económica presente y de cómo ven ellos el campo de las inversiones. Después de las presentaciones de cada uno, el interlocutor del programa les hace preguntas.

H. *PRESENTACIÓN PÚBLICA.*   Explique en 150 palabras.

El dueño de una oficina de asesoría financiera ha organizado un seminario gratis para los que quieran saber más sobre las inversiones. Hace una breve presentación en la cual introduce algunos conceptos fundamentales, y luego contesta las preguntas de los que están presentes.

Segunda parte—Ejercicios escritos

A. *OTROS PUNTOS DE VISTA.*

1. Haga una lista de sus bienes y de sus obligaciones indicando el valor monetario de cada uno. Indique si sus obligaciones superan a sus bienes o vice versa.
2. Prepare un breve informe para un nuevo cliente explicándole la diferencia entre propiedades y obligaciones de valor fijo. Dé ejemplos de cada una de ellas.

B. *EXPERIENCIAS Y OPINIONES.*   Escriba en español una composición contando sus experiencias (pueden ser ficticias) o expresando su opinión sobre los temas indicados.

1. Lo que yo haría si heredara 50.000 dólares
2. Las inversiones a largo plazo que considero mejores ¿Por que?
3. Una buena (o mala) experiencia con un asesor financiero
4. Por qué creo que las pólizas de seguro son (no son) una buena inversión

APÉNDICE A

Formularios profesionales

1. Lea el texto de este impreso. Imagine que Ud. va a depositar tres cheques; invente toda la información que se le solicita y rellene el impreso. Dé instrucciones a otra persona de la clase para rellenar este impreso.

 BANCO DE SANTANDER
FUNDADO EN 1857

UTILICESE MAQUINA DE ESCRIBIR. O
BOLIGRAFO SOBRE SUPERFICIE DURA

NUM. DEL CHEQUE ——————— B A N C O   L I B R A D O ——————— P E S E T A S

FIRMA DEL QUE HACE LA ENTREGA

T O T A L

BS **BANCO DE SANTANDER**
FUNDADO EN 1857

INGRESO DE
TALONES Y CHEQUES

Inscrito en el Registro Mercantil de Santander. Hoja n.º 286.
Folio 64, Libro 5.º de Sociedades. Inscripción 1ª

ABONAMOS EN CUENTA NUM. ....

DE ....

....

EL IMPORTE INDICADO EN EL RECUADRO "PESETAS" POR ENTREGA DE ....

CON DOMICILIO EN ....
(CALLE O PLAZA DEL QUE HACE EL INGRESO)   P E S E T A S

A cumplimentar por el Banco

ESTE RESGUARDO DEBERA LLEVAR AUTENTICACION MECANICA
EL ABONO DE TALONES Y CHEQUES SE ENTIENDE SALVO BUEN FIN

1. Lea el texto de este impreso. Imagine que Ud. va a exportar ciertas mercancías al extranjero; invente toda la información que se le solicita y rellene el impreso. Dé instrucciones a otra persona de la clase para rellenar este impreso.

MEXICAN COMMERCIAL INVOICE
Factura Comercial de las Mercancías

(Place and date of sale)   (Lugar y fecha de la venta)

Vendor_____ of_____
Vendidos por   (Name)   de   (Place and street address)   (Lugar y domicilio)

Sold to_____ of_____
Vendidos a   (Purchaser)   de   (Place and street address)   (Lugar y domicilio)

Consigned to_____ of_____
A la Consignación de   (Mexican Customs Broker if known)   de   (Place and street address)   (Lugar y domicilio)

Shipped by_____
Despachadas por   (Steamer, Freight, Express, etc.)

via port of_____
(al puerto de)

MARCAS
(Marks)

Invoice Number_____ Customer's Order No._____
Factura Numero   Pedido del Cliente No.

Vendor's Order No._____ Terms_____
Envio del Vendedor No.   Terminos

Numbers (Números)	Kind of Package (Clase de Bultos)	Weight in Kilos (Peso en Kilos)				DETAILED DESCRIPTION OF MERCHANDISE IN PLAIN COMMERCIAL TERMS (Especificación Comercial de las Mercancías)	Value in U.S.A. Dollars (Valor en Moneda Americana)
		Gross Weight Each Package (Bruto de Cada Bulto)	Net Weight Each Package (Neto de Cada Bulto)	Legal Weight Each Package (Legal de Cada Bulto)			

*I declare under oath that the value and specifications contained in this invoice are true and correct:
Declaro bajo protesta de decir verdad, que el valor y las declaraciones contenidas en esta factura son veridicas y correctas;

(Firm or Company Signature)   (Firma)

*Must be visaed by consulate if value is over $80. F.O.B.

(Signature of Individual)

Form No. 10-520   Printed and Sold by Unz & Co., Division of Scott Printing Corp., 190 Baldwin Ave., Jersey City, N.J. 07306—N.J. (201) 795-5400 / N.Y. (212) 344-2270 Toll Free (800) 631-3098

1. Dividan la clase por parejas. Una persona será el consejero y la otra el comprador (que sólo habla español). Ayude a su cliente a rellenar este impreso.

FIRM OFFER

I make you this firm offer for the property located at...

...., containing about.............. **sq. ft.**

in the town of..

city

of land with the buildings thereon, at $..................................to be paid as follows: $...............cash,

$..............first mortgage.............. years at.............%, with payments of $.............monthly-quarterly.

....I hand you $.............to bind this offer, to

be returned to me, if it is not accepted before..............19.......... If it is accepted, I agree to sign

your usual real estate agreement forthwith to carry this out and take title within..............days, and

to make an additional deposit of $.............., the deposits to be applied to the purchase price.

Signed in triplicate.

Accepted by...

....

This is a Legally Binding Contract, if not understood, Seek Competent Advice.

1. Dividan la clase por parejas. Inventen toda la información que se necesita para rellenar este impreso. Presenten a la clase su documento, explicando en español sus contenidos.

BRANCH LOAN REPORT

☐ **LOANS APPROVED BY BRANCH WITHIN THEIR LENDING LIMITS.**
Loans shown in Section A should be indicated in Section B.

☐ **LOANS REQUIRING BRANCH ADMINISTRATION APPROVAL.**
Loans requested in Section A ____ ____ (IS - IS NOT) shown in Section B.

DATE _____ BRANCH _____ NO. _____
HOME PHONE _____
NAME _____ BUSINESS PHONE _____
☐ CORP. ☐ PARTNERSHIP ☐ SOLE OWNER
MARITAL STATUS:
☐ MARRIED ☐ SEPARATED
BUSINESS _____
☐ UNMARRIED (Single, Divorced, or Widowed)
ADDRESS _____

SIGNED: LOAN OFFICER	MANAGERS INITIAL	(B) BORROWER'S TOTAL LIABILITY	AMOUNT (OMIT CENTS)	TYPE
BRANCH ADMINISTRATION APPROVAL	DATE APPROVED	DIRECT		
HEAD OFFICE APPROVAL	DATE APPROVED			
CONDITIONS OF APPROVAL BY BRANCH ADMINISTRATION/HEAD				
		ICL		

(A) THIS REPORT COVERS	RATE	MATURITY	AMOUNT	TYPE			
NEW LOANS							
RENEWAL LOANS (INCLUDE IN B)					R.E. LOANS		
FUTURE ADVANCES OR COMMITMENTS					OVERDRAFTS		
TOTAL					TOTAL LIABILITY		

REVOLVING LINE OF CR. RATE ____ % $ _____
EXPIRING _____ RATE ____ % $ _____
RATE ____ % $ _____

REVOLVING LINES OF CREDIT
TYPE _____ EXPIRING _____ RATE ____ % $ _____
TYPE _____ EXPIRING _____ RATE ____ % $ _____
TYPE _____ EXPIRING _____ RATE ____ % $ _____
ICL CONTINGENT EXPIRING _____ $ _____

ATTACHED ☐ TIME _____
BORROWERS: DATE OF F/S _____ DATE SENT _____ CUR. MO. DDA _____ 6 MO. DDA _____ ANNUAL _____
NET WORTH _____ CUR. ASSETS _____ CUR. LIAB. _____ TOTAL DEBT _____ INCOME _____
ENDORSER(S) ATTACHED ☐
OR _____ DATE OF F/S _____ DATE SENT _____ NET WORTH _____
GUARANTOR(S) DATE OF CG _____ AMT. OF CG _____
(STRIKE ONE) _____ DATE OF F/S _____ ATTACHED ☐
DATE OF CG _____ DATE SENT _____ NET WORTH _____
(IF MORE THAN TWO USE REVERSE) AMOUNT OF CG _____

1. DEPOSIT BALANCE AGREEMENT FROM TO TYPE

5. LAST OUT OF DEBT _____

2. SOURCE AND TERMS OF PAYMENT (INDICATE PRIMARY AND SECONDARY SOURCE) LAST OUT OF DEBT _____

6. LIST COLLATERAL ON ALL SECURED LOANS UNDER SECTIONS A AND B (SOURCE, TYPE, VALUE, DATE OF VALUE)

3. PURPOSE OF LOAN (ON RENEWALS: ORIGINAL DATE, AMOUNT, PURPOSE AND TERMS.)

GIVE COMPLETE EXPLANATION ON REVERSE SIDE
(TUMBLE)

CR-115 (12-79)

1. Imagine que Ud. va a solicitar un trabajo en una compañía. Invente sus credenciales
    y rellene este formulario. Explique en español a su clase qué puesto está Ud.
    solicitando, el nombre y tipo de negocio.

SOLICITUD DE EMPLEO

```
Sr.
Sra.
Srta. _____
        Apellido           Nombre            Inicial

Dirección _____
          Número      Calle              Ciudad      Estado

Teléfono _____ Edad _____ Nacionalidad _____

Lugar de nacimiento _____ Número de Seguro Social _____

Estado civil: soltero  casado  divorciado  Nombre de esposa o esposo _____

_____ Nombre y edad de los hijos:_____

_____
```

```
Educación       Nombre de la institución    Desde/Hasta    Título

Primaria:       _____    _____    _____

Secundaria:     _____    _____    _____

Universitaria:  _____    _____    _____

Otra:           _____    _____    _____
```

```
Experiencia:

Nombre de la empresa          Dirección              Desde/Hasta

_____    _____       _____

_____    _____       _____
```

```
Referencias personales:

Nombres y apellido            Dirección              Teléfono

_____    _____       _____

_____    _____       _____
```

```
Fecha _____  Firma del solicitante_____
```

1. Conteste a la carta siguiente pidiendo información sobre el interés en dólares que le ofrece su banco en una cuenta a depósito fijo de un año.

BS BANCO DE SANTANDER

FUNDADO EN 1857

Nueva York, 17 de enero 1989

Sr.D. Mariano Medina Pérez
122 51st. Street
New York, N.Y. 10010

Muy Sr. mío:

Hemos transferido con fecha de hoy la cantidad de $500.00 a su cuenta corriente número 11868 de nuestra sucursal en Madrid, Plaza de España, número 3. Lo cual le comunico para todos los efectos oportunos.

Nuestra entidad tendrá el gusto de atenderle para cuantas operaciones necesite durante su estancia en Madrid.

Aprovecho para desearle un feliz viaje. Atentamente,

Vicente Lázaro Coronado
Director

334

1. Estudie el impreso. Dé instrucciones en español a una persona de la clase que quiere enviar ciertas mercancías de México a Texas. Reconstruyan una factura proforma con la información inventada.

PRO FORMA INVOICE

SHIPPER: Benavente Brothers, Inc.
Route 2 Box 156
Peru, Indiana   46173

Via Great Lines
Port Charlotte, Florida

DATE July 27, 198_

CONSIGNEE: Manuel Eyzaguirre
97 Calle Colon
Valparaíso, Chile

QUANTITY	DESCRIPTION	MARKS & NOS.	DOLLAR AMOUNT	TOTAL DOLLAR AMOUNT
25	wooden apple presses	size D	$237.50 ea	$5937.50
25	wooden scrapers	long	$ 6.00 ea	$ 150.00
				$6087.50

**THESE COMMODITIES LICENSED BY U.S. FOR ULTIMATE DESTINATION
— — — — — — — — — — DIVERSION CONTRARY TO U.S. LAW PROHIBITED.**

SIGNATURE _____
(ALL COPIES MUST BE SIGNED IN INK)

APÉNDICE B
Vocabulario español-inglés

This Spanish-English end vocabulary contains all of the words and expressions that appear in the content of this book. It also includes the most frequently used vocabulary employed in the business professions. Each Spanish translation for a given English term appears as a separate entry.

Stem changes and spelling changes of verbs are indicated in parentheses after the infinitive entry. For a complete review of stem changes in indicative and subjunctive verb forms, see *Gramática para la comunicación.*

A

abastecedor(a) m./f. supplier

abastecedor(a) supply, supplying

abastecer to supply

abastecimiento m. supplying, provision

abogado(a) m./f. attorney, lawyer

abonaré m. debenture, promissory note

abono m. installment payment

abrir to open

  —abrir una cuenta to open an account

  —abrir un negocio to start (open) a business

absorber to absorb

  —absorber (asumir) la pérdida to absorb the loss

abuso m. abuse

  —abuso de confianza breach of trust

acaparamiento m. monopoly

acaparar to monopolize

acceso m. access

accidental accidental

accidente m. accident

acción f. stock, share; action

  —acciones comunes (ordinarias) common stocks

  —acciones comunes de sólida reputación blue chip common stocks

  —acciones de primera (categoría) blue chip stocks

  —acciones preferentes preferred stock

accionista m./f. stockholder, shareholder

aceptación f. acceptance

aceptar to accept

acera f. sidewalk, walkway

aconsejar to advise

acordado(a) agreed

acre m. acre

acreedor(a) m./f. creditor

acta f. minutes, record; transaction; act, law

  —acta de constitución memorandum of association

  —acta notarial affidavit

activo m. assets; capital

  —activo acumulado accrued assets

  —activo circulante (corriente, líquido) current assets; liquid assets

  —activo disponible available (cash) assets

  —activo fijo capital assets; fixed assets

  —activo neto net assets

  —activo y pasivo assets and liabilities

acto m. act

actualmente currently, at the present time

actuar to act

actuario(a) m./f. actuary

acuerdo m. accord, agreement

  —acuerdo financiero financial arrangement, financial agreement

  —acuerdo obligatorio binding agreement

  —acuerdo verbal gentleman's agreement

acumulación f. accumulation, savings

acumulado(a) accrued, accumulated, saved

acumular to accumulate, to save

acuse m. acknowledgment

  —acuse de recibo acknowledgment of receipt

adecuado(a) adequate

adelantado(a) advance, in advance

adeudado(a) in debt

adeudar to debit

adeudo m. indebtedness

adjuntar to append, to attach; to enclose

adjunto(a) attached; enclosed

administración f. administration, management

administrador(a) m./f. administrator, manager

administrar to administer, to manage

adquirir to acquire

adquisición f. acquisition; purchase

aduana f. customs

aduanero(a) m./f. customs officer

adulto m. adult

ad valorem ad valorem

adversidad f. adversity

adverso(a) adverse

advertencia f. piece of advice; warning; notice; reminder

advertir (ie-i) to advise, to point out; to notice; to warn

adyacente adjacent, next to

aéreo aerial, air

aerocarga f. air freight

aerolínea f. airline

aeropuerto m. airport

afecto(a) a subject to, liable for

afianzado(a) bonded

afidávit m. affidavit

afortunadamente fortunately

agencia f. agency

　—agencia automotriz automobile agency (dealer)

　—Agencia de Protección del Ambiente Environmental Protection Agency

　—agencia publicitaria (de publicidad) advertising agency

　—agencia de viajes travel agency

agenda f. agenda

agente m./f. agent, representative

　—agente de aduanas (aduanal) customs agent

　—agente de bienes raíces real estate agent

　—agente de bolsa stockbroker

　—agente inmobiliario(a) (de la inmobiliaria) real estate agent

　—agente de seguros insurance agent

　—agente expedidor(a) (de embarque) shipping agent, freight forwarder

agotamiento m. depletion

agotarse to run out, to run low

agradar to please

agradecer(zc) to thank

agradecimiento m. thanks, gratitude; appreciation

agrado m. taste, liking; affability

a granel in bulk

aguinaldo m. gift, bonus (at Christmas)

ahorrar to save (money, time, etc.)

ahorro m. savings

aire m. air

　—aire acondicionado air conditioning

ajustar to adjust; to settle

ajuste m. adjustment; settlement

albacea m./f. executor

　—albacea testamentario(a) estate executor

alcance m. reach; scope

　—de gran alcance far-reaching

alcoba f. bedroom

al contado in cash

al fiado on credit

alfombra f. carpet

alfombrado(a) carpeted

alfombrar to carpet

aliviar to relieve, to alleviate

alivio m. relief, alleviation

almacén m. warehouse; depository; shop, store

　—de almacén a almacén from warehouse to warehouse

　—en almacén in stock

almacenaje m. storage, storing; storage fee

almacenamiento m. stockpile

almacenar to store, to put into storage; to stock up (with); to collect

almacenero(a) m./f. warehouse worker; shopkeeper

alquilador(a) m./f. renter; tenant, lessee

alquilar to rent; to lease

alquiler m. renting; rent; rental charge

alto(a) high, tall

　—de alto high

alza f. increase, rise

　—alza rápida boom period; rapid increase

amenidad f. amenity; pleasantness, agreeableness

ameno(a) pleasant, agreeable, nice

amortización f. amortization; depreciation

　—amortización de capital capital depreciation

　—plan de amortización de bienes depreciation schedule

ampliación f. enlargement, expansion; extension

ampliar to enlarge, to expand; to extend

amplio(a) spacious; extensive; ample

análisis m. analysis

　—análisis de cuenta account analysis

analizar to analyze

ancho(a) wide

　—de ancho wide

anfitrón m. generous host

anónimo(a) anonymous

anotar to note, to jot down

anticipación f. anticipation; advance (financially)

　—mes de anticipación a month in advance

anticipado(a) advance, in advance, anticipated

anticipar to advance; to anticipate; to lend, to loan

anticipo m. advance payment

antigüedad f. seniority

antimonopolista antitrust

anual annual

　—estado anual annual statement

anualidad f. annuity

　—anualidad vitalicia annuity for life

anular to annul, to nullify

anuncio m. announcement; advertisement

　—poner un anuncio to advertise, to place an advertisement

aparecer(zc) to appear, to come into view

apartado m. spare room; paragraph, section, heading
—**apartado postal** post office box
apellido m. last name
—**apellido de soltera** maiden name
apoderado(a) m./f. proxy; authorized
apreciación f. appreciation
apreciar to appreciate
aprobación f. approval
aprobar (ue) to approve
—**aprobar (ue) las condiciones** to accept the conditions
aprovechar to make use of, to use; to profit by; to take advantage of
aproximadamente approximately
arancel m. customs duties, tariff
arbitraje m. arbitration
árbitro(a) m./f. arbitrator, referee
archivador(a) m./f. filing cabinet; filer
archivar to file
archivero m. filing cabinet
archivo m. file; archive; record
—**archivo confidencial** confidential file
área f. area
arreglar to repair; to arrange, to settle, to adjust, to compromise
arreglo m. repair; arrangement, agreement, settlement, adjustment, compromise
arrendador(a) m./f. landlord, landlady; lessor; tenant
arrendamiento m. rental, rent; leasing, lease
arrendar (ie) to rent; to lease
arrendatario(a) m./f. tenant; lessee, leaseholder
arriendo m. rental, rent; leasing, lease
arriesgar to risk; to hazard
arte m./f. art
artículo m. article, item, piece of goods
—**artículos de primera necesidad (básicos)** staples, necessities
—**artículos de segunda mano (usados)** secondhand goods

—**artículos varios** sundries
asalariado(a) m./f. wage earner, working person
ascendente ascending, upward
ascender (ie) to ascend, to rise; to promote; to amount (price)
asegurado(a) m./f. policyholder
asegurado(a) insured; secured
asegurador(a) m./f. underwriter
asegurar to insure; to underwrite; to assure
asequible available
asesor(a) m./f. adviser, consultant
—**asesor(a) financiero(a)** financial consultant
asesor(a) advisory
asesoramiento m. advice
asesorar to advise, to act as a consultant to
asesoría f. advising (professional); consultant's office
asiento m. seat, chair
—**asiento de primera clase** first class seat
—**asiento trasero** back seat
asignación f. allotment, allocation, appropriation
asignado(a) allocated, appropriated
asignar to allot, to allocate, to appropriate
asociación f. association; society; partnership; guild
—**asociación de ahorro y prestamo** A savings and loan institution
asociado(a) m./f. associate; member; partner
asociarse to associate; to become partners
aspecto m. aspect; appearance
aspiradora f. vacuum cleaner
aspirante m./f. applicant, candidate
asunto m. matter, topic, issue
—**asuntos a tratar** agenda
atención f. attention
—**a la atención de** in care of (c/o)
atender (ie) to wait on, to help
atestiguar to testify
atrasado(a) delinquent, overdue, in arrears

atrasarse (en los pagos) to get in arrears
atrasos m. arrears; backlog
auditor(a) m./f. auditor
auditoría f. audit, auditing
auge m. peak, zenith, boom
aumentar to increase, to expand
aumento m. augmentation, rise, increase, expansion
—**aumento (alza) de precio** price increase
—**aumento en valor** increase (appreciation) in value
ausentismo m. absenteeism
auto m. car, auto
autobús m. bus
automático(a) automatic; automated
automatización f. automation
automatizado(a) automated
automatizar to automate
automotriz automotive
automóvil m. automobile
automovilístico(a) pertaining to an automobile
autopista f. freeway, highway
autoridad f. authority
autorización f. authorization; license, permit
autorizado(a) authorized
autorizar to authorize
avalúo m. assessment
avería f. damage
avión m. airplane
—**ir en avión** to go (travel) by airplane
avisar to inform; to give notice; to let (someone) know; to warn
aviso m. notice; piece of information; advice; warning; ad, advertisement
—**aviso anticipado** advance notice
—**avisos clasificados** classified advertising, classified ads
—**dar aviso** to give notice; to warn

B

baja f. fall, failure, downturn
bajar to go down, to decrease
—**bajar de precio** to go down in price

balance m.   balance; balance sheet
 —***balance comercial*** balance
of trade
 —***balance de pagos*** balance of
payments
banasta f.   crate; large basket,
hamper
banca f.   banking
bancario(a)   bank, banking;
financial
bancarrota f.   bankruptcy
 —***declarar bancarrota***   to
declare bankruptcy
banco m.   bank
 —***banco de ahorros***   savings
bank
 —***banco mutualista de ahorros***
mutual savings bank
banquero(a) m./f.   banker
baño m.   bathroom; bath
barco m.   ship
barrera f.   barrier
basar(se)   to base (oneself)
base f.   base; basis
 —***base de avalúo (valoración)***
basis for assessment
 —***base de depreciación***   basis
for depreciation
 —***sentar (ie) las bases***   to lay
the foundation
beca f.   scholarship, grant
beneficiar   to benefit, to profit
beneficiario(a) m./f.   beneficiary; payee
beneficio m.   benefit, profit, gain
bien m.   good; property, possession, asset; advantage, benefit,
profit
 —***bienes de capital***   capital
assets
 —***bienes, los y las obligaciones***
assets and liabilities
 —***bienes inmuebles***   real estate,
real property, real assets
 —***bienes materiales***   material
goods; material wealth
 —***bienes personales***   personal
possessions
 —***bienes raíces***   real estate, real
property
 —***bienes y servicios***   goods and
services
bilingüe   bilingual

billete m.   bill; ticket
 —***billete de banco (bancario)***
bank note
 —***billete falso***   counterfeit bill
bodega f.   warehouse
boleta f.   slip, stub; ticket
 —***boleta de depósito***   deposit
slip
boleto m.   ticket; coupon
Bolsa f.   stock market, stock
exchange
bolsista m./f.   stockbroker
bonanza f.   boom period
bonista m./f.   bondholder
bono m.   bond
 —***bono de tesorería (del estado)***
treasury bond
bordo m.   (Naut.) side, board
brevedad f.   brevity
 —***a la mayor brevedad
posible***   as soon as possible
bruto(a)   gross (weight); brutish;
stupid
bulto m.   bulk; bundle, package
burocracia f.   bureaucracy
burócrata m./f.   bureaucrat

C

caber   to fit
cabeza f.   head
 —***por cabeza***   per head
cabida f.   space, room; capacity
cabildear   to lobby
cabildeo m.   lobbying
 —***organización para cabildeo***
lobby group
cabildero(a) m./f.   lobbyist
cabo m.   end, termination, conclusion; cape, point
 —***al cabo***   finally, in the end
 —***llevar a cabo***   to accomplish;
to finish
caducar   to grow old; to lapse, to
expire
caída f.   fall; downturn
caja f.   box; cashbox; safe; chest;
crate
 —***caja automática***   automatic
teller
 —***caja automatizada***   automated teller
 —***caja de ahorros***   savings
bank

 —***caja de cambios***   gearbox
 —***caja registradora***   cash
register
 —***caja de seguridad***   safe
cajero(a) m./f.   cashier, teller
calculadora f.   calculator; adding
machine
calcular   to calculate
cálculo m.   calculation
calidad f.   quality
calificado(a)   qualified
calma f.   calm
calmar(se)   to calm (oneself)
down
cámara f.   room, hall, chamber;
camera
 —***cámara de comercio***
chamber of commerce
cambiar   to trade in, to exchange;
to change
 —***cambiar de empleo***   to
change jobs
 —***cambiar un cheque***   to cash
a check
cambio m.   gear; change;
exchange
 —***cambio automático***   automatic shift, automatic transmission
 —***cambio de divisas***   money
exchange, foreign exchange
 —***cambio manual***   manual
transmission
camión m.   truck; bus (Mexico)
campaña f.   campaign
 —***campaña publicitaria***   publicity (advertising) campaign
campo m.   field
cancelar   to cancel, to annul; to
liquidate
candidato(a) m./f.   candidate,
applicant
canje m.   money exchange, foreign
exchange
cantidad f.   quantity
cañería f.   pipe; conduit; drain
 —***cañerías de agua***   plumbing,
water pipes
capacidad f.   ability; capacity
capataz m./f.   foreman, person in
charge
capaz   able, capable, qualified
capital m.   capital, money; capital
sum

—capital activo capital assets

—capital de trabajo (de explotación) working capital

capitalismo m. capitalism

capitalista m./f. capitalist, entrepreneur

carga f. load; cargo, freight

—carga aérea air freight

—carga de trabajo work load

cargar to charge; to encumber, to debit; to load

—cargar en cuenta to charge to an account

cargo m. charge, debit, encumbrance; load, weight; duty, responsibility

—cargo directivo executive position

—cargo mensual monthly charge

—cargo por cobro collection charge

—estar a cargo (de) to be in charge (of)

carpeta f. folder

carretera f. highway, main road

carta f. letter

—carta con anexos cover letter

—carta de crédito letter of credit

cartel m. cartel

cartera f. briefcase; portfolio

casa f. firm, business house; house; home

—casa comercial business firm

—casa de cambio money exchange, foreign exchange

—casa matriz head office; parent company

casilla f. post office box

caso m. case

categoría f. category

categorizar to categorize

causa f. cause

causar to cause

centímetro m. centimeter

centro m. center; downtown

—centro comercial shopping center

cerca f. fence; wall

cerrar (ie) to close

—cerrar (ie) el trato to close the deal

—cerrar (ie) una cuenta to close an account

—cerrar (ie) un negocio to close a business

certificado m. certificate

—certificado de ahorros savings certificate

—certificado de depósito a plazo fijo fixed term deposit certificate

—certificado de propiedad certificate (proof) of ownership

certificado(a) certified, registered

certificar to certify, to register

cesantía f. unemployment

ciclo m. cycle

—ciclo económico (comercial) business cycle

cierre m. closing; lockout

cifra f. number, numeral; quantity

cilindro m. cylinder

cita f. appointment; date

—hacer una cita to make an appointment; to make a date

clasificación f. classification

clasificado(a) classified

clasificar to classify

cláusula clause; provision

—cláusula con opción de pago adelantado acceleration clause

—cláusula de rescisión cancellation clause

cliente m./f. client

clientela f. clients, customers

clima m. climate

cobrar to charge; to collect; to cash (a check); to earn

—cobrar un cheque to cash a check

cobro m. collection

cocina f. kitchen

código m. code

—código civil civil code

—código criminal (penal) criminal code

codueño(a) m./f. co-owner

cofradía f. guild

coheredero(a) m./f. party to an estate

colectivo(a) collective; corporate; joint

colega m./f. colleague, associate

colocar to place, to put

columna f. spine; column, pillar

combinación f. combination; merger

combinar to combine; to merge

comedor m. dining room

comercial commercial, pertaining to business

comerciante m./f. businessperson, merchant

comercio m. commerce, business; trade

—comercio en gran escala big business

comisión f. commission

—a comisión commission basis

—comisión fija flat commission

comité m. committee

—comité asesor (consultivo) advisory committee

—comité ejecutivo executive committee

comodidad f. comfort

cómodo(a) comfortable

compañía f. company

—compañía aérea airline

—compañía de autos de alquiler car rental company

—compañía de títulos title company

—compañía tenedora (de control) holding company

—compañía transportadora (de transporte) carrier

compensación f. compensation

—compensación equitativa adequate (fair) compensation

competencia f. competition

competición f. competition

competir (i) to compete

completar to complete

completo(a) complete

compra f. purchase

comprar to purchase, to buy

—comprar al por mayor to buy at wholesale

—comprar al por menor to buy at retail

—comprar a plazos (en abonos) to buy on installments

comprobante m.   voucher, slip; claim check

—comprobante de caja   cash voucher

computador m.   computer

computadora f.   computer

computarizado(a)   computerized

computarizar   to computerize

comunicación f.   communication

comunidad f.   community

—Comunidad Económica Europea   European Common Market

conceder   to give, to grant; to concede

—conceder un préstamo   to grant a loan

concesión f.   concession; awarding; franchise

concesionario(a) m./f.   licensee; franchise holder

concordar (ue) (con)   to agree (with)

condición f.   feature; condition; term (financial)

—condiciones de flete (embarque)   shipping terms

—condiciones de pago   terms of payment

condicional   conditional

conducir(zc)   to drive; to lead

—conducir con exceso de velocidad   to drive over the speed limit

conductor(a) m./f.   driver, motorist

conferencia f.   lecture; conference, meeting

confiabilidad f.   reliability, trustworthiness

confiable   reliable, trustworthy

confianza f.   confidence; trust

—tener confianza (en)   to have confidence (in)

confirmación f.   confirmation

confirmar   to confirm

confiscar   to confiscate

conflicto m.   conflict, dispute

confundido(a)   confused

confundir   to confuse

confusión f.   confusion

confuso(a)   confused

congelación f.   freeze, freezing

—congelación de precios   price freeze

conjunto(a)   joint; united

conocimiento m.   knowledge

—conocimiento de embarque (carga)   bill of lading

consejero(a) m./f.   adviser

consejo m.   piece of advice; council, board

—consejo consultivo   advisory council

—consejo de administración   board of directors

—consejo de personal   personnel board

consentimiento m.   consent, approval

consentir (ie-i)   to consent, to approve

consignación f.   consignment

consignador(a) m./f.   consigner

consignar   to consign

consignatario(a) m./f.   addressee, assignee, consignee

consocio(a) m./f.   associate, partner

consolidación f.   consolidation, merger

constante   constant

constar (de)   to consist (of)

constitución f.   constitution

construcción f.   construction

construir   to construct, to build

cónsul m./f.   consul

consulado m.   consulate; consulship

consular   consular

consulta f.   consultation

consultar(se)   to consult (with one another)

consultivo(a)   advisory

consumidor(a) m./f.   consumer, buyer

consumo m.   consumption

contabilidad f.   accounting

—contabilidad de costos   cost accounting

contador(a) m./f.   accountant

—contador(a) público(a) titulado(a)   certified public accountant

contar (ue)   to count

—al contado   in cash

continuo(a)   ongoing; continuous

contrario(a)   contrary

—en caso contrario   otherwise, if not

contratación f.   contracting, hiring; bargaining

—contratación colectiva   collective bargaining

contratar   to contract for, to hire

contratiempo m.   setback, bad time

contratista m./f.   contractor

contrato m.   contract

—contrato de compra   purchase contract

contribución f.   contribution; tax

contribuyente m./f.   contributor; taxpayer

control m.   control

—control de precios   price control

controlador(a) m./f.   controller

conveniente   convenient; suitable

convenio m.   agreement, accord; contract; treaty

—convenio colectivo   collective bargaining agreement

—convenio de compra (a plazo)   (long-term) purchase agreement

convenir   to be convenient; to be suitable; to agree

conversación f.   conversation

conversar   to converse

copia f.   copy

—copia (trasunto) certificada   certified copy

—copia de archivo   file copy

copiar   to copy

copropietario(a) m./f.   co-owner

cordón m.   cord, string; cordon

—cordón de huelguistas   picket line

corporación f.   corporation

corporativo(a)   corporate

corrección f.   correction; amendment

corredor(a) m./f.   agent, broker

—corredor(a) de bonos   bondbroker

corregir (i) to correct; to amend
correo m. mail
—**por correo** by mail
correspondencia
f. correspondence
corresponder to correspond
correspondiente corresponding; respective
corretaje m. brokerage
corriente checking (account); flowing; current; valid
cortina f. curtain, drape
corto(a) short (in length)
—**a corto plazo** short-term
cortocircuito m. short-circuit
costa f. coast
coste m. cost, price; expense
costo m. cost
—**a costo** at cost
—**costo de reposición** replacement cost
—**costo de vida** cost of living
—**costo más porcentaje** cost plus percentage
—**costo real (efectivo)** actual cost
—**costo, seguro y flete (C.S.F.)** cost, insurance, and freight (C.I.F.)
costumbre f. custom, habit
—**de costumbre** customarily, normally
cotización f. price quotation; quota
—**cotización a la apertura** opening price
—**cotización al (de) cierre** closing price
cotizado(a) in demand, popular
cotizar to quote, to price (at); to fix (quota)
creación f. creation
crear to create
crédito m. credit
—**a crédito** on credit
—**crédito renovable** revolving credit
cuadra f. block (in a city or town)
cuadrado(a) square (measurements)
cuadro m. picture; scene; table, chart, diagram
cualitativo(a) qualitative

cuantitativo(a) quantitative
cuarto m. room
—**cuarto de baño** bathroom
cúbico(a) cubic
cubo m. cube; bucket, pail; barrel, drum
cubrir to cover
cuello m. neck
cuenta f. account; count, counting; bill, statement
—**a cuenta** on account
—**cuenta bancaria** bank account
—**cuenta conjunta** joint account
—**cuenta corriente** checking account; charge account
—**cuenta de ahorros** savings account
—**cuenta de cheques** checking account
—**cuenta de gastos (de operación, de trabajo)** expense account
—**cuenta personal** personal account
—**cuenta por (a) cobrar (recibir)** outstanding account, account receivable, unpaid bill (in)
—**cuenta por (a) pagar** unpaid bill, account payable, unpaid bill (out)
—**tomar en cuenta** to take into account, to consider
cuerpo m. body
—**cuerpo medio ejecutivo** junior executives (management)
—**cuerpo superior ejecutivo** senior executives (management)
cuidado m. care; carefulness; worry, concern
—**cuidado médico** medical care
cuidadoso(a) careful
cuidar to take care of
cumplimiento m. expiration; fulfillment
cumplir(se) to expire; to fulfill, to meet
—**cumplir las condiciones** to meet (fulfill) the conditions
cuota f. payment; quota, allotment, allocation

—**cuota mensual** monthly installment
cupón m. coupon
curriculum vitae m. professional resumé
curso m. course; direction; flow
custodia f. custody, safekeeping

CH

cheque m. check
—**cheque cancelado** cancelled check
—**cheque certificado (registrado)** certified check
—**cheque de caja** cashier's check
—**cheque de viajero** traveler's check
—**cheque en blanco** blank check
—**cheque sin fondos** uncovered check
chequera f. checkbook
chocar to crash, to collide
choque m. crash, collision

D

dañado(a) damaged; harmed; injured
dañarse to become damaged; to hurt oneself
daño m. damage, harm; injury
—**daño accidental** accidental damage (injury)
—**daños y perjuicios** damages
—**daño en tránsito** damage in transit
dar to give
—**dar al (jardín)** to face the (garden)
—**dar (veinticinco) millas por galón** to get (twenty-five) miles per gallon
—**dar por terminado** to conclude, to end
dato m. fact, datum, piece of information
debe m. debit
—**debe y haber** debit and credit
debitar to debit
débito m. debit
decisión f. decision

declaración f.   declaration, statement
 —declaración aduanal (de aduanas)   bill of entry, customs declaration
 —declaración de exportación   export declaration
 —declaración de (sobre) la renta (los ingresos)   income tax return
 —declaración jurada   affidavit
declarar   to declare
decreciente   diminishing
decreto m.   decree
deducción f.   deduction
deducible   deductible
deducir   to deduct
defectivo(a)   defective
defecto m.   defect
déficit m.   deficit; gap
definido(a)   definite, set
definitivo(a)   definite; definitive
deflación f.   deflation
dejar   to leave (behind); to let, to allow
 —dejar de (trabajar)   to stop (working)
delante de   in front of
delantero(a)   pertaining to the front
demanda f.   request; suit (law)
demandar   to request; to sue
demorado(a)   delayed, deferred
demostración f.   demonstration
demostrar (ue)   to demonstrate
dentro de   within
 —dentro de poco (tiempo)   within a short period (of time)
denuncia f.   complaint; accusation
departamento m.   department
depender (de)   to depend (on)
depositar   to deposit
depósito m.   deposit; warehouse
 —depósito anticipado   advance deposit
 —depósito a plazo (a término)   time deposit
 —depósito de ahorro   savings deposit
depreciación f.   depreciation
 —depreciación acelerada   accelerated depreciation

depreciar   to depreciate
depuración f.   screening, purging
derecho m.   right; title; law, justice; fee
 —derecho comercial (mercantil)   commercial law
 —derechos (impuestos) de aduanas   customs duties
 —derecho de autor(a)   copyright; royalty
 —derecho de reproducción   copyright
 —tener derecho a   to have a right to
derivado(a)   by-product
derroche m.   waste
desastre m.   disaster
desastroso(a)   disastrous
descenso m.   downturn
descomponerse   to break down; to spoil
descontar (ue)   to discount, to mark down, to deduct
descuento m.   discount, mark-down
 —descuento por pago al contado   cash discount
desembolsar   to disburse, to expend
desembolso m.   disbursement, expenditure
desemplear   to discharge, to fire
desempleo m.   unemployment
desenvolver(se) (ue)   to get along; to unwrap; to expound, to explain
desfalco m.   embezzlement
desfavorable   unfavorable
desgaste m.   wear and tear
deshonestidad f.   dishonesty
deshonesto(a)   dishonest
desocupado(a)   idle, not busy; unemployed
despachar   to send, to dispatch (to); to expedite; to complete
despacho m.   small office
despedida f.   leave-taking; farewell; dismissal (job)
despedir(se) (i) (de)   to take leave (of), to bid farewell (to); to discharge, to fire, to dismiss
desperdicio m.   waste

despido m.   dismissal (job), layoff
destinatario(a) m./f.   addressee, consignee
destreza f.   ability, know-how
destrucción f.   destruction
destruido(a)   destroyed
destruir   to destroy
desusado(a)   obsolete
desuso m.   obsolescence
desvaloración f.   devaluation
desván m.   attic, loft
desventaja f.   disadvantage
desventajoso(a)   disadvantageous
detalladamente   in detail
detallado(a)   detailed; itemized
detallar   to detail; to itemize
detalle m.   detail
 —al detalle   retail
deteriorar   to deteriorate, to spoil
deterioro m.   deterioration, damage
determinación f.   determination
determinado(a)   fixed, set, unchanging
determinar   to determine
detrás de   in back of
 —por detrás   from behind
deuda f.   debt; indebtedness; liability
 —deuda incobrable   bad debt
deudor(a) m./f.   debtor
devaluación f.   devaluation
devengar   to earn, to draw
devolución f.   return; repayment, refund
devolver (ue)   to return, to give back
día m.   day
 —al día   each day; up to date
 —día hábil (laborable)   business day, work day
 —por día   each day; per diem
diamante m.   diamond
diario m.   diary; per diem
dictáfono m.   dictaphone
diferido(a)   deferred
dimensión f.   dimension
 —dimensión cúbica   cubic dimension, cube
dinero m.   money
 —dinero contante (efectivo)   cash

—dinero falso counterfeit money

dirección f. address; direction; management, board of directors

directiva f. board of directors, governing body

directivo(a) managing, governing, executive

—junta directiva executive council, governing board

director(a) m./f. director, manager

dirigente m./f. executive; leader

discusión f. discussion; argument

discutir to discuss; to argue

diseñar to design; to draw, to sketch

diseño m. design; drawing, sketch

disminuir to diminish, to reduce

disponible available; in stock

disputa f. dispute

distribución f. distribution

distribuidor(a) m./f. distributor; dealer, agent

—distribuidor(a) de automóviles car dealer

distribuidor(a) distributing

distribuir to distribute

dividendo m. dividend

divisible divisible

documentación f. documentation

documentar to document

documento m. document

dólar m. dollar

dolor m. pain

doloroso(a) painful; distressing

doméstico(a) domestic

dominación f. domination, control

dominar to know well, to be fluent in; to dominate, to control

dominio m. fluency, command; dominion, power

—dominio eminente eminent domain

donación f. donation

donativo m. donation

dormitorio m. bedroom

—dormitorio matrimonial master bedroom

dotación f. endowment

dote m. endowment, gift

ducha f. shower (bathroom)

dueño(a) m./f. owner

duración f. duration

durar to last (in time); to survive; to wear (well)

E

economía f. economics; economy; thrift

económico(a) economical, inexpensive

echar to throw; to throw out

—echar un vistazo (a) to look (at)

edad f. age

edificar to build

edificio m. edifice, building

efectivo m. cash, cash on hand

—en efectivo in cash

efectivo(a) effective; actual, real

efecto m. effects, goods, merchandise; things; effect

—en efecto in effect; in fact, really

eficacia f. effectiveness; efficiency

eficaz effective; efficient

egreso m. expenditure

eje m. axle; axis; shaft

—eje trasero rear axle

ejecutivo(a) m./f. executive; board member

ejecutivo(a) executive

electrónica f. electronics

electrónico(a) electronic

elegir (i) to select; to elect

embalador(a) m./f. packer

embalaje m. packing, packaging

embalar to pack, to wrap, to create, to bale

embarcación f. embarkation; boat, small craft

embarcadero m. pier, loading dock, wharf

embarcar to ship; to embark

embargar to embargo, to seize, to expropriate, to garnishee

embargo m. embargo, seizure, expropriation, garnishment

—embargo precautorio lien

embarque m. shipment; loading

embotellamiento m. bottleneck

emergencia f. emergency

empacar to pack up, to crate

empleado(a) m./f. employee

emplear to employ; to use

empleo m. job; employment; use

emprender to undertake

empresa f. enterprise, undertaking, venture; company

—empresa privada private enterprise

empresario(a) m./f. manager; promoter; entrepreneur; contractor; employer

en in, on, at

—en (a) granel in bulk

—en cuanto a concerning, with regard to

encabezamiento m. heading

encantado(a) charmed

—encantado(a) de (conocerlo/a) pleased to (meet you)

encantador(a) charming

encantar to charm

encanto m. charm

encargarse (de) to take charge (of), to take care (of)

encuesta f. survey, poll

endosar to endorse

endoso m. endorsement

enfermedad f. sickness

engañoso(a) misleading, deceptive

enmendación f. amendment

enmendar (ie) to amend

enmienda f. amendment

ensamblador(a) m./f. fitter; assembler, factory worker

ensamblaje m. assembly

ensamblar to assemble; to join

ensayar to try out; to practice

ensayo m. test, tryout; practice, rehearsal

enseñar to teach; to show

entablar to file, to bring (lawsuit); to start up

—entablar un juicio to file a lawsuit

entrada f. entrance, entry; down payment; income, profit

entrega f. delivery

—entrega contra reembolso cash on delivery (C.O.D.)

—entrega por cobrar cash on delivery (C.O.D.)

entregar to deliver
entrenador(a) m./f. trainer; coach
entrenamiento m. training; coaching
entrenar to train; to coach
entrevista f. interview
entrevistar to interview
enviar to send, to remit, to ship
   —enviar adjunto(a) to append, to attach, to enclose
envío m. shipment, remittance
equidad f. equity
equilibrio m. equilibrium
   —lograr un equilibrio to break even
equipado(a) equipped
equipar to equip; to furnish
equipo m. equipment, set, component parts; team
   —equipo estereofónico m. stereo sound set
equitativo(a) equitable, fair, just
equivalente equivalent, equal
equivaler to be equivalent, to be equal
escala f. stopover; scale
   —en (a) gran escala large-scale
escasear to run low
escasez f. shortage
escoger to choose
escribir to write
   —escribir a máquina to type
escritorio m. desk
escritura f. deed; document, instrument, bill; writing
   —escritura constitutiva act of incorporation
   —escritura de fideicomiso trust deed
   —escritura de hipoteca mortgage deed
   —escritura de propiedad property deed
   —escritura de venta bill of sale
esencial essential
espacio m. space
   —espacio en blanco blank space
espacioso(a) spacious
especial special
especie f. kind, sort; species
   —en especie in kind

especificación f. specification
especificar to specify
especulación f. speculation
especulador(a) m./f. speculator
especular to speculate
espejo m. mirror
esquina f. corner
estabilidad f. stability
estación f. season
estacionamiento m. parking; parking lot
estadística f. statistics
estadístico(a) statistical
estado m. report, statement; state; condition
   —estado de la cuenta bank account statement
   —estar en buen estado to be in good condition
estampilla f. stamp
estar to be
   —estar a cargo (de) to be in charge (of)
   —estar al tanto (de) to be informed (of)
   —estar en buen estado to be in good condition
estatuto m. statute; bylaw
   —estatutos de asociación articles of association
estenógrafo(a) m./f. stenographer
estimación f. estimate
   —estimación actuarial actuarial estimate
estímulo m. stimulus, incentive
estipulación f. stipulation, condition, proviso
estipular to stipulate
ética f. ethics
evasión f. evasion
examen m. examination
examinar to examine, to look over
excedente m. surplus
exceder to exceed
exceso m. excess; glut
   —exceso de equipaje excess luggage
   —exceso de personal overstaffing
exclusivo(a) exclusive
excursión f. excursion, tour

exención f. exemption
exento(a) (de) exempt (from)
   —exento(a) de impuesto tax-exempt
éxito m. success
   —tener éxito to be successful
exitoso(a) successful
expandir to expand
expansión f. expansion
expedidor(a) m./f. shipper, forwarder
expedidor(a) forwarding, shipping
expedir (i) to forward, to ship
experiencia f. experience, know-how
explotación f. exploitation; operation
exportación f. exportation, export; exported goods
exportador(a) m./f. exporter; shipper
exportar to export
expreso m. express
   —expreso aéreo air express
expropiación f. expropriation; condemnation
expropiar to expropriate; to condemn
extender (ie) to extend; to expand
extensión f. extension; expansion
exterior m. exterior
   —al exterior foreign, abroad
externo(a) external
extra extra
extranjero m. foreign lands
   —al extranjero in foreign lands
extranjero(a) foreign
extraordinario(a) extraordinary

F

fábrica f. factory
fabricación f. manufacturing
fabricante m./f. manufacturer
fabricar to manufacture
faceta f. facet, aspect
facilidad f. facility; ease
facilitar to facilitate; to expedite; to furnish
factura f. bill, invoice, statement

—factura de gastos expense statement

—factura proforma pro forma invoice

facturación f. invoicing; registration

facturar to invoice; to register; to check (luggage)

falsificación f. falsification; forgery

falta f. lack, want, need; shortage; failure, mistake

—falta de cumplimiento failure to comply

—falta de pago lack of payment; default

—sin falta without fail, for sure

fanega f. bushel

fase f. phase

—fase ascendente upswing

—fase descendente downturn

favorito(a) favorite

fe f. faith

—dar fe to certify, to swear

fecha f. date (calendar)

—fecha de cierre closing date

—fecha de entrega date of delivery

—fecha límite (tope) deadline

—fecha de vencimiento due date, expiration date, date of maturity

fiador(a) m./f. sponsor

fianza f. security

fichero m. file; card index

fidedigno(a) trustworthy; reliable

fideicomisario(a) m./f. trustee

fideicomiso m. trust

fiduciario(a) fiduciary

fijo(a) fixed, unchanging

finalista m./f. finalist

financiamiento m. financing

financiar to finance

financiero(a) financial

firma f. firm, company; signature

—firma abastecedora supplier

—firma autorizada authorized signature

firmar to sign

firme firm, steady

fiscal fiscal

fisco m. national treasury

fletar to ship; to charter

flete m. freightage, transport charges, shipping; freight, cargo; charter

—flete aéreo air freight

—flete pagado freight prepaid

—flete por (a) cobrar freight collect

flotante floating

folleto m. pamphlet, brochure

fomentar to foster, to promote

fomento m. fostering, promotion

fondo m. fund; assets; supply, reserve; back, background; bottom

—estar sin fondos to be out of cash

—fondo del mercado monetario money market fund

—fondo mutualista mutual fund

—fondo para imprevistos contingency fund

formulario m. form, blank

formulismo m. red tape

foto f. photo

fotocopia f. photocopy

fotografía f. photograph

fotografiar to photograph

franco(a) free, gratis, exempt; frank, open; generous

—franco a bordo free on board (F.O.B.)

—franco almacén ex warehouse

—franco en el muelle ex dock

—franco fábrica ex factory

franquicia f. franchise

fraude m. fraud; embezzlement; cheating

frenar to brake; to slow down

frugalidad f. frugality, thrift

fuego m. fire; conflagration; flame

función f. function

funcionamiento m. functioning, working

funcionar to function, to work

funcionario(a) m./f. official, officer; bureaucrat

fundación f. foundation

fundar to found, to institute, to set up

fundo m. rural property

fusión f. fusion; merger

G

galón m. gallon

—dar (veinticinco) millas por galón to get (twenty-five) miles per gallon

ganancia f. profit, earning, income, gain

—ganancias brutas gross earnings

—ganancias de capital capital gains

—ganancias netas net earnings

—ganancias previstas (anticipadas) anticipated profits

ganancioso(a) gainful

ganar to earn; to win

garantía f. warranty, guarantee; collateral

—con garantía guaranteed; secured

—garantía de fábrica factory warranty

garantizado(a) guaranteed; secured

garantizar to guarantee

gasolina f. gasoline

gastar to use (up); to spend

gasto m. expense; expenditure

—cubrir los gastos to break even

—gastos corrientes current expenses

—gastos de administración administrative (operating) expenses

—gastos de capital capital expenditures

gerencia f. management

gerente m./f. manager

—gerente de ventas sales manager

—gerente interino(a) acting manager

girar to draw; to issue; to do business; to rotate

—girar un cheque to write a check

giro m.   draft; bill of exchange; turn; rotation
  —giro bancario (a la vista)   (on sight) bank draft
  —giro postal   postal money order
gobernador(a) m./f.   governor
gobernar (ie)   to govern
gobierno m.   government
gráfica f.   graph, table, chart
gramo m.   gram
gratificación f.   gratuity, tip; bonus, reward
gratis   free of charge
gratuito(a)   gratuitous, free of charge
gravable   taxable
gravamen m.   tax; assessment; encumbrance
gravar   to tax; to assess; to encumber
grave   serious, grave
gremio m.   guild
grueso(a)   thick
gubernamental   governmental
gubernativo(a)   governmental
guiado(a)   guided
guiar   to guide

H

haber m.   possession, asset, holding
habilidad f.   ability; know-how
habitación f.   room
hecho(a)   made; done
  —hecho(a) a la medida   custom-made, made to order
hechura f.   workmanship
heredar   to inherit
heredero(a) m./f.   heir
herencia f.   inheritance; estate
hermandad f.   brotherhood, guild
herramienta f.   tool
hipoteca f.   mortgage
hipotecar   to mortgage
hipotecario(a)   pertaining to a mortgage
hoja f.   sheet (of paper); leaf (on plant)
  —hoja de ruta   waybill
honorarios m.   honorarium; professional fee

  —honorarios condicionales   conditional fee
  —honorarios definidos   definite (set) fee
  —honorarios fijos   fixed fee
hora f.   hour; time
  —horas de oficina   office hours
  —horas extraordinarias   overtime
  —horas hábiles   business (office) hours
  —hora-hombre   man-hour
  —hora mano de obra   man-hour
horario m.   schedule
huelga f.   strike, work stoppage
  —declararse en huelga   to go on strike
huelguista m./f.   striker
hurto m.   robbery; burglary; pilferage

I

ida f.   going, departure
  —de ida y vuelta   round-trip
igual   equal, same, identical
ilegal   illegal
impartir   to impart
impedimento m.   impediment, obstacle; disability
imponible   taxable
importación f.   importation, importing; imported article
importador(a) m./f.   importer
importador(a)   import, importing
importar   to import; to be important
importe m.   price, amount
impreso m.   printed form, slip
imprevisto(a)   unforeseen, incidental
improvisado(a)   improvised, makeshift
impuesto m.   tax
  —impuesto sobre (a) la renta   income tax
  —impuesto de recargo (adicional)   surtax
impulsar   to drive, to impel, to urge

impulso m.   impulse; momentum
inactivo(a)   inactive, idle
incapacidad f.   disability; lack of ability
incapaz   incapable, unqualified
incendiar   to set on fire
incendiario(a)   inflammatory
incendio m.   fire; conflagration
incentivo m.   incentive
incluir   to include
incobrable   uncollectable
inconveniente m.   obstacle, difficulty, objection
incorporado(a)   incorporated; built-in
incremento m.   increment, increase
incumplimiento m.   default; noncompliance
incurrir   to incur; to bring on oneself; to commit
indemnización f.   indemnity; indemnification; compensation
  —indemnización por despido   severance pay
indemnizar   to indemnify; to compensate
indicación f.   indication
indicar   to indicate
índice m.   rating, rate, ratio; index; index finger
  —índice de crédito   credit rating
  —índice de precios de mercancías de consumo   consumer's price index
  —índice de precios del consumidor   consumer's price index
individual   individual
industria f.   industry
industrial   industrial
inflación f.   inflation
inflacionario(a)   inflationary
información f.   information
informarse (de)   to inform oneself (about), to find out (about)
informativo(a)   informative
informe m.   report, statement; piece of information
  —informe de crédito (solvencia)   credit report

—informe policial   police report

infracción f.   infraction

—infracción de contrato breach of contract

infraescrito(a)   undersigned

ingreso m.   income, earning, revenue

inicial   initial, first

iniciar   to initiate

injusticia f.   injustice, unfairness, inequity

injusto(a)   unjust, unfair, inequitable

inmobiliario(a)   pertaining to real estate

inquilino(a) m./f.   renter, tenant

inscribir   to register

insolvencia f.   insolvency; bankruptcy

insolvente   insolvent; bankrupt

instalación f.   installation; facility

instalado(a)   installed

instalar   to install

integrante   built-in

intendencia f.   management

intendente m./f.   manager

intercambio m.   exchange

—intercambio de mercancías   bartering

interés m.   interest

—dar (ganar, devengar) intereses to bear interest

—interés acumulado (devengado)   accrued interest

—interés compuesto   compound interest

interesarse (en, por)   to be interested (in)

interestatal   interstate

interino(a)   interim, acting, temporary

intermediario(a) m./f.   intermediary, middleman

intermedio(a)   intermediate, halfway between

internacional   international

interno(a)   internal

invalidar   to invalidate

inventario m.   inventory

inversión f.   investment

inversionista m./f.   investor

invertir (ie-i)   to invest

investigación f.   investigation; research

investigador(a) m./f.   investigator; researcher

investigar   to investigate; to research

ir   to go

—ir en avión   to go (travel) by airplane

irrevocable   irrevocable, irreversible

J

jardín m.   garden; yard

jefatura f.   headquarters

jefe(a) m./f.   boss, chief, manager

—jefe(a) de departamento (sección)   department head

—jefe(a) de personal   personnel director

—jefe(a) de ventas   sales manager

jornal m.   daily wage

jornalero(a) m./f.   day laborer

jubilación f.   retirement; pension

jubilar   to retire

juicio m.   trial; verdict; judgment; lawsuit; sanity

junta f.   meeting, assembly; session; board, council

—junta de fideicomisarios board of trustees

—junta directiva   executive council, governing board, board of directors

justo(a)   just, fair, equitable

K

kilogramo m.   kilogram

kilómetro m.   kilometer

L

laboral   pertaining to work

lanzador(a) m./f.   promoter; thrower

lanzamiento m.   launching, promotion; throw, throwing

lanzar   to launch, to promote; to throw, to hurl

—lanzar al mercado   to place on the market

largo(a)   long

—a largo plazo   long-term

—de largo   long

legado m.   bequest

legal   legal

legar   to bequest

legible   legible

letra f.   letter; bill, draft

—letra bancaria   bank draft

—letra de cambio   bill of exchange; draft

—letra de venta   bill of sale

letrero m.   sign

levantar el acta de asociación to draw up the articles of association

ley f.   law

libra f.   pound

libre (de)   free (from), exempt (from)

libreta f.   account book, passbook; notebook

—libreta de ahorros   savings account passbook

—libreta de cheques   checkbook

libro m.   book; ledger

—libro de caja   cash book

—libro de cuentas   account book

—libro diario   daybook

—libro mayor general   general ledger

—llevar los libros   to keep books

licencia f.   license, permission

límite m.   limit

—límite de crédito   credit limit

línea f.   line

—línea de crédito   line of credit

liquidar   to liquidate, to sell off; to close

—liquidar una cuenta   to close an account

liquidez f.   liquidity (financial)

líquido m.   liquid; net

líquido(a)   liquid (financial)

lista f.   list

litigio m.   lawsuit

litro m.   liter
local m.   site, place
localizar   to locate
lucir   to look; to shine; to display; to illuminate
lucrativo(a)   lucrative, profitable, gainful

LL

llamar   to call
  —**llamar por teléfono**   to telephone
llanta f.   tire
llenar   to fill out; to fill
llevar   to carry; to take
  —**llevar a cabo**   to accomplish; to finish
  —**llevar la cuenta**   to keep account, to keep track

M

magnate m./f.   tycoon
maletero m.   trunk (of a car)
maletín m.   attaché case, briefcase
malversación f.   embezzlement, misappropriation
  —**malversación de fondos**   misappropriation of funds
mancomunado(a)   joint, common
manejar   to drive; to use
manera f.   manner, mode, way
  —**de todas maneras**   anyway, in any case
mano f.   hand
  —**mano de obra**   labor force, manpower
mantención f.   maintenance; support (economic)
mantenedor(a) m./f.   supporter
  —**mantenedor(a) de familia**   breadwinner
mantener   to maintain; to support (economic)
mantenimiento m.   maintenance; support (economic)
  —**mantenimiento rutinario**   routine maintenance
manual   manual
manufactura f.   manufacture (act, product)
manufacturar   to manufacture

manufacturero(a) m./f.   manufacturer
máquina f.   machine
  —**máquina de calcular (sumar)**   calculator (adding machine)
maquinaria f.   machinery; plant
marca f.   mark, indication; brand (product)
  —**marca registrada (de fábrica)**   trademark
marcar   to mark
margen m.   margin
  —**margen de ganancia (renta)**   profit margin
marítimo(a)   maritime
masa f.   mass, volume, bulk
materia f.   material
  —**materia de deshecho**   scrap
  —**materia prima**   raw material
material   material
matrimonial   matrimonial
matriz   womb; matrix; original; main
máximo(a)   maximum
mayor   main; major; larger
  —**al por mayor**   wholesale
  —**mayor de edad**   adult, of age
mayorista m./f.   wholesaler
mayoritario(a)   pertaining to a majority
mecánico(a) m./f.   mechanic
mecanografía f.   typing
mecanógrafo(a) m./f.   typist
mediano(a)   medium, average; undistinguished; mediocre
  —**de tamaño mediano**   medium-sized
médico(a)   medical
medida f.   measurement
medio m.   middle; mean; means, way; media
  —**medios publicitarios**   advertising media
  —**por medio de**   by means of
medio(a)   middle; average
medir (i)   to measure
mejora f.   improvement, upswing
mejorar   to improve
membrete m.   heading; letterhead
memorando m.   memorandum
memorándum m.   memorandum
mención f.   mention
mencionar   to mention

menguante   diminishing
menor   minor; smaller; less, lesser
  —**al por menor**   retail
  —**menor de edad**   minor, underage
mensualidad f.   monthly installment
mensual(mente)   monthly
menudo(a)   small; petty
mercadear   to market; to trade; to deal
mercadeo m.   marketing
mercader(a) m./f.   merchant
mercadería f.   goods, merchandise; commodity
mercado m.   market, marketplace
  —**mercado alcista**   bull market
  —**mercado bajista**   bear market
  —**Mercado Común Europeo**   European Common Market
  —**mercado favorable al vendedor (comprador)**   seller's (buyer's) market
  —**mercado flojo**   sagging market
  —**mercado monetario**   money market
  —**mercado negro**   black market
mercadotecnica f.   marketing
mercancía f.   commodity, goods, merchandise
mercantil   mercantile, commercial
merma f.   wastage; shrinkage
mes m.   month
  —**mes corriente (actual, en curso)**   current month
  —**mes de anticipación**   a month in advance
mesa f.   table; board; council
metal m.   metal
  —**metal precioso**   precious metal
método m.   method
métrico(a)   metric
metro m.   meter
miembro m./f.   member
milímetro m.   millimeter
milla f.   mile
  —**dar (veinticinco) millas por galón**   to get (twenty-five) miles per gallon

mínimo(a) minimum

minutas f. minutes, records

mobiliario m. furniture; household goods

modelo m. model

modelo m./f. model (human)

modificación f. modification, amendment; adjustment

modificar to modify, to amend; to adjust

modo m. mode, manner, way
  —**de todos modos** anyway, in any case

moneda f. coin (money)
  —**moneda corriente (del país)** currency
  —**moneda de curso legal** legal tender

monetario(a) monetary

monopolio m. monopoly, cartel

monopolizar to monopolize

monto m. total, amount

mostrar (ue) to show

motivo m. motive

motor m. motor

moverse(se) (ue) to move (oneself)

movimiento m. movement; turnover
  —**movimiento de capital** capital flow, cash flow

mudanza f. move

mudarse (de casa) to move (from a house)

mueble m. piece of furniture

muelle m. dock, wharf

muestra f. sample; specimen; indication, sign

multa f. penalty; fine

multar to charge a penalty; to fine

multilateral multilateral

municipal municipal

Municipalidad f. City Hall

municipio m. municipality; town

mutualista mutual

N

nacional national, domestic

nacionalizar to nationalize

negativa f. refusal

negligencia f. negligence

negligente negligent

negociable negotiable

  —**no negociable** non-negotiable

negociación f. negotiation

negociante m./f. businessperson, dealer, merchant

negociar to negotiate

negocio m. business; deal

neto(a) net

neumático m. tire
  —**neumático radial** radial tire

nivel m. level
  —**nivel de vida** standard of living

nivelar to level (off)
  —**nivelar (equilibrar) el presupuesto** to balance the budget

nombramiento m. naming; appointment

nombrar to name; to appoint

nombre m. name
  —**a nombre de** in the name of
  —**a (su) nombre** in (her, his, your) name

nómina (de pagos) f. payroll

nominal nominal

norma f. norm, standard, rule; pattern

nota f. note
  —**tomar nota** to take note

notaría f. notary's office

notario(a) m./f. notary
  —**notario(a) público(a)** notary public

notificar to notify

notificación f. notification

nulo(a) null
  —**nulo y sin valor** null and void

número m. number
  —**número de cuenta** account number

O

objetivo m. objective, goal

objeto m. object
  —**objeto de arte** art object

obligación f. bond, security; debt, debenture, liability; obligation, duty
  —**obligación de capital** capital bond
  —**obligación de valor fijo** fixed income bond

  —**obligaciones exentas de impuestos** tax-exempt bonds

obligacionista m./f. bondholder

obligado(a) obligated; in debt

obra f. work, labor

obrero(a) m./f. worker

obrero(a) pertaining to work

obsolescencia f. obsolescence

obsoleto(a) obsolete

obtener to obtain

ocioso(a) idle

ocuparse (de) to take up, to occupy oneself (with)

oferta f. offer, bid
  —**Oferta de Empleos** Help Wanted

oficial m./f. officer, official

oficina f. office
  —**oficina principal (matriz)** head office

ofrecer(zc) to offer

ojeada f. glance

ojear to look at, to eye

opción f. option

opcional optional

operación f. operation; working
  —**operación conjunta (colectiva)** joint venture

operar to operate; to work

opinar to opine, to give an opinion

opinión f. opinion

oportunamente opportunely

oportunidad f. opportunity, chance

oportuno(a) opportune

óptimo(a) optimum

orden m. order, arrangement
  —**orden del día** agenda

orden f. order (law)

organización f. organization

organizar to organize

orientación f. orientation

orientar to orient

oro m. gold

P

pacto m. pact, agreement

paga f. pay
  —**paga retroactiva** back pay

pagadero(a) payable, due
  —**pagadero a la vista** due on sight

—pagadero a la presentación payable on demand

—pagadero al portador payable to bearer

pagador(a) m./f. payer; teller

pagar to pay

—sin (por) pagar unpaid

pagaré m. promissory note, I.O.U.

pago m. payment

—pago a cuenta payment on account

—pago adelantado (anticipado) advance payment

—pago al contado (en efectivo) payment in cash

—pago a plazo (parcial) installment payment

—pago contra entrega payment on delivery, C.O.D.

—pago de despido severance pay

—pago inicial down payment

papeleo m. red tape

paquete m. package

parcial partial

paro m. stop, stoppage; strike; lockout

—paro forzoso layoff, shutdown, unemployment

parque m. park

—parque de estacionamiento parking lot

parroquiano(a) m./f. customer, client

particular particular; private, personal

pasaje m. ticket, fare; passage, passing

—pasaje de ida y vuelta round-trip ticket

pasajero(a) m./f. passenger, traveler

pasivo m. liabilities

—pasivo fijo capital liabilities

patente f. patent, license; grant, warrant

patrocinador(a) m./f. sponsor

pedido m. order (merchandise); request

—pedidos pendientes (acumulados) backlog

—servir (i) (despachar) un pedido to fill an order

pendiente pending, unsettled, outstanding; hanging

pensión f. pension, annuity; boarding house

pérdida f. loss; wastage

perfil m. profile; figure (of an object)

pericia f. expertise, know-how

período m. time, period, term

perjudicar to damage, to harm

perjudicial harmful, injurious, damaging; detrimental

perjuicio m. damage, harm; financial loss

permanecer(zc) to stay, to remain

permanente permanent

permiso f. license, permit; permission

—permiso consular consular permit

permuta f. barter

permutar to barter

perpetuo(a) perpetual, permanent

persona f. person

—por persona per capita, per person

personal m. personnel, staff

—personal obrero labor force

personal personal

personalizado(a) personalized

personalizar to personalize

peso m. weight

—peso bruto gross weight

—peso de embarque shipping weight

—peso neto net weight

petición f. claim; application; petition

piedra f. stone

—piedra preciosa precious stone

pieza f. part, component; room

—piezas de repuesto spare parts

pinta f. pint

pintar to paint

piso m. floor; apartment (Spain)

plan m. plan; schedule

—plan de expansión expansion plan

planear to plan

planilla f. list, table, schedule; form, blank; account; ticket

—planilla de depreciación depreciation schedule

planta f. plant; factory

—planta parada idle factory

plata f. silver; money

plaza f. post, job; vacancy; public square; room, space

—plaza de mercado marketplace

plazo m. time, period, term; expiration date, time limit

—a corto plazo short-term

—a largo plazo long-term

—a plazo fijo fixed term

—cumplirse el plazo to expire; to mature

—plazo máximo deadline

—plazo mínimo minimum time period

pleito m. lawsuit

pleno(a) full, complete

plica f. escrow

poder m. power; proxy

—poder adquisitivo purchasing power

—poder notarial power of attorney

—por poder by proxy

poderhabiente m. proxyholder

policial pertaining to police

política f. policy; politics

—política de ventas sales policy

póliza f. policy (insurance); warrant; voucher

—póliza adicional rider

—póliza comercial commercial policy

—póliza de responsabilidad industrial industrial liability policy

—póliza de seguros insurance policy

poner to put, to place

—poner en pie to rebuild; to build

porcentaje m. percentage

portadocumentos m. attaché case, briefcase

portador(a) m./f. bearer, holder

portafolio m. file folder; briefcase, portfolio

poseedor(a) m./f. owner

poseer to own; to possess

posesión f. ownership; possession; property, assets

posfechado(a) postdated

posición f. job; position

postal postal

postergado(a) postponed, deferred

postor(a) m./f. bidder

postulante m./f. applicant, candidate; petitioner

postular to postulate, to seek, to apply for; to petition for

postura f. bid

potencia f. power, potency

potente powerful

práctica f. practice; policy

precio m. price, cost, charge
—**precio de lista (catálogo)** list price
—**precio de venta** selling price
—**precio en vigor** prevailing price
—**precio firme** steady price
—**precio medio** average price
—**precio neto** net price
—**precios al alza** rising prices

precioso(a) precious

precisamente precisely

preferencia f. preference

preferente preferential

premio m. prize; bonus; reward

preocupación f. preoccupation, worry

preocupado(a) preoccupied, worried

preocupar(se) to worry (oneself)

preparar to prepare
—**preparar (hacer) el presupuesto** to prepare the budget

presentación f. presentation
—**a la presentación** on demand

presentar(se) to present (oneself)
—**presentar una denuncia (queja)** to file a complaint

presente present
—**tener presente** to keep in mind

presidencia f. presidency

presidente m./f. president, chairperson

prestamista m./f. moneylender

préstamo m. loan
—**préstamo con garantía** secured loan

prestar to loan
—**pedir (i) prestado(a)** to borrow
—**prestar atención** to pay attention
—**prestar ayuda** to give help

prestatario(a) m./f. borrower

presupuestar to budget

presupuestario(a) pertaining to a budget

presupuesto m. budget

previo(a) previous

previsto(a) anticipated, foreseen

prima f. premium (on insurance); subsidy; bonus

primario(a) primary; main, principal

primero(a) first
—**de primera clase** first-class

principal principal, main

privado(a) private, personal

privilegio m. privilege

probar (ue) to try (out); to prove

proceder to proceed

procedimiento m. procedure

procesamiento m. processing
—**procesamiento de datos** data processing

procesar to process; to put on trial, to prosecute; to sue

procurador(a) m./f. attorney

producción f. production

producir to produce; to manufacture

productividad f. productivity

productivo(a) productive

producto m. product
—**producto nacional bruto** gross national product

productor(a) m./f. producer; manufacturer

proforma pro forma
—**factura proforma** pro forma invoice

programa m. program; schedule

promediar to average

promedio m. average

promoción f. promotion

pronóstico m. forecast
—**pronóstico de ventas** sales forecast

propaganda f. propaganda; advertising; publicity
—**hacer propaganda** to advertise

propiedad f. property, real estate; equity; estate; ownership

propietario(a) m./f. property owner, owner

propina f. tip, gratuity

proporcional proportional

propuesta f. bid; proposal
—**propuesta sellada** sealed bid

prorrata f. apportionment, proration

prorratear to apportion; to prorate

prorrateo m. apportioning, prorating

protección f. protection

proteccionista protectionist

proteger to protect

provecho m. benefit, advantage; profit

provechoso(a) beneficial, advantageous; profitable, gainful

provisión f. provision

provisional provisional, temporary, makeshift

proyectar to project, to plan

proyecto m. project, plan

prueba f. tryout; sampling; proof

publicidad f. publicity
—**hacer publicidad** to advertise; to publicize

publicitario(a) pertaining to publicity

público m. public

público(a) public

puerto m. port
—**puerto franco** free port

puesto m. job, position

pulgada f. inch

punitivo(a) punitive

punto m. point; item, matter; stitch
—**punto de equilibrio** break-even point

puntualmente punctually

Q

quebrado(a) broken; bankrupt
queja f. complaint
quejarse (de) to complain (about)
quemar(se) to burn (up)
quiebra f. bankruptcy
  —*declararse en (ir a la) quiebra* to go bankrupt

R

ración f. ration, allotment
radial radial
radio m./f. radio
rapidez f. rapidity, speed
rayo m. ray, beam
  —*rayo láser* laser beam
razón f. reason
  —*razón social* corporate name, name of a company
razonable reasonable
real actual; real
reavalúo m. reappraisal
rebaja f. reduction, discount, lowering
rebajar to reduce (price), to discount, to lower
recargo m. extra charge, surcharge; penalty, increase (price)
recaudación f. collection, collecting
recaudador(a) m./f. collector
recaudar to collect
recepcionista m./f. receptionist
recesión f. recession
recibidor(a) m./f. recipient
recibo m. receipt, stub
recientemente recently
recipiente m./f. recipient
recíproco(a) reciprocal
reclamación f. claim
reclamar to claim
reclinable reclinable
reclinar to recline
recoger to pick up; to collect; to retrench
recogimiento m. gathering; collecting; retrenchment
recorrer to go over, to go through; to travel, to tour
recorrido m. distance covered; run; journey

rectificación f. rectification; amendment
rectificar to rectify; to amend
recuperación f. recuperation, recovery
recuperado(a) recuperated; well (health)
recuperar to recuperate, to recover
recurrente recurring
recurso m. resource
rechazar to refuse, to reject
rechazo m. refusal, rejection
redactar to write, to draft, to draw up, to compose
redimible redeemable
redimir to redeem
reducción f. reduction
  —*reducción del presupuesto* budget cut
  —*reducción de precios* markdown
reducir to reduce
reembolsar (rembolsar) to rebate; to refund; to reimburse
reembolso (rembolso) m. rebate; refund; reimbursement
referencia f. reference
  —*referencia de crédito* credit reference
regalía f. royalty (economic)
región f. region
regional regional
registrado(a) registered; certified
registrar to list, to record; to register; to certify
registro m. list, record; registration; registry
  —*llevar un registro* to keep a record
regla f. rule; ruler
  —*en regla* in order
reglamentar to regulate; to make rules for
reglamento m. rule, regulation; bylaw
  —*reglamentos internos (de la sociedad)* bylaws of the company
regresar to return
regreso m. return
reinvertir (ie-i) to reinvest, to plow back

relación f. account; relation, relationship
rematar to auction
remate m. auction
remesa f. consignment; remittance
remitir to remit, to send
remitente m./f. consigner, shipper
remuneración f. remuneration
remunerar to remunerate
rendimiento m. yield, production; earning, income
rendir (i) to yield, to produce; to earn
renovable renewable
renovación f. renewal; renovation
renovar (ue) to renew
renta f. income, earning, profit, revenue, return, yield; rent
  —*renta nacional bruta* gross national income
  —*renta vitalicia* income (annuity) for life
rentabilidad profitability
rentable profitable
rentar to produce, to yield; to rent
reparación f. repair
reparar to repair
repartir to distribute, to allocate
reparto m. distribution, allocation
repentino sudden
reportar to produce, to bring, to carry; to obtain
reposición f. replacement
representante m./f. representative, agent
  —*representante de ventas* sales representative
repuesto m. part, spare part
requerimiento m. request, demand; summons
requerir (ie-i) to require, to need
requisito m. requirement; prerequisite
reserva f. reserve
  —*reservas bancarias* bank reserves
  —*reserva líquida en efectivo* cash reserve
reservación f. reservation
  —*hacer una reservación* to make a reservation, to reserve

reservado(a) reserved, ear-marked, restricted
resguardo m. collateral
residencial residential
residente m./f. resident
resolución f. solution; resolution
resolver (ue) to solve; to resolve
responsabilidad f. responsibility; liability
responsable (de) responsible (for)
restante remaining
restar to subtract, to deduct
resto m. rest, remainder
restricción f. restriction
  —**restricción de créditos** tight money
restringido(a) restricted
resultado m. result
resultar to result, to turn out
retirar to withdraw; to retire
retiro m. withdrawal; retirement
  —**retiro de fondos** withdrawal of funds
retraso m. delay, timelag
reunión f. meeting; reunion
reunir(se) to meet (together), to have a meeting; to reunite
revaloración f. reappraisal, reevaluation
revalorar to reappraise, to reevaluate
revisar to look over; to review
  —**revisar cuentas** to audit
revisión (de cuentas) f. audit, auditing
revisor(a) (de créditos) m./f. auditor
revocable revocable
rico(a) rich, wealthy
riesgo m. risk; hazard
  —**riesgo de falta de pago** credit risk
riqueza f. wealth
robar to rob; to burglarize
robo m. robbery; burglary
ropa f. clothing
  —**ropa de damas** women's clothing
  —**ropa de hombres** men's clothing
rotación f. rotation; turnover
  —**rotación de mercancías** turnover of merchandise

rubí m. ruby
ruta f. road; route
rutina f. routine
rutinario(a) routine

S

sabotaje m. sabotage
sala f. room (large); drawing room; auditorium, hall
  —**sala de estar** living room; drawing room
  —**sala de exposición** showroom
  —**sala de reuniones** meeting room
  —**sala de ventas** showroom
salario m. salary
saldo m. balance (monetary)
  —**saldo negativo** debit, negative balance
  —**saldo pendiente** outstanding balance
salida f. departure; exit
salón m. room; lounge; hall, assembly room
  —**salón de reuniones** meeting room; assembly hall
sanción f. sanction, penalty
sano(a) healthy; fit; wholesome; intact
satisfacción f. satisfaction
satisfacer to satisfy
satisfecho(a) satisfied
sección f. section; department
  —**sección de avisos clasificados** classified advertising section
  —**sección de teneduría de libros** accounting department
secretaría f. secretariat; secretary's office
  —**secretaría (ministerio) de economía** department of economy
  —**secretaría (ministerio) de gobernación (del interior)** department of the interior
  —**secretaría (ministerio) de hacienda** department of the treasury
  —**secretaría (ministerio) de relaciones exteriores** department of foreign relations
secretariado m. secretariat; profession of secretary

secretario(a) m./f. secretary
  —**secretario(a) ejecutivo(a)** executive secretary
sedán m. sedan
sede f. headquarters, central office; seat (of government)
según according to
  —**según valor** ad valorem
seguridad f. safety, security; collateral
seguro m. insurance; safety
  —**seguro comercial** business insurance
  —**seguro contra todo riesgo** all-risk insurance
  —**seguro de (contra) accidente** accident insurance
  —**seguro de automóviles** car insurance
  —**seguro de bienes raíces** real estate insurance
  —**seguro de cuentas por (a) pagar** accounts payable insurance
  —**seguro de (contra) incendios** fire insurance
  —**seguro de operaciones** operations insurance
  —**seguro de responsabilidad industrial** industrial liability insurance
  —**seguro de título** title insurance
  —**seguro de vida** life insurance
  —**seguro marítimo** maritime insurance
  —**seguro médico** medical insurance
selección f. selection, choice
seleccionar to select, to choose
sello m. seal; postage stamp
  —**sello de aduanas** customs seal
semejante similar
semejanza f. similarity
sentar(se) (ie) to seat (oneself)
  —**sentar (ie) las bases** to lay the foundation
señal f. signal, indication
señalar to point out
serie f. series
servicio m. service
  —**servicio gratuito** free service

—servicios públicos public utilities

simplificación f.   simplification

simplificar   to simplify

sindicato m.   trade union

sisa f.   pilferage

sistema m.   system

sitio m.   site, place

situación f.   situation

situado(a)   situated, located

situar   to situate, to locate

sobre m.   envelope

sobrecarga f.   overhead; surcharge

sobrecargo m.   overcharge

sobrepaga f.   bonus

sobresueldo m.   bonus

sobretasa f.   surcharge

sobretiempo m.   overtime

social   social

sociedad f.   company, partnership; society, association

—sociedad anónima de responsabilidad limitada limited liability company; corporation

—sociedad limitada (anónima) limited company

—sociedad mercantil incorporated company

socio(a) m./f.   associate, partner; member

—socio(a) mayor senior partner

—socio(a) menor junior partner

solicitante m./f.   applicant, candidate

solicitar   to apply; to request

solicitud f.   application; request

soltero(a) m./f.   single person

solvencia f.   solvency

sótano m.   basement, cellar

subalquilar   to sublet

subarrendar (ie)   to sublet

subasta f.   auction

subastador(a) m./f.   auctioneer

subdirector(a) m./f.   assistant director (manager)

subir (a)   to go up (to), to amount (to)

—subir de precio   to go up in price

subproducto m.   by-product

subsidio m.   subsidy

subsistencia f.   subsistence, keep (economic)

subvención f.   subsidy, grant-in-aid

subvencionar   to subsidize

sucursal f.   branch (business)

sueldo m.   salary

—sueldo neto   take-home pay

—sueldo por hora   hourly salary

sufrimiento m.   suffering

sufrir   to suffer

sujetar(se)   to bind (oneself)

—sujetarse a las condiciones to accept the conditions

sujeto(a) (a)   liable (to)

suma f.   sum, amount

—suma debida   amount due

sumadora f.   adding machine

superabundancia f.   glut

superación f.   surpassing, exceeding; overcoming; improvement

superar   to surpass, to exceed; to overcome (expectations)

superior   superior

supervisar   to supervise

supervisor(a) m./f.   supervisor

suplemento m.   supplement; bonus

suplente   acting, interim, temporary

surgir   to arise, to emerge, to spring up

surtido m.   stock, supplies

suscrito(a)   undersigned

T

tablero m.   panel; board; slab

—tablero de mandos   dashboard

talón m.   slip, receipt

talonario m.   book (containing checks, tickets, etc.)

—talonario de cheques   checkbook

taller m.   shop; workshop; studio

tamaño m.   size

—de tamaño mediano medium-sized

tangible   tangible

taquigrafía f.   stenography

taquígrafo(a) m./f.   stenographer

tarea f.   task; homework

tarifa f.   rate; tariff; price list; fare

—tarifa por hora   hourly charge

tarjeta f.   card

—tarjeta de crédito   credit card

—tarjeta personalizada   personalized card

tasa f.   rate; appraisal; measure, norm

—tasa ajustada   adjusted rate

—tasa de crecimiento   rate of growth

—tasa de interés   rate of interest

—tasa de rendimiento   rate of return

—tasa fija (uniforme)   flat rate

—tasa preferencial   preferred (prime) rate

tasación f.   appraisal, assessment

tasador(a) m./f.   appraiser, assessor

tasar   to fix a price for, to assess, to appraise; to limit, to regulate

telefonear   to telephone

telefónico(a)   pertaining to the telephone

teléfono m.   telephone

télex m.   telex

temporada f.   season; time, period

—de temporada   seasonal

—temporada floja   slack season

temporal   temporary

tendencia f.   tendency

tenedor(a) m./f.   holder, bearer

—tenedor(a) de bonos bondholder

—tenedor(a) de libros bookkeeper

—tenedor(a) de póliza policyholder

teneduría (de libros) f.   bookkeeping

tenencia f.   holding

tener   to have, to possess

—tener confianza (en)   to have confidence (in)

—tener derecho a   to have a right to

—tener presente   to keep in mind

terminar   to finish, to end

término m.   term; end

—término medio average
terrateniente m./f. landholder
terraza f. balcony, terrace
terreno m. land
terrestre pertaining to ground, land; terrestrial
tesorería f. treasury
tesorero(a) m./f. treasurer
testamentario(a) m./f. executor
testamento m. testament, will
testigo m./f. witness
tiempo m. time; weather
—tiempo extra overtime
timbre m. postage stamp
tina f. bathtub
tipo m. type, kind
titulado(a) registered, certified
título m. title; degree (academic); bond, security
—título de ahorro savings certificate
—título del estado (a corto plazo) (short-term) government certificate; treasury note
—título de propiedad title deed, title to the property
tomar to take; to drink
—tomar en cuenta to take into account, to consider
—tomar nota to take note
tonelada f. ton
tonelaje m. tonnage
total m. total, sum
trabajador(a) m./f. worker
—trabajador(a) manual blue collar worker
trabajo m. work; job
—trabajo a destajo piecework
tracción f. drive; traction
—tracción delantera front wheel drive
—tracción trasera rear wheel drive
tramitar to transact; to negotiate; to proceed with
trámite m. step, stage; transaction, deal; proceedings
tranquilidad f. tranquility, calmness
tranquilizar(se) to make (oneself) tranquil, to calm (oneself)
tranquilo(a) tranquil, calm
transacción f. transaction, deal
transferencia f. transfer

transferible transferable
transferir (ie-i) to transfer
transportar to transport
transporte m. transportation, transport
—transporte aéreo air transportation
—transporte ferroviario railway transportation
—transporte marítimo sea transportation
—transporte terrestre ground transportation, inland transportation
trasero(a) relative to the back
traspasar to transfer; to sell; to penetrate
traspaso m. transfer; sale
—traspaso de título transfer of title
tratado m. treaty
tratar to treat, to handle; to deal; to negotiate
tratarse (de) to be a question (matter) of
trato m. deal, dealing; agreement; treatment
trimestre m. quarter (calendar)
trocar (ue) to barter
trueque m. barter, bartering
turno m. turn; shift (work)
—turno de día day shift

U

ubicar to locate; to place
unidad f. unity; unity
unión f. union
unir(se) to join (together), to merge
urbano(a) urban
urbe f. large city
urgencia f. urgency
urgente urgent
uso m. use
—uso y desgaste wear and tear
usura f. usury
utilidad f. profit, earning, income, benefit
—utilidad corporativa corporate profit

V

vacaciones f. vacation
vacante f. vacancy, unfilled post

vacante vacant
vale m. debenture; warrant; note
valía f. worth
validar to validate
válido(a) valid
valor m. value; courage; bond, security
—valor de renta fija fixed income security
—valor de sólida reputación blue chip bond
—valor efectivo (líquido) cash value
—valor en libros book value
—valor estimado (de avalúo) estimated value, appraised value
—valor nominal face value
—valor real (efectivo) en el mercado actual cash (market) value
valoración f. evaluation, appraisal, assessment
valorador(a) m./f. evaluator, appraiser, assessor
valorar to evaluate, to appraise, to assess
variable variable
variar to vary
variedad f. variety
vasto(a) vast
vecindario m. neighborhood
vecino(a) m./f. neighbor
velocidad f. velocity, speed
veloz rapid, fast
vencer to expire, to run out, to lapse; to defeat
vencimiento m. expiration; maturity
vendedor(a) m./f. salesperson, seller, vendor
vender to sell
—se vende for sale
—vender con ganancia (pérdida) to sell at a profit (loss)
—vender en consignación to sell on consignment
—vender en subasta (almoneda) to auction
vendibilidad f. marketability
vendible marketable
venir (le) bien a uno/a to be convenient
venta f. sale

—*ventas en subasta (almoneda)*   auction
—*ventas por correspondencia*   mail-order sales
ventaja f.   advantage
ventajoso(a)   advantageous
verdadero(a)   true; real
verificación f.   verification
verificar   to verify
vértebra f.   vertebra
vertebral   vertebral
viable   viable
viaje m.   trip, tour
—*viaje de negocios*   business trip
viajero(a) m./f.   traveler

vicepresidente m./f.   vice president
vida f.   life
vista f.   view, sight; vision
—*a la vista*   at sight, on sight, in sight
vistazo m.   look, glance
—*echar un vistazo (a)*   to look (at)
volante m.   slip, small paper
—*volante de depósito*   deposit slip
volumen m.   volume, bulk, mass
vuelo m.   flight
—*vuelo sin escalas*   non-stop flight

vuelta f.   return; turn
—*de ida y vuelta*   round-trip

Y

yarda f.   yard (measurement)

Z

zarpar   to set sail, to get under way
zona f.   zone, area, district
—*zona de crisis económica*   depressed area
—*zona franca*   free trade zone
—*zona residencial*   residential area
zonificación f.   zoning

Vocabulario inglés-español

This English-Spanish end vocabulary contains all of the words and expressions that appear in the Spanish to English vocabulary of this book. Additional Spanish variations are offered when appropriate.

Stem changes and spelling changes of verbs are indicated in parentheses after the infinitive in Spanish. For a complete review of stem changes in indicative and subjunctive verb forms see *Gramática para la comunicación.*

A

ability la capacidad, la habilidad, la destreza
  —**lack of ability** la incapacidad
able capaz
abroad el exterior
  —**abroad, to go** viajar al exterior (al extranjero)
absenteeism el ausentismo
absorb, to absorber, asumir
  —**to absorb the loss** absorber (asumir) la pérdida
abuse el abuso
abuse, to abusar (de)
accept, to aceptar
  —**accept the conditions, to** aprobar (ue) (sujetarse a, aceptar) las condiciones
acceptance la aceptación
access el acceso
accident el accidente
accidental accidental
accomplish, to llevar a cabo
accord el acuerdo, el convenio
account la cuenta
  —**account book** el libro de cuentas
  —**account payable** la cuenta por (a) pagar
  —**account receivable** la cuenta por cobrar
  —**account, to keep** llevar la cuenta

  —**account, to take into** tomar en cuenta
  —**bank account** la cuenta bancaria
  —**charge account** la cuenta corriente
  —**checking account** la cuenta corriente, la cuenta de cheques
  —**close an account, to** cerrar (ie) (liquidar) una cuenta
  —**expense account** la cuenta de gastos (de operación, de trabajo)
  —**joint account** la cuenta conjunta
  —**on account** a cuenta
  —**open an account, to** abrir una cuenta
  —**outstanding account** el (la) cuenta por (a) cobrar (recibir)
  —**personal account** el (la) cuenta personal
  —**savings account** la cuenta de ahorros
accountant el (la) contador(a)
  —**certified public accountant** el (la) contador(a) público(a) titulado(a)
accounting la contabilidad
  —**cost accounting** la contabilidad de costos
accrued acumulado(a)
accumulate, to acumular

accumulated acumulado(a)
accumulation la acumulación
accusation la acusación, la denuncia
accuse, to acusar, denunciar
acknowledgment acuse de recibo; agradecimiento
  —**acknowledgment of receipt** el acuse de recibo
acquire, to adquirir
acquisition la adquisición
acre el acre
act el acto; la escritura
  —**act of incorporation** la escritura constitutiva
act, to actuar
acting interino(a), suplente
action la acción
actual real, efectivo(a), verdadero(a)
actuary el (la) actuario(a)
adding machine la sumadora, la calculadora
address la dirección, las señas
addressee el (la) destinatario(a), el (la) consignatario(a)
adequate adecuado(a)
adjacent adyacente
adjustment el ajuste, el arreglo, la modificación
adjust, to ajustar, arreglar, modificar
administer, to administrar

administration   la administración

administrator   el (la) administrador(a)

adult   el(la) adulto(a), el (la) mayor de edad

ad valorem   ad valorem, según valor

advance   el adelanto, la anticipación; el avance

　—**advance payment**   el anticipo, el pago adelantado

　—**in advance**   adelantado(a), anticipado(a)

advance, to   anticipar, adelantar; avanzar

advantage   la ventaja, el provecho

　—**advantage of, to take**   aprovechar(se) (de)

advantageous   ventajoso(a), provechoso(a)

adverse   adverso(a)

adversity   la adversidad

advertise, to   hacer propaganda, hacer publicidad, poner un anuncio

advertisement   el anuncio, el aviso, la propaganda, la publicidad

advertising   la propaganda, la publicidad

　—**classified advertising**   los avisos clasificados

advice   el consejo, el asesoramiento; la advertencia, el aviso

adviser   el (la) consejero(a), el (la) asesor(a)

advise, to   aconsejar, asesorar; advertir (ie-i)

advising   la asesoría

advisory   asesor(a), consultivo(a)

affidavit   el afidávit, la declaración jurada, el acta notarial

age   la edad

　—**of age**   mayor de edad

agency   la agencia

　—**advertising agency**   la agencia publicitaria (de publicidad)

　—**automobile agency (dealer)**   el (la) distribuidor(a) de automóviles, la agencia automotriz

　—**Environmental Protection Agency**   la Agencia de Protección del Ambiente

　—**travel agency**   la agencia de viajes

agenda   la agenda, el orden del día, los asuntos a tratar

agent   el (la) agente, el (la) corredor(a), el (la) distribuidor(a), el (la) representante

　—**customs agent**   el (la) agente de aduanas (aduanal)

　—**insurance agent**   el (la) agente de seguros

　—**real estate agent**   el (la) agente de bienes raíces, el (la) agente inmobiliario(a) (de la inmobiliaria)

　—**shipping agent**   el (la) agente expedidor(a) (de embarque)

agreeable   ameno(a)

agreeableness   la amenidad

agreed   acordado(a), concordado(a), convenido(a)

agreement   el acuerdo, el arreglo, el trato, el pacto, el convenio

　—**binding agreement**   el acuerdo obligatorio

　—**collective bargaining agreement**   el convenio colectivo

　—**gentleman's agreement**   el acuerdo verbal

　—**long-term purchase agreement**   el convenio de compra a plazo

agree, to   convenir, concordar (ue)

air   el aire

　—**air conditioning**   el aire acondicionado

　—**air freight**   la aerocarga

airline   la aerolínea, la compañía aérea

airplane   el avión

　—**airplane, to travel by**   viajar por (en) avión

alleviate, to   aliviar

alleviation   el alivio

allocate, to   asignar, repartir

allocated   asignado(a), repartido(a)

allocation   la asignación, el reparto, la cuota

allot, to   asignar

allotment   la asignación, la cuota

amend, to   enmendar (ie), corregir (i), rectificar, modificar

amendment   la enmendación, la enmienda, la corrección, la rectificación, la modificación

amenity   la amenidad

amortization   la amortización

amount   la suma, el monto; el importe

　—**amount due**   la suma debida

　—**amount to, to**   ascender (ie) (a), subir (a)

ample   amplio(a), abundante

analysis   el análisis

　—**account analysis**   el análisis de cuenta

analyze, to   analizar

announce, to   anunciar

announcement   el anuncio

anonymous   anónimo(a)

annual   anual

annuity   la anualidad, la pensión

　—**annuity for life**   la anualidad vitalicia

annul, to   anular, cancelar, invalidar

anticipate, to   anticipar, prever

anticipated   anticipado(a), previsto(a)

anticipation   la anticipación, la previsión

antitrust   antimonopolista

apartment   el apartamento, el departamento, el piso (Sp.)

appear, to   aparecer; parecer

appearance   el aspecto, la apariencia; la aparición

append, to   adjuntar, enviar adjunto(a)

applicant   el (la) solicitante, el (la) aspirante, el (la) candidato(a), el (la) postulante

application   la petición, la solicitud; la aplicación

apply for, to   postular, solicitar

appoint, to   nombrar, designar

appointment   la cita, la hora; el nombramiento

　—**appointment, to have an**   tener una cita

—appointment, to make an hacer una cita
apportion, to prorratear
apportioning el prorrateo
apportionment la prorrata
appraisal la tasación, la valoración, la tasa
appraise, to tasar, valorar
appraiser el (la) tasador(a), el (la) valorador(a)
appreciate, to apreciar
appreciation la apreciación, el agradecimiento
appropriate, to asignar
appropriated asignado(a)
appropriation la asignación
approval la aprobación, el consentimiento
approve, to aprobar (ue), consentir (ie-i)
approximately aproximadamente
arbitration el arbitraje
arbitrator el (la) árbitro(a)
archive el archivo
area el área (f.), la zona
  —depressed area la zona de crisis económica
argue, to discutir, disputar, razonar
argument la discusión, la disputa; el razonamiento
arise, to surgir
arrange, to arreglar
arrangement el arreglo, el orden
arrears los atrasos
  —in arrears atrasado(a)
  —in arrears, to get atrasarse (en los pagos)
art el (la) arte
  —art object el objeto de arte
article el artículo; el estatuto
  —articles of association los estatutos de asociación
ascend, to ascender (ie)
  —ascending ascendente
aspect el aspecto, la faceta
assemble, to juntarse; ensamblar
assembler el (la) ensamblador(a)
assembly la asamblea, la junta; el ensamblaje
assess, to tasar, gravar, valorar
assessment la tasación, la valoración, el avalúo, el gravamen

assessor el (la) tasador(a), el (la) valorador(a)
asset el activo, la posesión, el bien, el haber
  —accrued assets el activo acumulado
  —assets and liabilities el activo y pasivo
  —available (cash) assets el activo disponible
  —capital assets el activo fijo, el capital activo, los bienes de capital
    —fixed assets el activo fijo
    —liquid assets el activo circulante (corriente, líquido)
  —net assets el activo neto
  —real assets los bienes inmuebles
assignee el (la) consignatario(a)
associate el (la) asociado(a), el (la) consocio(a), el (la) colega, el (la) socio(a)
associate, to asociarse
association la asociación, la sociedad
assure, to asegurar
attaché case el maletín, el portadocumentos
attach, to adjuntar, enviar adjunto(a)
attached adjunto(a)
attention la atención
  —attention, to pay prestar atención
attic el desván
attorney el (la) abogado(a), el (la) procurador(a)
auction la subasta, el remate, las ventas en subasta (almoneda)
auction, to rematar, vender en subasta (almoneda)
auctioneer el (la) subastador(a), el (la) rematador(a)
audit la auditoría, la revisión (de cuentas)
audit, to revisar cuentas
auditing la auditoría, la revisión (de cuentas)
auditor el (la) auditor(a), el (la) revisor(a) (de créditos)
auditorium la sala

augmentation el aumento
authority la autoridad
authorization la autorización, el permiso
authorize, to autorizar
authorized autorizado(a)
auto el auto
automate, to automatizar
automated automático(a), automatizado(a)
automatic automático(a)
automation la automatización
automobile el automóvil, el coche, el carro
automotive automotriz
available disponible, asequible
average el promedio, el término medio
average, to promediar
award, to conceder
awarding la concesión
axis el eje
axle el eje
  —rear axle el eje trasero

B

background el fondo, los antecedentes
backlog los pedidos pendientes (acumulados), los atrasos
balance el saldo, el balance
  —balance of payments el balance de pagos
  —balance of trade el balance comercial
  —balance sheet el balance
  —negative balance el saldo negativo
  —outstanding balance el saldo pendiente
balcony el balcón, la terraza
bank el banco
  —mutual savings bank el banco mutualista de ahorros
  —savings bank el banco de ahorros, la caja de ahorros
banker el (la) banquero(a)
banking la banca
bankrupt quebrado(a), insolvente
  —bankrupt, to go declararse en (ir a la) quiebra

bankruptcy   la bancarrota, la quiebra, la insolvencia
  —bankruptcy, to declare   declarar bancarrota
bargaining   la contratación
  —collective bargaining   la contratación colectiva
barrel   el cubo, barril
barrier   la barrera, el obstáculo, el impedimento
barter   la permuta, el trueque
barter, to   trocar (ue), permutar
bartering   el intercambio de mercancías, el trueque
base   la base, la fundación
basement   el sótano
base (oneself), to   basar(se), fundar(se)
basis   la base
  —basis for assessment   la base de avalúo (valoración)
  —basis for depreciation   la base de depreciación
bath   el baño
bathroom   el cuarto de baño, el baño
bathtub   la tina, la bañadera
beam   el rayo
  —laser beam   el rayo láser
bearer   el (la) tenedor(a), el (la) portador(a)
bedroom   el cuarto de dormir, el dormitorio, la alcoba
  —master bedroom   el dormitorio matrimonial
beneficial   beneficioso(a), provechoso(a)
beneficiary   el (la) beneficiario(a)
benefit   el beneficio, la utilidad, el bien, el provecho
benefit, to   beneficiar
bequest   el legado
bequest, to   legar
bid   la propuesta, la oferta, la postura
  —sealed bid   la propuesta sellada
bidder   el (la) postor(a)
bilingual   bilingüe
bill   la cuenta, la factura; la letra, la escritura; el billete

—bill of entry   la declaración aduanal (de aduanas)
—bill of exchange   la letra de cambio
—bill of lading   el conocimiento de embarque (carga)
—bill of sale   la escritura (letra) de venta
—counterfeit bill   el billete falso
—unpaid bill   la cuenta por (a) pagar
bind (oneself), to   sujetar (se) (a)
board   el consejo, la mesa, la junta
  —board of directors   el consejo de administración, la dirección, la junta directiva
  —board of trustees   la junta de fideicomisarios
  —governing board   la junta directiva
  —personnel board   el consejo de personal
boarding house   la pensión
body   el cuerpo
bond   el bono, la obligación, el valor, el título
  —blue chip bond   el valor de sólida reputación
  —capital bond   la obligación de capital
  —fixed income bond   la obligación de valor fijo
  —tax-exempt bonds   las obligaciones exentas de impuestos
  —treasury bond   el bono de tesorería (del estado)
bondbroker   el (la) corredor(a) de bonos
bonded   afianzado(a)
bondholder   el (la) bonista, el (la) obligacionista, el (la) tenedor(a) de bonos
bonus   la gratificación, la prima, el premio, la sobrepaga, el suplemento, el sobresueldo; el aguinaldo
book   el libro; el talonario, la libreta
  —account book   el libro de cuentas
  —books, to keep   llevar los libros

—cash book   el libro de caja
bookkeeper   el (la) tenedor(a) de libros
bookkeeping   la teneduría (de libros)
boom   el auge, el apogeo, el cénit
  —boom period   el alza rápida, la bonanza
borrow, to   pedir (i) prestado(a)
borrower   el (la) prestatario(a)
boss   el (la) jefe(a), el (la) supervisor(a), el (la) director(a)
bottleneck   el embotellamiento
bottom   el fondo
box   la caja
brake, to   frenar
branch (business)   la sucursal
brand (product)   la marca
breach   la infracción, el abuso
  —breach of contract   la infracción de contrato
  —breach of trust   el abuso de confianza
breadwinner   el (la) asalariado(a), el (la) mantenedor(a) de familia
break down, to   descomponerse, romperse, quebrarse (ie)
brevity   la brevedad
briefcase   el portadocumentos, el portafolio, la cartera, el maletín
bring, to   traer; reportar; entablar
brochure   el folleto, el panfleto
broken   quebrado(a), roto(a), quebrantado(a)
broker   el (la) corredor(a), el (la) agente
brokerage   el corretaje, la agencia
brotherhood   la hermandad, la cofradía
bucket   el cubo
budget   el presupuesto
budget, to   presupuestar
  —budget, to prepare the   preparar (hacer) el presupuesto
  —budget, to balance the   nivelar (equilibrar) el presupuesto
build, to   construir, edificar, poner en pie
building   el edificio
built-in   incorporado(a), integrante, interior

bulk el volumen, el bulto, la masa
—**in bulk** en (a) granel
bundle el bulto, el paquete
bureaucracy la burocracia
bureaucrat el (la) burócrata, el (la) funcionario(a)
burglarize, to robar
burglary el robo, el hurto
burn (up), to quemar(se)
bushel la fanega
business el negocio, el comercio
—**big business** el comercio en gran escala
businessperson el (la) negociante, el (la) comerciante
buy, to comprar
—**buy at retail, to** comprar al por menor
—**buy at wholesale, to** comprar al por mayor
—**buy on installments, to** comprar a plazos (en abonos)
buyer el (la) comprador(a), el (la) consumidor(a)
bylaw el reglamento, el estatuto
by-product el derivado, el subproducto

C

calculate, to calcular
calculation el cálculo
calculator la calculadora, la máquina de calcular (sumar)
call (on the phone), to llamar (por teléfono), telefonear
calm la calma, la tranquilidad
calm (oneself) down, to calmar(se), tranquilizar(se)
calmness la calma, la tranquilidad
camera la cámara, la máquina fotográfica
campaign la campaña
—**publicity (advertising) campaign** la campaña publicitaria
cancel, to cancelar, invalidar
candidate el (la) candidato(a), el (la) postulante, el (la) aspirante, el (la) solicitante
capable capaz
capacity la capacidad, la cabida

capital el capital, el activo
—**capital sum** el capital
—**working capital** el capital de trabajo (de explotación)
capitalism el capitalismo
capitalist el (la) capitalista
car el automóvil, el auto, el coche, el carro
card la tarjeta; la ficha; el naipe
—**card index** el fichero
—**credit card** la tarjeta de crédito
care el cuidado
—**medical care** el cuidado médico
careful cuidadoso(a)
carefulness el cuidado
care (of), to take cuidar (de); atender (ie); encargarse (de)
—**in care of (c/o)** a la atención de
cargo el flete, la carga, el cargamento
carpet la alfombra
carpet, to alfombrar
carpeted alfombrado(a)
carrier la compañía transportadora (de transporte)
carry, to llevar, portar, cargar
cartel el cartel, el monopolio
case el caso
cash el efectivo, el dinero contante
—**cash on delivery (C.O.D.)** la entrega contra reembolso, la entrega por cobrar
—**cash register** la caja registradora
—**in cash** en efectivo, al contado
—**out of cash, to be** estar sin fondos
cash, to cambiar, cobrar
—**cash a check, to** cambiar un cheque, cobrar un cheque
cashbox la caja
cashier el (la) cajero(a), el (la) pagador(a)
categorize, to categorizar
category la categoría
cause la causa
cause, to causar

cellar el sótano
center el centro
—**shopping center** el centro comercial
centimeter el centímetro
certificate el certificado
—**certificate (proof) of ownership** el certificado de propiedad
—**fixed term deposit certificate** el certificado de depósito a plazo fijo
—**savings certificate** el certificado de ahorros, el título de ahorros
—**short-term government certificate** el título del estado a corto plazo
certified certificado(a), titulado(a), registrado(a)
certify, to certificar, dar fe, registrar
chair la silla, el asiento
chairperson el (la) presidente
chamber la cámara, el salón
—**chamber of commerce** la cámara de comercio
chance la oportunidad, la ocasión
change el cambio
change, to cambiar
—**change jobs, to** cambiar de empleo
charge el precio, el cargo, la tarifa
—**carrying charge** el cargo mensual
—**collection charge** el cargo por cobro
—**extra charge** el recargo
—**hourly charge** la tarifa por hora
—**transport charges** el flete
charge, to cargar, cobrar
—**charge (of), to be in** estar a cargo (de)
—**charge (of), to take** encargarse (de)
—**charge to an account, to** cargar en cuenta
charm el encanto
charm, to encantar
charming encantador(a)

chart   la gráfica
charter   el flete
charter, to   fletar
cheating   el fraude
check   el cheque
  —**blank check**   el cheque en blanco
  —**cancelled check**   el cheque cancelado
  —**cashier's check**   el cheque de caja
  —**certified check**   el cheque certificado (registrado)
  —**traveler's check**   el cheque de viajero
  —**uncovered check**   el cheque sin fondos
check, to   facturar; examinar, revisar
checkbook   la chequera, el talonario de cheques, la libreta de cheques
chief   el (la) jefe(a)
choice   la selección
choose, to   escoger, seleccionar
city (large)   la urbe
City Hall   la Municipalidad
claim   la reclamación, la petición
  —**claim check**   el comprobante
claim, to   reclamar
classification   la clasificación
classified   clasificado(a)
classify, to   clasificar
clause   la cláusula
  —**acceleration clause**   la cláusula con opción de pago adelantado
  —**cancellation clause**   la cláusula de rescisión
client   el (la) cliente, el (la) parroquiano(a)
clients   la clientela
climate   el clima
close, to   cerrar (ie), liquidar
  —**close a business, to**   cerrar (ie) un negocio
  —**close an account, to**   cerrar (ie) una cuenta
  —**close the deal, to**   cerrar (ie) el trato
closing   el cierre
clothing   la ropa

  —**men's clothing**   la ropa de hombres
  —**women's clothing**   la ropa de damas
coach   el (la) entrenador(a)
coach, to   entrenar
coaching   el entrenamiento
code   el código
  —**civil code**   el código civil
  —**criminal code**   el código criminal (penal)
coin (money)   la moneda
collateral   la seguridad, la garantía, el resguardo
colleague   el (la) colega
collect, to   coleccionar, recaudar, cobrar, almacenar
collection   el cobro, la recaudación
collective   colectivo(a)
collector   el (la) recaudador(a), el (la) cobrador(a)
collide, to   chocar
collision   el choque, la colisión
column   la columna
combination   la combinación
combine, to   combinar
comfort   la comodidad, la confortabilidad
comfortable   cómodo(a), confortable
command   la orden, el mandato; el dominio
commerce   el comercio
commercial   comercial, mercantil
commission   la comisión
  —**commission basis**   a comisión
  —**flat commission**   la comisión fija
committee   el comité
  —**advisory committee**   el comité asesor (consultivo)
  —**executive committee**   el comité ejecutivo
commodity   la mercadería, la mercancía
common   común
communicate, to   comunicar(se) (con)
communication   la comunicación
community   la comunidad

company   la compañía, la sociedad, la empresa, la casa
  —**car rental company**   la compañía de alquiler de autos
  —**holding company**   la compañía tenedora (de control)
  —**incorporated company**   la sociedad mercantil (incorporada)
  —**limited company**   la sociedad limitada (anónima)
  —**limited liability company**   la sociedad anónima de responsabilidad limitada
  —**parent company**   la casa matriz
  —**title company**   la compañía de títulos
compensate, to   compensar, remunerar, indemnizar
compensation   la compensación, la remuneración, la indemnización
  —**adequate (fair) compensation**   la compensación equitativa
compete, to   competir (i)
competition   la competencia, la competición
complaint   la queja, la denuncia
complain (about), to   quejarse (de)
  —**complaint, to file a**   presentar una denuncia (queja)
complete   completo(a), total, pleno(a)
complete, to   completar
component   la pieza
  —**component parts**   el equipo, las piezas (del equipo)
compromise   el arreglo, la transacción, la componenda
compromise, to   arreglar, hacer una transacción
computer   la computadora, el computador
computerize, to   computarizar
computerized   computarizado(a)
concede, to   conceder
concern   el cuidado, la preocupación
concerning   en cuanto a
concession   la concesión
conclude, to   concluir, dar por terminado

conclusion la conclusión, la terminación

condemn, to condenar, expropiar

condemnation la condenación, la expropiación

condition la condición, el estado; la estipulación

—**condition, to be in good** estar en buen estado (buenas condiciones)

conditional condicional

conference la conferencia

confidence la confianza; la confidencia

—**confidence (in), to have** tener confianza (en), confiar en

confirm, to confirmar

confirmation la confirmación

confiscate, to confiscar

conflagration el incendio, el fuego

conflict el conflicto

confuse, to confundir

confused confundido(a), confuso(a)

confusion la confusión

consent el consentimiento

consent, to consentir (ie-i)

consider, to considerar, tomar en cuenta

consideration la consideración

consign, to consignar, remitir

consignee el (la) consignatario(a), el (la) destinatario(a)

consigner el (la) consignador(a), el (la) remitente

consignment la consignación, la remesa

consist (of), to constar (de), consistir (en)

consolidate, to consolidar

consolidation la consolidación

constant constante

constitution la constitución

construct, to construir

construction la construcción

constructor el (la) constructor(a)

consul el (la) cónsul

consular consular

consulate el consulado

consulship el consulado

consult, to consultar, asesorar

consultant el (la) asesor(a), el (la) especialista

—**consultant's office** la asesoría

consultation la consulta

consume, to consumir

consumer el (la) consumidor(a)

consumption el consumo

continuous continuo(a)

contract el contrato, el convenio

—**purchase contract** el contrato de compra

contract (for), to contratar

contracting la contratación

contractor el (la) contratista

contrary contrario(a)

contribute, to contribuir

contribution la contribución

contributor el (la) contribuyente

control el control, el dominio, la dominación

—**price control** el control de precios

control, to controlar, dominar

controller el (la) controlador(a)

convenient conveniente

convenient, to be convenir

conversation la conversación

converse, to conversar

co-owner el (la) copropietario(a), el (la) codueño(a)

copy la copia, el trasunto

—**certified copy** la copia certificada

—**file copy** la copia de archivo

copy, to copiar

—**copyright** el derecho de autor(a), el derecho de reproducción

cord el cordón

corner la esquina; el rincón

corporate corporativo(a), colectivo(a)

corporation la sociedad anónima de responsabilidad limitada, la corporación

correct, to corregir (i)

correction la corrección

correspond, to corresponder

correspondence la correspondencia

corresponding correspondiente

cost el coste, el costo, el precio, el importe

—**actual cost** el costo real (efectivo)

—**at cost** a costo

—**cost, insurance, and freight (C.I.F.)** el costo, seguro y flete (C.S.F.)

—**cost of living** el costo de vida

—**cost plus percentage** el costo más porcentaje

council la junta, el consejo, la mesa

—**advisory council** el consejo consultivo

—**executive council** la junta directiva

count la cuenta

count, to contar (ue)

counting la cuenta

coupon el cupón, el boleto

courage el valor

course el curso; la asignatura

cover, to cubrir

crash el choque, la colisión

crash, to chocar

crate la caja, la banasta

crate, to encajar, empacar, embalar

creation la creación

credit el crédito

—**on credit** al fiado, a crédito

creditor el (la) acreedor(a)

cube el cubo

cubic cúbico(a)

currency la moneda corriente (del país)

current corriente, actual

currently actualmente

curriculum vitae curriculum vitae, resumen profesional

curtain la cortina

custody la custodia

custom la costumbre

customarily de costumbre

customer el (la) cliente, el (la) parroquiano(a)

customers la clientela

customs la aduana

—**customs duties** el arancel, derechos de aduana

cut   la reducción, el corte
   —budget cut   la reducción del
   presupuesto
cut, to   reducir, cortar
cycle   el ciclo
   —business cycle   el ciclo económico (comercial)
cylinder   el cilindro

D

damage   el daño, el perjuicio, la
   avería, el deterioro
   **—accidental damage (inju-
   ry)**   el daño accidental
   —damage in transit   el daño
   en tránsito
   —damages   daños y perjuicios
damage, to   dañar, perjudicar,
   averiar
damaged   dañado(a), perjudica-
   do(a), averiado(a), deteriorado(a)
damaging   dañoso(a), perjudicial
dashboard   el tablero de mandos
date   la fecha; la cita
   —closing date   la fecha de
   cierre
   —date of delivery   la fecha de
   entrega
   —date of maturity   la fecha de
   vencimiento
   —due date   la fecha de
   vencimiento
   —expiration date   la fecha de
   vencimiento
date, to make a   hacer una cita,
   concertar una cita
day   el día
   —business day   el día hábil
   (laborable)
   —each (per) day   al (por) día
   —work day   el día hábil
   (laborable)
daybook   el libro diario
deadline   el plazo máximo, la
   fecha límite (tope)
deal   el trato, la transacción, el
   negocio, el trámite
deal, to   tratar, negociar, tramitar
dealer   el (la) distribuidor(a), el
   (la) negociante
dealing   el trato, la negociación
debenture   el abonaré, la obligación, el vale, el bono de deuda

debit   el débito, el debe, el saldo
   negativo, el cargo
   —debit and credit   el debe y
   haber
debit, to   debitar, cargar, adeudar
debt   la deuda, la obligación
   —bad debt   la deuda incobrable
   —in debt   adeudado(a),
   obligado(a)
debtor   el (la) deudor(a)
deceptive   engañoso(a)
decide, to   decidir, tomar la
   decisión
decision   la decisión
declaration   la declaración
   —customs declaration   la declaración aduanal (de aduanas)
   —export declaration   la declaración de exportación
declare, to   declarar
decrease, to   bajar, disminuir
decree   el decreto
deduct, to   deducir, restar, descontar (ue)
deductible   deducible
deduction   la deducción
deed   la escritura
   —mortgage deed   la escritura
   de hipoteca
   —property deed   la escritura de
   propiedad
   —trust deed   la escritura de
   fideicomiso
default   la falta de pago, el
   incumplimiento
defeat, to   vencer, derrotar
defect   el defecto
defective   defectivo(a)
deferred   diferido(a), posterga-
   do(a), aplazado(a)
deficit   el déficit
definite   definido(a), definiti-
   vo(a), fijo(a)
deflation   la deflación
degree (academic)   el título
delay   el atraso, la demora
delayed   atrasado(a), demorado(a)
delinquent   atrasado(a),
   delincuente
deliver, to   entregar
delivery   la entrega
demand   la exigencia, el requerimiento; la demanda

   —in demand   cotizado(a)
   —on demand   a la presentación
demand, to   exigir, requerir (ie)
demonstrate, to   demostrar (ue)
demonstration   la demostración
department   el departamento, la
   sección
   —accounting department   la
   sección de teneduría de libros
   —department of economy   la
   secretaría (el ministerio) de
   economía
   **—department of foreign rela-
   tions**   la secretaría (el ministerio) de relaciones exteriores
   —department of the interior
   la secretaría (le ministerio) de
   gobernación (del interior)
   —department of the treasury
   la secretaría (le ministerio) de
   hacienda
departure   la ida, la salida
depend (on), to   depender (de)
depletion   el agotamiento
deposit   el depósito
   —advance deposit   el depósito
   anticipado
   —savings deposit   el depósito
   de ahorro
   —time deposit   el depósito a
   plazo (a término)
deposit, to   depositar
depreciate, to   depreciar
depreciation   la depreciación, la
   amortización
   —accelerated depreciation   la
   depreciación acelerada
   —capital depreciation   la
   amortización de capital
design   el diseño
design, to   diseñar
designer   el (la) diseñador(a)
desk   el escritorio
destroy, to   destruir
destroyed   destruido(a)
destruction   la destrucción
detail   el detalle
   —in detail   detalladamente
detail, to   detallar
detailed   detallado(a)
deteriorate, to   deteriorar
deterioration   el deterioro
determination   la determinación

determine, to determinar
detrimental perjudicial
devaluation la desvaloración, la devaluación
devalue, to desvalorar, devaluar
diagram el diagrama, el esquema, la gráfica, el cuadro
diamond el diamante
diary el diario
dictaphone el dictáfono
difficulty la dificultad, el inconveniente
dimension la dimensión
diminish, to disminuir
diminishing decreciente, menguante
dining room el comedor
direction la dirección, el curso
director el (la) director(a), el (la) supervisor(a), el (la) jefe(a)
   —assistant director (manager) el (la) subdirector(a)
   —personnel director el (la) jefe(a) de personal
disability la incapacidad, el impedimento
disadvantage la desventaja
disadvantageous desventajoso(a)
disaster el desastre
disastrous desastroso(a)
disburse, to desembolsar
disbursement el desembolso
discharge, to despedir (i), desemplear; ejecutar, desempeñar
discount el descuento, la rebaja
   —cash discount el descuento por pago al contado
discount, to descontar (ue), rebajar
discuss, to discutir
discussion la discusión
dishonest deshonesto(a), deshonrado(a)
dishonesty la deshonestidad, la deshonradez
dismiss, to despedir (i), desemplear
dismissal (job) la despedida, el despido
dispatch, to despachar
display, to lucir (zc)
dispute la disputa, el conflicto
dispute, to disputar

distressing doloroso(a)
distribute, to distribuir, repartir
distributing distribuidor(a)
distribution la distribución, el reparto
distributor el (la) distribuidor(a)
district la zona
dividend el dividendo
divisible divisible
dock el muelle
   —ex dock franco en el muelle
document el documento, la escritura
document, to documentar
documentation la documentación
dollar el dólar
domain el dominio
   —eminent domain el dominio eminente
domestic doméstico(a), nacional
dominate, to dominar
domination la dominación
dominion el dominio
donation la donación, el donativo
done hecho(a), acabado(a)
down, to go bajar, descender (ie)
   —down in price, to go bajar de precio
downtown el centro
downturn el descenso, la fase descendente, la caída, la baja
draft la letra (de cambio), el giro
   —bank draft la letra bancaria
   —(on sight) bank draft el giro bancario (a la vista)
draft, to girar, redactar
drain la cañería
drawing el diseño
draw, to girar, devengar; diseñar
draw up, to redactar
drive la tracción
   —front wheel drive la tracción delantera
   —rear wheel drive la tracción trasera
drive, to manejar, conducir (zc); impulsar
   —drive over the speed limit, to conducir con exceso de velocidad
driver el (la) conductor(a), el (la) chófer (chofer), el (la) automovilista

drum el cubo
due pagadero(a), vencido(a)
   —due on sight pagadero a la vista
duration la duración
duty el impuesto, el derecho, el cargo, la obligación
   —customs duties los derechos (impuestos) de aduanas

E

earmarked reservado(a)
earn, to ganar, devengar, rendir (i)
earning la ganancia, la renta, el ingreso, la utilidad, el rendimiento
   —gross earnings las ganancias brutas
   —net earnings las ganancias netas
ease la facilidad
economical económico(a)
economics la economía
economy la economía
effect el efecto
   —in effect en efecto
effective eficaz, efectivo(a)
effectiveness la eficacia
efficiency la eficiencia
efficient eficiente
elect, to elegir (i)
electronic electrónico(a)
electronics la electrónica
embargo el embargo
embargo, to embargar
embark, to embarcar
embarkation la embarcación
embezzlement la malversación, el desfalco, el fraude
emerge, to emerger, surgir
emergency la emergencia
employ, to emplear, dar empleo
employee el (la) empleado(a)
employer el (la) empresario(a), el (la) patrón (patrona)
employment el empleo
enclose, to adjuntar, enviar adjunto(a)
enclosed adjunto(a)
encumber, to gravar, cargar
encumbrance el gravamen, el cargo

end   el término, la conclusión, el cabo

end, to   dar por terminado, terminar, acabar, concluir

endorse, to   endosar

endorsement   el endoso

endowment   la dotación; la dote

enlarge, to   ampliar, extender (ie)

enlargement   la ampliación, la extensión

enterprise   la empresa
  —***private enterprise***   la empresa privada

entrance   la entrada

entrepreneur   el (la) empresario(a), el (la) capitalista

entry   la entrada

envelope   el sobre

equal   igual, equivalente

equal, to be   igualar, equivaler

equilibrium   el equilibrio

equip, to   equipar

equipment   el equipo

equipped   equipado(a)

equitable   equitativo(a), justo(a)

equity   la equidad

equivalent   equivalente

equivalent, to be   equivaler

escrow   la plica

essential   esencial, fundamental

estate   la herencia, la propiedad

estimate   la estimación
  —***actuarial estimate***   la estimación actuarial

ethics   la ética

evaluate, to   valorar, valuar

evaluation   la valoración, la valuación

evaluator   el (la) valorador(a)

evasion   la evasión

even, to break   lograr un equilibrio, cubrir los gastos

examination   el examen; el reconocimiento

examine, to   examinar; reconocer

exceed, to   exceder, superar

exceeding   la superación

excess   el exceso

exchange   el cambio, el intercambio
  —***foreign exchange***   el cambio de divisas, el canje

exchange, to   cambiar

exclusive   exclusivo(a)

excursion   la excursión

executive   el (la) ejecutivo(a)
  —***junior executives (management)***   el cuerpo medio ejecutivo
  —***senior executives (management)***   el cuerpo superior ejecutivo

executor   el (la) albacea, el (la) testamentario(a)
  —***estate executor***   el (la) albacea testamentario(a)

exempt (from)   exento(a) (de), libre (de), franco(a)
  —***tax-exempt***   exento(a) de impuestos

exemption   la exención

exit   la salida

expand, to   ampliar, aumentar, extender (ie), expandir

expansion   la ampliación, el aumento, la extensión, la expansión

expedite, to   facilitar

expend, to   gastar, desembolsar

expenditure   el gasto, el egreso, el desembolso
  —***capital expenditures***   los gastos de capital

expense   el gasto, el coste
  —***administrative (operating) expenses***   los gastos de administración (de explotación)
  —***current expenses***   los gastos corrientes

experience   la experiencia

expertise   la pericia

expiration   el cumplimiento, el vencimiento

expire, to   cumplir(se) (el plazo), vencer, caducar
  —***exploit, to***   explotar

exploitation   la explotación

export   la exportación

export, to   exportar

exportation   la exportación

exporter   el (la) exportador(a)

express   el expreso
  —***air express***   el expreso aéreo

expropriate, to   expropiar, embargar

expropriation   la expropiación, el embargo

extend, to   extender (ie), ampliar

extension   la extensión, la ampliación

extensive   extensivo(a), amplio(a)

exterior   el exterior

external   externo(a)

extra   extra

extraordinary   extraordinario(a)

eye, to   ojear

F

face (the garden), to   dar al (jardín)

facet   la faceta

facilitate, to   facilitar

facility   la facilidad, la instalación; la habilidad

fact   el dato, el hecho
  —***in fact***   en efecto, de hecho, de verdad

factory   la fábrica, la planta (industrial)
  —***ex factory***   franco fábrica
  —***factory worker***   el (la) ensamblador(a); el (la) trabajador(a) de fábrica
  —***idle factory***   la planta parada

failure   la falta; la baja; la quiebra
  —***failure to comply***   la falta de cumplimiento, el incumplimiento
  —***without fail***   sin falta

fair   justo(a), equitativo(a)

faith   la fe

fall   la caída, la baja, el descenso
  —***fall in prices***   la caída de precios

falsification   la falsificación

falsify, to   falsificar

fare   el pasaje, la tarifa

farewell   la despedida
  —***farewell (to), to bid***   despedir(se) (i) (de)

fast   veloz, rápido(a)

favorite   favorito(a)

feasible   viable, factible

feature   la condición, el aspecto

fee   los honorarios, los derechos
  —***conditional fee***   los honorarios condicionales
  —***definite (set) fee***   los honorarios definidos
  —***fixed fee***   los honorarios fijos (determinados)

fence   la cerca

fiduciary   fiduciario(a)

figure el perfil; la figura
file el archivo, el fichero
  —**confidential file** el archivo confidencial
  —**file folder** el portafolio
  —**filing cabinet** el archivero
filer (person) el (la) archivador(a)
file, to archivar; registrar; entablar
fill (out), to llenar, completar
finalist el (la) finalista
finally al cabo, por fin, finalmente
finance la finanza
finance, to financiar
financial financiero(a)
find out (about), to informarse (de), enterarse (de)
fine la multa
fine, to multar
finish, to terminar, acabar, llevar a cabo
fire el incendio, el fuego
  —**fire, to set on** incendiar, prender fuego
fire, to despedir (i), desemplear
firm la casa, la firma
  —**business firm** la casa comercial
firm firme, estable
firmness la firmeza
first primero(a), inicial
  —**first-class** de primera clase (categoría), de primera
fiscal fiscal
fit, to caber; ensamblar
fitter el (la) ensamblador(a)
fix, to cotizar; fijar; arreglar
fixed determinado(a), fijo(a)
flight el vuelo
  —**non-stop flight** el vuelo sin escalas
floating flotante
floor el piso, el suelo
flow el movimiento, el curso
  —**cash flow** el movimiento de capital
flowing corriente
fluency la fluidez, el dominio
fluent in, to be dominar
folder la carpeta, el portafolio
foot el pie
forced forzado(a), forzoso(a)
forecast el pronóstico, la predicción

  —**sales forecast** el pronóstico de ventas
forecast, to pronosticar, predecir
foreign extranjero(a), al exterior
  —**foreign lands** el extranjero
  —**in foreign lands** al extranjero
foreman el (la) capataz
foreseen previsto(a)
foresight la previsión
forge, to falsificar
forgery la falsificación
form el formulario, el impreso, la planilla
fortunately afortunadamente, por fortuna
forward, to expedir (i)
forwarder el (la) expedidor(a)
forwarding expedidor(a)
foster, to fomentar
fostering el fomento
found, to fundar, establecer
foundation la fundación, la base
  —**foundation, to lay the** sentar (ie) las bases
franchise la concesión de patente, la patente, la franquicia
  —**franchise holder** el (la) concesionario(a)
frank franco(a), directo(a)
fraud el fraude, la estafa
free (from) libre (de), exento(a) (de)
  —**free and clear** libre de gravámenes
free of charge gratis, gratuito(a); franco(a)
  —**free on board (F.O.B.)** franco a bordo
freeway la autopista
freeze la congelación
  —**price freeze** la congelación de precios
freeze, to congelar
freezing la congelación
freight la carga, el flete
  —**air freight** el flete aéreo, la carga aérea
  —**freight collect** el flete por (a) cobrar
  —**freight forwarder** el (la) agente expedidor(a) (de embarque)
  —**freight prepaid** el flete pagado

freightage el flete
frugality la frugalidad
fulfill, to cumplir(se)
fulfillment el cumplimiento
full pleno(a), total, completo(a)
function la función
function, to funcionar
functioning el funcionamiento
fund el fondo
  —**contingency fund** el fondo para imprevistos (contingencias)
  —**money market fund** el fondo del mercado monetario
  —**mutual fund** el fondo mutualista
  —**pension fund** el fondo de pensión
  —**trust fund** el fondo de fideicomiso
furnish, to equipar, amueblar; facilitar
furniture el mueble; el mobiliario
  —**furniture and fixtures** el mobiliario y equipo
fusion la fusión
futures los futuros

G

gain el beneficio, la ganancia
  —**capital gains** las ganancias de capital
gainful ganancioso(a), beneficioso(a), lucrativo(a), provechoso(a)
gallon el galón
gap la diferencia, la brecha, el déficit
garden el jardín
garnishee, to embargar
garnishment el embargo
gasoline la gasolina
gathering el recogimiento; la junta, la asamblea
gear el cambio, el engranaje
gearbox la caja de cambios
general general
generous generoso(a), franco(a)
genuine genuino(a), legítimo(a)
get along, to desenvolver(se) (ue); llevarse bien
gift el regalo; el dote; el aguinaldo
give, to dar, conceder, otorgar
  —**give back, to** devolver (ue)

glance la ojeada, el vistazo
glut el exceso,
la superabundancia
go through, to recorrer
go up (to), to subir (a),
ascender (ie) (a)
  —go up in price, to subir de
precio
goal el objetivo, la meta
gold el oro
goods el artículo, el efecto, la
mercadería, la mercancía, el bien
  —goods and services los
bienes y servicios
  —material goods los bienes
materiales
  —secondhand goods los artículos de segunda mano (usados)
goodwill la plusvalía
governing directivo(a), dirigente,
gobernante
  —governing body la directiva
government el gobierno
governmental gubernamental,
gubernativo(a)
govern, to gobernar (ie)
governor el (la) gobernador(a)
graft el soborno
grain el grano
gram el gramo
grant la concesión; el
otorgamiento
  —grant-in-aid la beca, la
subvención
grant, to conceder, otorgar
graph la gráfica
gratis gratis
gratitude el agradecimiento
gratuitous gratuito(a)
gratuity la gratificación, la
propina
grave grave, serio(a)
gross (weight) peso bruto(a)
ground la tierra, el terreno
guarantee la garantía
guarantee, to garantizar
guaranteed garantizado(a), con
garantía
guarantor el (la) fiador(a)
guide, to guiar
guided guiado(a)
guild el gremio, la cofradía, la asociación, la hermandad

H

habit la costumbre, el hábito
hall el salón, la sala, la cámara
  —assembly hall el salón de
reuniones, el salón de actos
hand la mano
harm el daño, el perjuicio
harmed dañado(a),
perjudicado(a)
harm, to dañar, perjudicar
harmful dañoso(a), perjudicial
hazard el riesgo
hazard, to arriesgar
head la cabeza; el (la) jefe(a), el
(la) director(a), el (la)
supervisor(a)
  —department head el (la)
jefe(a) de departamento
(sección)
  —head office la oficina principal (central)
  —per head por cabeza (capita)
heading el membrete, el
encabezamiento
headquarters la sede, la casa
matriz, la jefatura, la dirección
healthy sano(a), saludable
heir el (la) heredero(a)
help, to ayudar, atender (ie),
prestar ayuda
Help Wanted Oferta de Empleos
high alto(a), de alto
highway la autopista, la carretera
hindrance la rémora, el obstáculo, el impedimento
hire, to contratar, dar empleo
hiring la contratación
holder el (la) tenedor(a), el (la)
portador(a), el (la) poseedor(a)
holding la tenencia, el haber, la
disponibilidad
homework la tarea
honest honrado(a), honesto(a),
probo(a)
honorarium los honorarios
host el anfitrión
hour la hora
  —business (office) hours las
horas hábiles (de oficina)
house la casa
hurt (oneself), to dañar(se), las-
timar(se), herir(se) (ie-i)

I

identical igual, idéntico(a)
idle desocupado(a), ocioso(a),
inactivo(a)
illegal ilegal, ilícito(a)
illuminate, to iluminar
illumination la iluminación
impart, to impartir
impediment el impedimento, el
obstáculo, el inconveniente
impel, to impulsar
import, to importar
important, to be importar
importation la importación
imported item la importación
importer el (la) importador(a)
importing la importación
improve, to mejorar
improvement la mejora
improvised improvisado(a)
impulse el impulso
inactive inactivo(a)
incapable incapaz
incentive el incentivo, la
estipulación
inch la pulgada
incidental imprevisto(a)
include, to incluir
income la ganancia, la renta, el
ingreso, el rendimiento, la entrada, la utilidad
  —gross national income la
renta nacional bruta
  —income (annuity) for life
la renta vitalicia
  —income tax return la declaración de (sobre) la renta (los
ingresos)
incorporated incorporado(a)
increase el aumento, el alza (f.),
el incremento
  **—increase (appreciation) in
value** el aumento en valor
  —price increase el aumento
(alza, recargo) de precio
increase, to aumentar, alzar,
subir
increment el incremento
incur, to incurrir; contraer
indebtedness el adeudo, la deuda
indemnification la indemnización, la remuneración

indemnify, to   indemnizar, remunerar
index   el índice
—**consumer's price index**   el índice de precios de mercancías de consumo, el índice de precios del consumidor
—**index finger**   el índice
indicate, to   indicar, señalar, mostrar (ue)
indication   la indicación, la señal, la muestra
individual   individual
industrial   industrial
industrialization   la industrialización
industrialize, to   industrializar
industry   la industria
inequitable   inequitativo(a), injusto(a)
inequity   la inequidad, la injusticia
inexpensive   económico(a), barato(a)
inflammatory   incendiario(a)
inflation   la inflación
inflationary   inflacionario(a)
information   el informe, la información, el aviso, el dato
informative   informativo(a)
inform, to   informar, avisar
—**informed (of), to be**   estar al tanto (de), estar informado(a) (de)
—**inform oneself (about), to**   informarse (de)
infraction   la infracción
inherit, to   heredar
inheritance   la herencia
initial   inicial
initiate, to   iniciar
injured   dañado(a), herido(a), lastimado(a); perjudicado(a)
injurious   dañoso(a), perjudicial
injury   el daño, la herida
injustice   la injusticia
insolvency   la insolvencia
insolvent   insolvente
install, to   instalar
installation   la instalación, la facilidad
installed   instalado(a)
installment   la cuota
—**monthly installment**   la mensualidad, la cuota mensual

institute, to   fundar, instituir
instrument   el instrumento
insurance   el seguro, la aseguranza
—**accident insurance**   el seguro de (contra) accidente
—**accounts payable insurance**   el seguro de cuentas por (a) pagar
—**business insurance**   el seguro comercial
—**car insurance**   el seguro de automóviles
—**fire insurance**   el seguro de (contra) incendios
—**industrial liability insurance**   el seguro de responsabilidad industrial
—**life insurance**   el seguro de vida
—**maritime insurance**   el seguro marítimo
—**medical insurance**   el seguro médico
—**operations insurance**   el seguro de operaciones
—**real estate insurance**   el seguro de bienes raíces
—**title insurance**   el seguro de título
insure, to   asegurar
insured   asegurado(a)
intact   sano(a)
interest   el interés
—**accrued interest**   el interés acumulado (devengado)
—**compound interest**   el interés compuesto
—**interest, to bear**   dar (ganar, devengar) intereses
interested (in), to be   interesarse (en, por)
interim   interino(a), suplente, temporal
intermediary   el (la) intermediario(a)
intermediate   intermedio(a)
internal   interno(a)
international   internacional
interstate   interestatal
interview   la entrevista
interview, to   entrevistar
interviewer   el (la) entrevistador(a)

invalidate, to   invalidar
inventory   el inventario
investigate, to   investigar
investigation   la investigación
investigator   el (la) investigador(a)
investment   la inversión
invest, to   invertir (ie-i)
investor   el (la) inversionista
invoice   la factura
—**pro forma invoice**   la factura proforma
invoice, to   facturar
invoicing   la facturación
irreversible   irreversible
irrevocable   irrevocable
issue   la emisión; el asunto, la cuestión, el problema
issue, to   girar, emitir, poner en circulación, distribuir
item   el asunto, la cuestión, el punto; el artículo
itemize, to   detallar
itemized   detallado(a)

J

job   el trabajo, el empleo, el puesto, la posición, la plaza
join, to   unir(se), juntar(se), ensamblar
joint   conjunto(a), colectivo(a), mancomunado(a)
jot down, to   anotar
journey   el recorrido, el viaje
judgment   el juicio
just   justo(a), equitativo(a)
justice   la justicia, el derecho

K

keep   el mantenimiento, la mantención, la subsistencia, el sostenimiento
—**keep, to earn one's**   ganarse la vida
keeping books   la teneduría de libros
kilogram   el kilogramo
kilometer   el kilómetro
kind   la clase, el tipo, la especie
—**in kind**   en especie
kitchen   la cocina

know-how   la pericia, la destreza, la experiencia, la habilidad

knowledge   el conocimiento

know well, to   dominar

L

labor   el trabajo, la obra, la labor
  —**day laborer**   el (la) jornalero(a)
  —**labor force**   el personal obrero, la mano de obra

laborer   el (la) trabajador(a), el (la) jornalero(a), el (la) obrero(a)

lack   la falta
  —**lack of payment**   la falta de pago

land   la tierra, el terreno

landholder   el (la) terrateniente

landlord (landlady)   el (la) arrendador(a)

lapse, to   vencer, caducar

larger   mayor, más grande

last (in time), to   durar

launch, to   lanzar

launching   el lanzamiento

law   la ley, el derecho
  —**commercial law**   el derecho comercial (mercantil)

lawsuit   el pleito, el juicio, el litigio
  —**lawsuit, to file a**   entablar un juicio (pleito)

lawyer   el (la) abogado(a), el (la) licenciado(a)

layoff   el paro forzoso, el despido, el retiro temporal

lead, to   conducir(zc), dirigir

lease   el arrendamiento, el arriendo

lease, to   arrendar (ie), alquilar

leaseholder   el (la) arrendatario(a), el (la) alquilador(a)

leasing   el arrendamiento, el arriendo

leave (of), to take   despedir(se) (i) (de)

leave-taking   la despedida

lecture   la conferencia

ledger   el libro (mayor)
  —**general ledger**   el libro mayor general

legal   legal, lícito(a)

—**legal tender**   la moneda de curso legal

legible   legible

lend, to   prestar

less   menor

lessee   el (la) alquilador(a), el (la) arrendatario(a)

lesser   menor

lessor   el (la) arrendador(a)

letter   la carta; la letra
  —**cover letter**   la carta con anexos
  —**letter of credit**   la carta de crédito
  —**letter of reference**   la carta de referencia (recomendación)

letterhead   el membrete

let, to   dejar, permitir

level   el nivel

level (off), to   nivelar

levy   el impuesto, la contribución

liability   el pasivo, la deuda, la obligación, la responsabilidad
  —**capital liability**   el pasivo fijo

liable   sujeto(a) (a), afecto(a) (a); gravable

license   la licencia, la patente, el permiso, la autorización

licensee   el (la) concesionario(a), el (la) autorizado(a)

lien   el embargo precautorio, el gravamen

life   la vida; la duración, la vigencia

liking   el agrado

limit   el límite
  —**credit limit**   el límite de crédito

limited   limitado(a)

line   la línea
  —**line of credit**   la línea de crédito

liquid   el líquido

liquidate, to   liquidar, cancelar, vender

liquidity   la liquidez, la disponibilidad

list   la lista, el registro; la planilla

list, to   registrar

liter   el litro

load   el cargo, la carga
  —**work load**   la carga de trabajo

load, to   cargar

loading   el embarque, la carga

—**loading dock**   el embarcadero

loan   el préstamo, el empréstito
  —**secured loan**   el préstamo con garantía

loan, to   prestar

lobby, to   cabildear

lobbying   el cabildeo
  —**lobby group**   la organización para cabildeo

lobbyist   el (la) cabildero(a)

local   local

locate, to   localizar, situar, ubicar

located   localizado(a), situado(a), ubicado(a)

location   el sitio, el local, el lugar

lockout   el paro forzoso, el cierre

long   largo(a)
  —**long (lengthwise)**   de largo
  —**long-term**   a largo plazo

look   la mirada, el vistazo

look, to   mirar, echar un vistazo(a), ojear; lucir(zc), verse
  —**look over, to**   revisar, examinar

loss   la pérdida
  —**financial loss**   la pérdida financiera, el perjuicio financiero

lot   la partida, el lote

lounge   el salón

lower, to   rebajar

lowering   la rebaja

lucrative   lucrativo(a)

luggage   el equipaje
  —**excess luggage**   el exceso de equipaje

M

machine   la máquina

machinery   la maquinaria

made   hecho(a)
  —**custom-made**   hecho(a) a la medida
  —**made to order**   hecho(a) a la medida

mail   el correo
  —**by mail**   por correo

main   primario(a), principal, mayor

maintain, to   mantener, sostener

maintenance   el mantenimiento, la mantención, la conversación, el sostenimiento

—routine maintenance el mantenimiento rutinario

major mayor

majority la mayoría

makeshift provisional, improvisado(a)

management la gerencia, la administración, la dirección, la intendencia

manage, to administrar, dirigir

manager el (la) gerente, el (la) jefe(a), el (la) director(a), el (la) empresario(a), el (la) administrador(a), el (la) intendente

—acting manager el (la) gerente interino(a)

—sales manager el (la) jefe(a) de ventas, el (la) gerente de ventas

managing directivo(a), administrador(a)

man-hour la hora-hombre, la hora mano de obra

manifest el manifiesto (de carga)

manner la manera, el modo, el método

manpower la mano de obra

manual manual

manufacture, to fabricar, manufacturar, producir(zc)

manufacturer el (la) fabricante, el (la) manufacturero(a), el (la) productor(a)

manufacturing la fabricación, la manufactura, la producción

margin el margen

—profit margin el margen de ganancia (renta)

marginal marginal

—maritime marítimo(a)

mark la marca

mark down, to descontar (ue), rebajar, reducir(zc)

mark up, to alzar, aumentar, subir

markdown el d escuento, la rebaja, la reducción de precios

market el mercado, la plaza; la bolsa

—bear market el mercado bajista

—black market el mercado negro

—bull market el mercado alcista

—European Common Market el Mercado Común Europeo, la Comunidad Económica Europea

—money market el mercado monetario

—sagging market el mercado flojo

—seller's (buyer's) market el mercado favorable al vendedor (comprador)

market, to mercadear

marketability la vendibilidad, la negociabilidad, la comerciabilidad

marketable vendible, negociable, comerciable

marketing la mercadotecnica, el mercadeo

marketplace la plaza de mercado, el mercado

markup el aumento (alza) de precio

mass la masa, el volumen

material la materia

—raw material la materia prima

matrimonial matrimonial

matter el asunto, el punto, el tema, la cuestión

mature, to cumplirse el plazo, vencer

maturity el vencimiento, el plazo

maximum máximo(a)

means el medio

—by means of por medio de

measure la medida, la tasa

measure, to medir (i)

measurement la medida, la medición

mechanic el (la) mecánico(a)

mechanical mecánico(a)

media el medio

—advertising media los medios publicitarios

medical médico(a)

mediocre mediocre, mediano(a)

medium mediano(a)

—medium sized de tamaño mediano

meet, to reunir(se); cumplir(se), sujetar(se) (a)

—meet (fulfill) the conditions, to cumplir las condiciones

meeting la reunión, la conferencia, la junta, la asamblea

member el (la) miembro, el (la) asociado(a), el (la) socio(a)

memorandum el memorándum, el memorando

—memorandum of association el acta de constitución

mention la mención

mention, to mencionar, hacer mención

mercantile mercantil, comercial

merchandise la mercancía, la mercadería, los efectos

merchant el (la) comerciante, el (la) negociante, el (la) mercader(a)

merge, to consolidar(se), combinar(se), unir(se)

merger la consolidación, la combinación, la fusión, la unión

metal el metal

—precious metal el metal precioso

meter el metro

method el método, el procedimiento

metric métrico(a)

middle el medio, el centro

middleman el (la) intermediario(a), el (la) revendedor(a)

mile la milla

—miles per gallon, to get (twenty-five) dar (veinticinco) millas por galón

milligram el miligramo

millimeter el milímetro

mind la mente

—mind, to keep in tener presente

minimum mínimo(a)

minor el(la) menor de edad

minority la minoría

mint la casa de moneda

minutes las minutas, las actas

mirror el espejo

misappropriation la malversación

—misappropriation of funds la malversación de fondos

miscellaneous vario(a), misceláneo(a)

misleading engañoso(a)

mistake   el error, la equivocación, el error, la falta
—**mistake, to make a**   cometer un error, equivocarse
mode   el modo, la manera, el método
model   el modelo; el (la) modelo
modification   la modificación
modify, to   modificar
momentum   el impulso
monetary   monetario(a)
money   el dinero, el capital, la plata
—**counterfeit money**   el dinero falso
—**tight money**   la restricción de créditos
moneylender   el (la) prestamista
monopolist   el (la) monopolista, el (la) acaparador(a)
monopolize, to   monopolizar, acaparar
monopoly   el monopolio, el acaparamiento
month   el mes
—**current month**   el mes corriente (actual, en curso)
—**(a) month in advance**   (un) mes de anticipación
monthly   mensual(mente)
moratorium   la moratoria
mortgage   la hipoteca
mortgage, to   hipotecar
mortgagee   el (la) acreedor(a) hipotecario(a)
mortgager   el (la) deudor(a) hipotecario(a)
motive   el motivo, el móvil
motor   el motor
motorist   el (la) conductor(a), el (la) automovilista, el (la) chófer (chofer)
move   la mudanza, el traslado
move, to   moverse(se) (ue); mudarse (de casa), trasladarse
movement   el movimiento
multilateral   multilateral
multiple   múltiple
municipal   municipal
municipality   el municipio
mutual   mutualista; mutuo(a)

N

name   el nombre
—**corporate name**   la razón social
—**first name**   el nombre, el nombre de pila
—**in (her, his, your) name**   a (su) nombre
—**in the name of**   a nombre de
—**last name**   el apellido
—**maiden name**   el nombre de soltera
—**name of a company**   la razón social
name, to   nombrar
naming   el nombramiento
national   nacional
nationalization   la nacionalización
nationalize, to   nacionalizar
neck   el cuello
need   la necesidad, la falta; la exigencia, el requerimiento
need, to   necesitar, hacer falta; exigir, requerir (ie-i)
negligence   la negligencia, el descuido, la imprudencia
negligent   negligente, descuidado(a), imprudente
negotiable   negociable, transmisible
—**non-negotiable**   no negociable, intransferible
negotiate, to   negociar, tramitar, tratar
negotiation   la negociación
neighbor   el (la) vecino(a)
neighborhood   el vecindario
net   neto(a)
nice   ameno(a), simpático(a), amistoso(a), amigable
nominal   nominal
nominate, to   nombrar, designar
noncommercial   no comercial
noncompliance   el incumplimiento
nonrenewable   no renovable
nonresident   el (la) no residente
nontaxable   no gravable, exento(a) de impuestos
norm   la norma

normally   de costumbre, normalmente
notary   el (la) notario(a)
—**notary public**   el (la) notario(a) público(a)
—**notary's office**   la notaría
note   el billete, el vale, la nota, el pagaré
—**bank note**   el billete de banco (bancario)
note, to   anotar
—**note, to take**   tomar nota
notebook   la libreta, el cuaderno
notice   el aviso, la advertencia
—**advance notice**   el aviso anticipado
—**notice, to give**   avisar, dar aviso
notice, to   notar, fijarse (en), advertir (ie-i)
notification   la notificación, el aviso
notify, to   notificar, avisar
null   nulo(a)
—**null and void**   nulo y sin valor
nullify, to   anular, invalidar
number   el número, la cifra
—**account number**   el número de cuenta

O

object   el objeto
objection   el inconveniente
objective   el objetivo
obligated   obligado(a)
obligation   la obligación
obsolescence   la obsolescencia, el desuso
obsolete   obsoleto(a), desusado(a)
obstacle   el obstáculo, el inconveniente, el impedimento
obtain, to   obtener, conseguir (i); reportar
occupy oneself (with), to   ocuparse (de)
offer   la oferta
offer, to   ofrecer (zc)
office   la oficina, el despacho
—**head office**   la oficina central, la sede, la dirección, la oficina principal, la casa matriz

officer el (la) oficial, el (la) funcionario(a)

   —customs officer el (la) aduanero(a)

official el (la) oficial, el (la) funcionario(a)

omit, to omitir

ongoing continuo(a)

open, to abrir

   —open a business, to abrir un negocio

   —open an account, to abrir una cuenta

operate, to operar

operation la operación

opine, to opinar

opinion la opinión

opportune oportuno(a)

opportunely oportunamente

opportunity la oportunidad

optimum óptimo(a)

option la opción

optional opcional

order el pedido; el (la) orden; el mandato, el decreto

   —in order, to be estar en regla

   —order, to fill an servir (i) (despachar) un pedido

order, to pedir (i), ordenar, encargar

ordinary ordinario(a), normal, corriente

organization la organización

organize, to organizar

orient, to orientar

orientation la orientación

otherwise en caso contrario

ounce la onza

out of date caducado(a)

outlay el gasto (de operación)

outlet la salida; la sucursal

output el producto; la producción

outstanding pendiente; sobresaliente

overcharge el sobrecargo

overcharge, to sobrecargar, cobrar demasiado

overcome, to superar

overcoming la superación

overdue atrasado(a), vencido(a)

overhead la sobrecarga, los gastos de operación (explotación)

overload la sobrecarga

overload, to sobrecargar

overstaffing el exceso de personal

overtime el tiempo extra, las horas extraordinarias, el sobretiempo

own, to poseer

owner el (la) dueño(a), el (la) propietario(a), el (la) poseedor(a)

   —property owner el (la) propietario(a)

ownership la propiedad, la posesión, la pertenencia

P

pack, to embalar, empaquetar, envasar, empacar

package el paquete, el bulto

packer el (la) embalador(a), el (la) empaquetador(a)

packing el embalaje, el envase

pact el pacto, el acuerdo, el convenio

pail el cubo

pain el dolor; la pena

painful doloroso(a)

paint, to pintar

pamphlet el folleto

paragraph el párrafo

park el parque

park, to estacionar, aparcar

parking el estacionamiento

   —parking lot el parque de estacionamiento, el estacionamiento

part la pieza, el repuesto

   —spare parts las piezas de repuesto, los repuestos

partial parcial

particular particular

partner el (la) socio(a), el (la) consocio(a), el (la) asociado(a)

   —junior partner el (la) socio(a) menor

   —partners, to become asociarse

   —senior partner el (la) socio(a) mayor

partnership la asociación, la sociedad

party (to an estate) el (la) coheredero(a)

passage el pasaje

passbook la libreta

passenger el (la) pasajero(a)

passing el pasaje

patent la patente

pattern la norma

pay, to pagar, remunerar

payable pagadero(a)

   —payable to bearer pagadero al portador

   —payable on demand pagadero a la presentación

payee el (la) beneficiario(a)

payer el (la) pagador(a)

payment el pago, la paga, la cuota

   —advance payment el pago adelantado (anticipado)

   —back pay la paga retroactiva

   —down payment el pago inicial, la entrada

   —installment payment el pago a plazo (parcial), el abono

   —payment in cash el pago al contado (en efectivo)

   —payment on account el pago a cuenta

   —payment on delivery (C.O.D.) el pago contra entrega

   —severance pay el pago de despido, la indemnización por despido

   —take home pay el sueldo neto

payroll la nómina (de pagos)

peak el auge, el apogeo

penalty la sanción, el recargo, la multa

   —penalty, to charge a multar

pending pendiente

pension la pensión, la jubilación

percentage el porcentaje, el por ciento

period el período, el plazo

permanent permanente, perpetuo(a)

permission el permiso, la licencia

permit el permiso, la autorización, la licencia

   —consular permit el permiso consular

perpetual   perpetuo(a)

person   la persona
  —per person   por persona
  (capita)

personal   personal, privado(a),
  particular

personalize, to   personalizar

personalized   personalizado(a)

personnel   el personal

petition   la petición

petition for, to   postular, suplicar,
  pedir (i)

petitioner   el (la) peticionario(a),
  el (la) postulante, el (la)
  suplicante

phase   la fase

photo   la foto

photocopy   la fotocopia

photocopy, to   fotocopiar

photograph   la fotografía

photograph, to   fotografiar, sacar
  fotografías

pick up, to   recoger

picket line   el cordón de
  huelguistas

piecework   el trabajo a destajo

pier   el embarcadero, el muelle

pilferage   la sisa, el hurto

pillar   la columna

pint   la pinta

pipe   la cañería, el tubo

place   el lugar, el sitio, el local

place, to   poner, colocar, ubicar,
  situar

plan   el plan, el proyecto
  —expansion plan   el plan de
  expansión

plan, to   planear, proyectar,
  planificar

planning   la planificación

plant   la planta (industrial), la
  maquinaria

pleasant   ameno(a), agradable

pleasantness   la amenidad

please, to   agradar, complacer(zc)

pleased (charmed) encantado(a)
  **—pleased to (meet
  you)**   encantado(a) de
  (conocerlo, la)

plow back, to   reinvertir (ie-i)

point   el punto
  —break-even point   el punto
  de equilibrio

point out, to   advertir (ie-i),
  señalar

police   la policía

policy   la política, la práctica; la
  póliza
  —commercial policy   la póliza
  comercial
  —industrial liability policy   la
  póliza de responsabilidad
  industrial
  —insurance policy   la póliza
  de seguros
  —sales policy   la política de
  ventas

policyholder   el (la) asegura-
  do(a), el (la) tenedor(a) de
  póliza

politics   la política

poll   la encuesta

port   el puerto
  —free port   puerto franco

portfolio   el portafolio, la cartera

position   la posición; el puesto, el
  empleo, el trabajo

possess, to   poseer

possession   la posesión, el bien, el
  haber
  —personal possessions   los
  bienes personales

possible   posible
  —as soon as possible   a la
  mayor brevedad posible

postal   postal
  —postage stamp   la estampilla,
  el sello, el timbre
  —postal money order   el giro
  postal
  —post office box   la casilla, el
  apartado postal

postdated   posfechado(a)

postponed   pospuesto(a),
  postergado(a)

postulate, to   postular

potency   la potencia

pound   la libra

power   el poder; la potencia; la
  fuerza; el dominio
  —power of attorney   el poder
  notarial
  —purchasing power   el poder
  adquisitivo

powerful   poderoso(a); potente;
  fuerte; dominante

practice   la práctica, el ensayo

practice, to   practicar, ensayar

precious   precioso(a)

precisely   precisamente

preference   la preferencia

preferential   preferente

premium (on insurance)   la
  prima

preoccupation   la preocupación

preoccupied   preocupado(a)

prepare, to   preparar

prerequisite   el requisito, el
  requerimiento

present   presente

**present (oneself),
  to**   presentar(se)

presentation   la presentación

presidency   la presidencia

president   el (la) presidente

preside, to   presidir

previous   previo(a), anterior

price   el precio, el coste, el
  importe
  —average price   el precio
  medio
  —closing price   la cotización al
  (de) cierre
  —list price   el precio de lista
  (catálogo)
  —net price   el precio neto
  —opening price   la cotización
  a la apertura
  —prevailing price   el precio
  en vigor
  —price quotation   la cotización
  —rising prices   los precios al
  alza
  —selling price   el precio de
  venta
  —steady price   el precio firme

price (at), to   cotizar

primary   primario(a), principal,
  central

principal   principal, primario(a),
  central

private   privado(a), particular

privilege   el privilegio

prize   el premio

procedure   el procedimiento

proceed, to   proceder, seguir (i)

proceedings   los trámites, los
  procedimientos, el modo de
  proceder

process el proceso
process, to procesar
processing el procesamiento
 —**data processing** el procesamiento de datos
produce, to producir (zc), rendir (i), rentar
producer el (la) productor(a)
product el producto
 —**gross national product** el producto nacional bruto
production la producción, el rendimiento
productive productivo(a)
productivity la productividad
profile el perfil
profit la ganancia, la renta, la entrada, el provecho, la utilidad, el bien, el beneficio
 —**anticipated profits** las ganancias previstas (anticipadas)
 —**corporate profit** la utilidad corporativa
profit, to beneficiar
 —**profit by, to** aprovechar
profitability la rentabilidad
profitable rentable, lucrativo(a), provechoso(a)
pro forma proforma
 —**pro forma invoice** la factura proforma
program el programa
project el proyecto
project, to proyectar
promissory note (I.O.U.) el pagaré
promoter el (la) lanzador(a), el (la) empresario(a)
promote, to lanzar, fomentar
promotion el lanzamiento, el fomento, la promoción
proof la prueba
propaganda la propaganda
property la propiedad, los bienes, la posesión
 —**real property** los bienes raíces, los bienes inmuebles
proportion la proporción
proportional proporcional
proposal la propuesta
propose, to proponer
prorate, to prorratear
prorating el prorrateo

proration la prorrata
prosecute, to procesar
protect, to proteger
protection la protección
protectionist proteccionista
prove, to probar (ue), comprobar (ue), demostrar (ue)
provision la provisión, la cláusula
provisional provisional
proviso la estipulación
proxy el poder
 —**by proxy** por poder
proxyholder el (la) apoderado(a), el (la) poderhabiente
public el público
 —**public square** la plaza
 —**public utilities** los servicios públicos
public público(a)
publicity la publicidad, la propaganda
publicize, to hacer publicidad (propaganda)
punctually puntualmente
punitive punitivo(a)
purchase la compra, la adquisición
purchase, to comprar, adquirir (ie-i)
purge, to depurar
purging la depuración

Q

qualifications las calificaciones
qualified calificado(a), capaz
qualitative cualitativo(a)
quality la calidad
quantitative cuantitativo(a)
quantity la cantidad, la cifra
quart el cuarto
quarter (calendar) el trimestre
quarterly trimestralmente
quota la cuota, la cotización
quotation la cotización; la cita
quote, to cotizar, citar

R

radial radial
radio el (la) radio
raise el aumento, la subida, el alza (f.), el ascenso

raise, to alzar, subir, ascender (ie), aumentar
random aleatorio(a)
 —**at random** al azar
rapid rápido(a), veloz
rapidity la rapidez, la velocidad
rate la tasa, la tarifa; el índice
 —**adjusted rate** la tasa ajustada
 —**flat rate** la tasa fija (uniforme)
 —**preferred (prime) rate** la tasa preferente
 —**rate of exchange** la tasa de cambio
 —**rate of growth** la tasa de crecimiento
 —**rate of interest** la tasa de interés
 —**rate of return** la tasa de rendimiento
rating el índice; la tasación, el valor asignado
 —**credit rating** el índice de crédito
ratio el índice, la razón
ration la ración
ration, to racionar
ray el rayo
reach el alcance
 —**far-reaching** de gran alcance
real real, efectivo(a), verdadero(a)
real estate los bienes raíces, los bienes inmuebles
realtor el (la) agente de bienes raíces
reappraisal al revaloración, la revaluación, el reavalúo
reappraise, to revalorar, revaluar
reason la razón
reasonable razonable
rebate el reembolso (rembolso)
rebate, to reembolsar (rembolsar)
rebuild, to poner en pie
receipt el recibo, el comprobante, el talón
 —**on recipt** al recibo (de)
recently recientemente
receptionist el (la) recepcionista
recession la recesión, la depresión económica
recipient el (la) recibidor(a), el (la) recipiente, el (la) beneficiario(a)

reciprocal recíproco(a), mutuo(a)

reclinable reclinable

recline, to reclinar(se)

record, to registrar

records los registros, las minutas, los archivos, las actas

  —record, to keep a llevar un registro

recover, to recuperar

recovery la recuperación

rectification la rectificación

rectify, to rectificar

recuperate, to recuperar

recuperated recuperado(a)

recuperation la recuperación

recurring recurrente

redeem, to redimir, rescatar

redeemable redimible, rescatable

red tape el papeleo, el formulismo

reduce, to reducir (zc), disminuir, rebajar, bajar

reduction la reducción, la disminución, la rebaja, la baja

reevaluate, to revalorar, revaluar

reevaluation la revaloración, la revaluación

reference la referencia

  —credit reference la referencia de crédito

refund el reembolso (rembolso), la devolución

refund, to reembolsar (rembolsar), devolver (ue)

refusal el rechazo, la negativa; la opción

refuse, to rechazar, rehusar

regard mirar

  —with regard to en cuanto a

region la región

regional regional

register, to registrar, certificar; facturar; inscribir

registered facturado(a); titulado(a), registrado(a), certificado(a)

registration el registro; la facturación

registry el registro

regular regular, corriente, ordinario(a)

regulate, to regular, reglamentar

regulation la regulación, el reglamento, la reglamentación

reimburse, to reembolsar (rembolsar), reintegrar

reimbursement el reembolso (rembolso), la reintegración

reinvest, to reinvertir (ie-i)

reject, to rechazar

rejection el rechazo

reliable fidedigno(a), confiable

reliability la confiabilidad

relief el alivio; la asistencia, el socorro, la beneficencia

relieve, to aliviar; socorrer, relevar

remainder el resto

remain, to restar; permanecer, quedar(se)

remaining restante

remedy el remedio

reminder la advertencia, el recuerdo

remit, to enviar, remitir

remittance el envío, la remesa

remunerate, to remunerar

remuneration la remuneración

renew, to renovar (ue), prorrogar

renewable renovable

renewal la renovación, la prórroga

renovate, to renovar (ue)

renovation la renovación

rent el alquiler, la renta, el arriendo

  —rental charge el alquiler, el arriendo

rent, to alquilar, arrendar (ie), rentar

renter el (la) alquilador(a), el (la) arrendador(a), el (la) inquilino(a)

repair la reparación, el arreglo

repair, to reparar, arreglar

repayment la devolución, el reembolso

replace, to reponer, reemplazar

replacement la reposición, el reemplazo

report el informe, el estado, la relación

  —credit report el informe de crédito (solvencia)

  —police report el informe policial

representative el (la) agente, el (la) representante

  —sales representative el (la) representante de ventas

request el pedido, la solicitud, la petición, la demanda

request, to pedir (i), solicitar, demandar

require, to exigir, requerir (ie-i)

requirement la exigencia, el requisito, el requerimiento

rescind, to rescindir

research la investigación

research, to investigar

researcher el (la) investigador(a)

reservation la reservación

reserve la reserva; el fondo

  —bank reserves las reservas bancarias

  —cash reserve la reserva líquida en efectivo

reserve, to reservar, hacer una reservación

reserved reservado(a)

reside, to residir

resident el (la) residente

residential residencial

resign, to renunciar, dimitir

resignation la renuncia, la dimisión

reserve, to reservar, hacer una reservación

reserved reservado(a)

reside, to residir

resident el (la) residente

residential residencial

resign, to renunciar, dimitir

resignation la renuncia, la dimisión

resolution la resolución, la decisión

resolve, to resolver (ue), decidir

resource el recurso, el medio

respective correspondiente, respectivo(a)

responsibility la responsabilidad, el cargo

responsible (for) responsable (de), a cargo (de)

rest el resto; el descanso, el reposo

rest, to descansar, reposar

restrict, to restringir, reservar

restricted restringido(a), reservado(a)

restriction la restricción, la reservación

result el resultado

result, to resultar
retail al por menor, al detalle
—**retail, to sell at** vender al por menor
retire, to retirar, jubilar
retirement el retiro, la jubilación
retrench, to recoger
retrenchment el recogimiento
return la vuelta, el regreso; la devolución; la renta, el rendimiento
return, to volver (ue), regresar; devolver (ue); rentar, rendir (i)
reunion la reunión
reunite, to reunir(se)
revenue la renta, el ingreso, la ganancia, el rendimiento
review, to revisar, repasar
revise, to enmendar (ie), modificar
revision la enmienda, la modificación
revocable revocable
revolving renovable
reward el premio, la gratificación
rich rico(a)
rider (insurance) la póliza adicional
right el derecho
—**right to, to have a** tener derecho a
rise el alza (f.), la subida, el aumento
rise, to ascender (ie), subir, aumentar, levantar
risk el riesgo
—**credit risk** el riesgo de falta de pago
risk, to arriesgar, correr el riesgo
road el camino, la carretera
rob, to robar, hurtar
robbery el robo, el hurto
room la habitación, el cuarto, la pieza, la cámara, la sala, el salón
—**drawing room** la sala
—**living room** la sala de estar
—**meeting room** la sala de reuniones, el salón de reuniones
rotate, to girar
rotation la rotación, el giro
rough basto(a), en bruto, aproximado(a)
route la ruta
routine la rutina

royalty el derecho de autor(a), la regalía, el derecho de patente
ruby el rubí
rule la regla, el reglamento; la norma
ruler la regla
run low, to agotarse
run out, to agotarse; vencer
run short, to escasear

S

sabotage el sabotaje
safe la caja, la caja de seguridad
safekeeping la custodia
safety la seguridad, el seguro
salary el sueldo, el salario
—**hourly salary** el sueldo por hora
sale la venta, el traspaso
—**for sale** se vende
—**mail order sales** las ventas por correspondencia
salesperson el (la) vendedor (a)
same igual
sample la muestra
sampling la prueba
sanction la sanción
sanity el juicio
satisfaction la satisfacción
satisfied satisfecho(a)
satisfy, to satisfacer
save (money, time, etc.), to ahorrar, acumular
saved acumulado(a)
savings el ahorro, la acumulación
scale la escala
—**large-scale** en (a) gran escala
schedule el horario; el plan, la planilla, el programa
—**depreciation schedule** el plan de amortización de bienes, la planilla de depreciación
scholarship la beca
scope el alcance
scrap la materia de deshecho; el pedazo
screening la depuración
seal el sello
—**customs seal** el sello de aduanas
season la estación, la temporada
—**slack season** la temporada floja

seasonal de temporada
seat el asiento; la sede
seat (oneself), to sentar(se) (ie)
secretariat la secretaría, el secretariado
secretary el (la) secretario(a)
—**executive secretary** el (la) secretario(a) ejecutivo(a)
—**secretary's office** la secretaría
section la sección
—**classified advertising section** la sección de avisos clasificados
secured garantizado(a), con garantía, asegurado(a)
security el valor, el título, la obligación, la fianza; la seguridad
—**fixed income security** el valor de renta fija
sedan el sedán
seek, to postular; buscar
seize, to embargar
seizure el embargo
select, to elegir (i), seleccionar
selection la selección
sell, to vender, traspasar, liquidar
—**sell at a profit (loss), to** vender con ganancia (pérdida)
—**sell on consignment, to** vender en consignación
seller el (la) vendedor(a)
send, to enviar, remitir, despachar
seniority la antigüedad
series la serie
serious grave
service el servicio
session la junta
set determinado(a), fijo(a)
setback el contratiempo
set sail, to zarpar
settle, to arreglar, ajustar
settlement el arreglo, el ajuste
set up, to fundar, establecer (zc)
share la acción
shareholder el (la) accionista
sheet (of paper) la hoja
shift (work) el turno
—**day shift** el turno del día
shine, to lucir (zc)
ship el barco
ship, to expedir (i), enviar, fletar, embarcar

shipment el envío, el embarque
shipper el (la) expedidor(a), el (la) remitente, el (la) exportador(a)
shipping expedidor(a)
shopkeeper el (la) almacenero(a)
short (in length) corto(a)
shortage la falta, la escasez
short-circuit el cortocircuito
show, to mostrar (ue), enseñar
shower la ducha
showroom la sala de exposición, la sala de ventas
shrinkage la merma
sickness la enfermedad
sidewalk la acera
sight la vista
 —**sight (at, in, on)** a la vista
sign el letrero
sign, to firmar
signal la señal
signature la firma
 —**authorized signature** la firma autorizada
silver la plata
similar semejante
similarity la semejanza
simplification la simplificación
simplify, to simplificar
single (unmarried) soltero(a)
site el sitio, el lugar, el local
situate, to situar
situated situado(a)
situation la situación
size el tamaño
 —**medium-size** de tamaño mediano
sketch el diseño
sketch, to diseñar
slip la boleta, el volante, el talón
 —**deposit slip** la boleta de depósito, el volante de depósito
small menudo(a), pequeño(a)
smaller menor
social social
society la sociedad, la asociación
solution la solución, la resolución
solve, to resolver (ue)
solvency la solvencia
sort la especie
space el espacio, la plaza, la cabida
 —**blank space** el espacio en blanco
spacious espacioso(a), amplio(a)

special especial
species la especie
specification la especificación
specify, to especificar
specimen la muestra
speculate, to especular
speculation la especulación
speculator el (la) especulador(a)
speed la rapidez, la velocidad
spend, to gastar
spine la columna
spoil, to deteriorar, descomponerse
sponsor el (la) patrocinador(a), el (la) fiador(a)
spring up, to surgir
stability la estabilidad
staff el personal
stage el trámite
stamp la estampilla, el sello, el timbre
standard la norma
 —**standard of living** el nivel de vida
staples los artículos de primera necesidad (básicos)
state el estado
statement el estado, el informe, la factura, la declaración, la cuenta
 —**annual statement** el estado anual
 —**expense statement** la factura de gastos
 —**statement of the account** el estado de la cuenta
statistical estadístico(a)
statistics la estadística
statute el estatuto
stay, to permanecer, quedarse
steady firme
stenographer el (la) taquígrafo(a), el (la) estenógrafo(a)
stenography la taquigrafía
step el trámite
stereo sound set el equipo estereofónico
stimulus el estímulo
stipulate, to estipular
stipulation la estipulación
stitch el punto
stock la acción; el surtido
 —**blue chip common stocks** las acciones comunes de sólida reputación

 —**blue chip stocks** las acciones de primera (categoría)
 —**common stocks** las acciones comunes (ordinarias)
 —**in stock** en almacén, disponible
 —**preferred stock** las acciones preferentes
stockbroker el (la) agente de bolsa, el (la) bolsista
stockholder el (la) accionista
stock market la Bolsa
stockpile el almacenamiento
stock up (with), to almacenar
stone la piedra
 —**precious stone** la piedra preciosa
stop el paro
stop (working), to dejar de (trabajar)
stopover la escala
stoppage el paro
storage el almacenaje
 —**storage fee** el almacenaje
store el almacén; la tienda
store, to almacenar
storing el almacenaje
strike la huelga, el paro
 —**strike, to go on** declararse en huelga
striker el (la) huelguista
string el cordón
stub la boleta
studio el taller
subject to afecto(a) a
sublet, to subalquilar, subarrendar (ie)
subsidize, to subvencionar
subsidy el subsidio, la subvención, la prima
subsistence la subsistencia
subtract, to restar, sustraer
success el éxito
successful exitoso(a)
 —**successful, to be** tener éxito
sudden repentino
sue, to procesar, demandar
suffer, to sufrir
suffering el sufrimiento
suit (law) la demanda
suitable conveniente
 —**suitable, to be** convenir
sum la suma, el total
summons el requerimiento

sundries los artículos varios
superior superior
supervise, to supervisar
supervisor el (la) supervisor(a)
supplement el suplemento
supplier el (la) abastecedor(a)
supplies el surtido
supply el fondo
supply, to abastecer (zc)
supplying el abastecimiento
support (economic) el mantenimiento, la mantención
support, to (economic) mantener, sostener
supporter el (la) mantenedor(a)
surcharge el recargo, la sobretasa,
la sobrecarga
surpass, to superar
surpassing la superación
surplus el excedente, el superávit
surtax el impuesto de recargo
(adicional)
survey la encuesta
survive, to durar; sobrevivir
swear, to dar fe, jurar
system el sistema

T

table la mesa; la planilla; la gráfica; el índice
tall alto(a); de alto
tangible tangible
tariff la tarifa, el arancel
task la tarea
taste el agrado; el gusto
tax el impuesto, la contribución,
el gravamen
    —income tax el impuesto
    sobre (a) la renta
    —tax exempt exento(a) de
    impuestos, libre de gravamen
tax, to imponer (impuestos),
gravar
taxable imponible, gravable
taxation la imposición de
impuestos
taxpayer el (la) contribuyente
teach, to enseñar, instruir
team el equipo
telephone el teléfono
telephone, to llamar por teléfono,
telefonear
telex el télex

teller el (la) cajero(a), el (la)
pagador(a)
    —automated teller la caja
    automática
temporary temporal, provisional,
suplente, interino(a)
tenant el (la) arrendador(a), el
(la) arrendatario(a), el (la) alqui-
lador(a), el (la) inquilino(a)
tendency la tendencia
term el plazo, el período; el término, la condición
    —fixed term a plazo fijo
    —long-term a largo plazo
    —shipping terms las condici-
    ones de flete (embarque)
    —short-term a corto plazo
    —terms of payment las condi-
    ciones de pago
termination el despido; la terminación, la conclusión
terrace la terraza
terrestrial terrestre
test el ensayo; la prueba, el
examen
testament el testamento
testify, to atestiguar, testificar
thank, to agradecer (zc), dar las
gracias
thanks el agradecimiento, las
gracias
thick grueso(a); espeso(a)
thrift la frugalidad, la economía
thrifty frugal, económico(a)
throw, to echar, lanzar, arrojar,
botar
thrower el (la) lanzador(a)
ticket el boleto, el billete, la boleta, la entrada
time el tiempo, la hora; el plazo,
el período, el término
    —time limit el plazo, la fecha
    límite (tope)
    —time lag el retraso
tip la propina, la gratificación
tire la llanta, el neumático, la
goma
title el título, el derecho
    —title to the property el título
    de propiedad
toll el peaje
ton la tonelada
tonnage el tonelaje
tool la herramienta

topic el asunto, el tema, la
cuestión
total el total, el monto
tour el viaje, la excursión, la gira
tour, to recorrer, hacer una excursión (gira)
town el pueblo, la ciudad, el
municipio
traction la tracción
trade el mercadeo, el comercio
trade, to mercadear, comerciar
    —trade in, to cambiar
trademark la marca registrada
(de fábrica)
trade union el sindicato, el gremio (de obreros)
train, to entrenar, adiestrar
trainer el (la) entrenador(a)
training el entrenamiento, el
adiestramiento
tranquil tranquilo(a), calmado(a)
tranquility la tranquilidad, la
calma
transact, to tramitar, negociar,
tratar
transaction la transacción, el
trámite, el negocio, el trato
transfer la transferencia; el
traspaso
    —transfer of title el traspaso
    de título
transfer, to transferir (ie-i);
traspasar
transferable transferible
transmission el cambio
    —automatic transmission el
    cambio automático
    —manual transmission el
    cambio manual
transport el transporte
transport, to transportar
transportation el transporte
    —air transportation el trans-
    porte aéreo
    —ground transportation el
    transporte terrestre
    —inland transportation el
    transporte terrestre
    —railway transportation el
    transporte ferroviario
    —sea transportation el trans-
    porte marítimo
travel, to viajar, hacer un viaje,
recorrer

—travel by airplane, to   viajar por (en) avión

traveler   el (la) viajero(a), el (la) pasajero(a)

treasurer   el (la) tesorero(a)

treasury   la tesorería, el fisco

treat, to   tratar

treatment   el trato, el tratamiento

treaty   el tratado, el convenio

trend   la tendencia, la moda

trial   el juicio, el proceso

trial, to put on   enjuiciar, procesar

trip   el viaje

   —business trip   el viaje de negocios

   —round-trip   de ida y vuelta

true   verdadero(a), efectivo(a)

trunk (of a car)   el maletero, el portaequipajes

trust   la confianza; el fideicomiso

trustee   el (la) fideicomisario(a)

trustworthiness   la confiabilidad

trustworthy   fidedigno(a), confiable

try out, to   probar (ue), ensayar

tryout   la prueba, el ensayo

turn   el turno; la vuelta

turn out, to   resultar, salir (bien, mal)

turnover   la rotación, el movimiento

   —turnover of merchandise   la rotación de mercancías

tycoon   el (la) magnate

type   el tipo, la clase, la especie

type, to   escribir a máquina

typing   la mecanografía

typist   el (la) mecanógrafo(a)

U

unauthorized   no autorizado(a)

uncertainty   la incertidumbre

unchanging   fijo(a), determinado(a)

unclaimed   sin reclamar

uncollectable   incobrable, irrecuperable

undated   sin fecha

undeclared   no declarado(a)

underage   menor de edad

undersigned   suscrito(a), infraescrito(a)

undertake, to   emprender

undertaking   la empresa

underwrite, to   asegurar, subscribir

underwriter   el (la) asegurador(a), el (la) subscritor(a)

undeveloped   no desarrollado(a), no explotado(a)

undistinguished   mediano(a), no distinguido(a)

unemployed   desocupado(a), cesante

unemployment   el desempleo, la cesantía, la desocupación

unfair   injusto(a), no equitativo(a)

unfairness   la injusticia

unfavorable   desfavorable

unfeasible   impracticable, no factible, no viable

unfit   incapaz, inhábil

unforeseen   imprevisto(a)

unincorporated   no incorporado(a)

union   la unión; el sindicato, el gremio obrero

unionize, to   agremiar (se)

unit   la unidad

united   unido(a), conjunto(a)

unity   la unidad

unjust   injusto(a)

unlicensed   no autorizado(a)

unpaid   sin (por) pagar

unproductive   improductivo(a)

unprofitable   antieconómico(a)

unqualified   incapaz

unsettled   pendiente

unstable   inestable

upswing   la fase ascendente, la mejora

upward   ascendente

urban   urbano(a), urbanístico(a)

urgency   la urgencia

urgent   urgente

urge, to   impulsar, instar

use   el uso, el empleo, la utilización

use, to   usar, emplear, utilizar

use (up), to   gastar

user   el (la) usuario(a), el (la) consumidor(a)

usury   la usura

utility   la utilidad, la empresa de servicios públicos

V

vacancy   la vacante, la plaza

vacant   vacante, no ocupado(a)

vacuum cleaner   aspiradora

valid   válido(a)

validate, to   validar

value   el valor

   —actual cash (market) value   el valor real (efectivo) en el mercado

   —appraised value   el valor estimado (de avalúo)

   —book value   el valor en libros

   —cash value   el valor efectivo (líquido)

   —estimated value   el valor estimado (de avalúo)

   —face value   el valor nominal

   —market value   el valor de mercado

   —value at maturity   el valor al vencimiento

variable   variable

variety   la variedad

vary, to   variar

vast   vasto(a)

velocity   la velocidad, la rapidez

vendor   el (la) vendedor(a)

venture   la operación, la empresa; la especulación

   —joint venture   la operación conjunta (colectiva)

verdict   el veredicto, el juicio

verification   la verificación

verify, to   verificar

vertebra   la vértebra

vertebral   vertebral

viable   viable

vice president   el (la) vicepresidente

view   la vista, el panorama

vision   la visión, la vista

volume   el volumen, la masa

vote   el voto

vote, to   votar

voting   la votación

voucher   el comprobante

   —cash voucher   el comprobante de caja

W

wage   el sueldo, el pago, el salario, el jornal

—*wage earner* el (la) asalariado(a)

wait on, to atender (ie)

waive, to renunciar, ceder, desistir

waiver la renuncia

walkout el paro, la huelga

wall la cerca, la pared

warehouse el almacén, el depósito, la bodega

—*ex warehouse* franco almacén

—*from warehouse to warehouse* de almacén a almacén

warn, to advertir (ie-i), avisar, dar aviso, amonestar

warning la advertencia, el aviso, la amonestación

warrant el comprobante, la patente, el vale, el certificado de depósito

warranty la garantía

—*factory warranty* la garantía de fábrica

wastage la pérdida, el desgaste, el desperdicio, la merma

waste el derroche, el desperdicio

wasteful antieconómico(a)

way el modo, el medio, la manera

waybill la hoja de ruta

wealth la riqueza, los bienes

—*material wealth* los bienes materiales

wealthy rico(a)

wear and tear el uso y desgaste, el desgaste

wear (well), to durar mucho tiempo

weather el tiempo

weight el peso, el cargo

—*gross weight* el peso bruto

—*net weight* el peso neto

—*shipping weight* el peso de embarque

well (health) recuperado(a), sano(a)

wharf el embarcadero, el muelle

wholesale al por mayor

wholesaler el (la) mayorista

wholesome sano(a)

wide ancho(a), de ancho

will el testamento; la voluntad

win, to ganar

withdraw, to retirar

withdrawal el retiro

—*withdrawal of funds* el retiro de fondos

witness el (la) testigo

work el trabajo, la obra

—*pertaining to work* laboral, obrero(a)

—*work stoppage* la huelga, el paro

work, to trabajar; funcionar, operar

workable viable

workday el día laborable, el día hábil

worker el (la) trabajador(a), el (la) obrero(a)

—*blue collar worker* el (la) trabajador(a) manual

—*working person* el (la) asalariado(a)

working el funcionamiento, la operación

workmanship la hechura

workshop el taller

worried preocupado(a), apurado(a)

worry la preocupación, el apuro

worry (oneself), to preocupar(se), apurar(se)

worth el valor, la valía

worthless inútil, sin valor

wrap, to embalar, envolver (ue)

write, to escribir, redactar

writeoff el cargo (por depreciación)

writing la escritura

Y

yard el jardín; la yarda

year-end de fin de año

yearly anualmente

yield el rendimiento, la renta, el producto

—*yield to maturity* el rendimiento al vencimiento

yield, to rendir (i), rentar, producir (zc)

Z

zenith el cenit, el auge, el apogeo

zone la zona

—*free trade zone* la zona franca

zoning la zonificación

—*zoning rules* la reglamentación de zonificación (urbanística)

Photo credits

Text credits